Kult Motorräder
der 50er, 60er, 70er & 80er

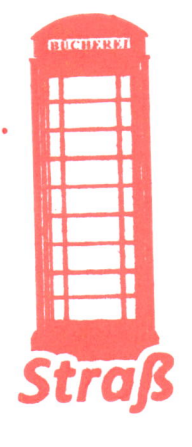

Jürgen Gaßebner

Straß

Motorbuch Verlag spezial

Einbandgestaltung: Luis dos Santos

Fotos: Roland Brown (19), Motorbuch Verlag/ Ulrich Schwab (20), scoutsource.de/Jürgen Gassebner

Eine Haftung des Autors oder des Verlages und seiner Beauftragten für
Personen-, Sach- und Vermögensschäden ist ausgeschlossen.

ISBN 978-3-613-03067-1

1. Auflage 2010
Copyright © by Motorbuch Verlag, Postfach 103743, 70032 Stuttgart.
Ein Unternehmen der Paul Pietsch Verlage GmbH & Co.

Sie finden uns im Internet unter: www.motorbuch-verlag.de

Nachdruck, auch einzelner Teile, ist verboten. Das Urheberrecht und sämtliche weiteren Rechte sind dem Verlag vorbehalten. Übersetzung, Speicherung, Vervielfältigung und Verbreitung einschließlich Übernahme auf elektronische Datenträger wie DVD, CD-ROM, Bildplatte usw. sowie Einspeicherung in elektronische Medien wie Bildschirmtext, Internet usw. ist ohne vorherige schriftliche Genehmigung des Verlages unzulässig und strafbar.

Lektor: Joachim Kuch
Innengestaltung: Ipa, Vaihingen/Enz
Druck und Bindung: Bechtel Druck GmbH, 73061 Ebersbach/Fils
Printed in Germany

INHALT

Vorwort 7

BMW R 25/2 8
SINGLE-DASEIN

Horex Regina 250/350/350 Sport/400 14
DIE KÖNIGINNEN

NSU Max 22
DER BERG RUFT

NSU Superlux 36
SPEZIALFALL

Zündapp KS 601/KS 601 Sport 42
ELEFANTENHOCHZEIT

BMW R 69 S America 50
SCHWEIZERISCHE IKONE

Ducati 450 Scrambler 56
EINTOPF ITALIENISCHE ART

Kawasaki A1 Samurai/A7 Avenger und 47 R 62
ZWEIERBEZIEHUNG

Norton Commando 750 fastback 68
DER ENGLISCHE PATIENT

BMW R 90 S 74
BOXERAUFSTAND

BMW R 100 S 80
WINDSBRAUT

Ducati 750 SS 86
INITIALZÜNDUNG

INHALT

94 Egli-Ducati Fantome
TELLS GESCHOSS

102 Honda CB 350 Four
FOTOFINISH

108 Honda CB 500 Four
GOLDENE MITTE

114 Honda CX Turbo
ERFOLGREICHES KONZEPT

120 Honda CB 750 K1
FOUR-MARSCH

126 Honda CBX Super Sport
SECHS AUF RÄDERN

132 Kawasaki Z 900
LADY FRANKENSTEIN

138 Laverda 750 SFC
TAGE DES DONNERS

144 Morini 3½ und 500 V
LEICHT UND SPORTLICH

148 Moto Guzzi V 7 Sport
SPORTFÖRDERUNG

154 Moto Guzzi 850 Le Mans
TOPF-ARBEITER

160 MV Agusta 750 S America
GOOD MORNING, AMERICA

INHALT

166 Suzuki GT 380
GESUCHTER DRILLING

172 Suzuki GT 750
DER WASSERBÜFFEL

178 Yamaha XT und SR 500
LECKERE EINTÖPFE

184 Magni-BMW MB 2 R 90 S
ITALIENISCHER HENGST

190 BMW R 80 G/S
ENDURO NEU DEFINIERT

196 BMW K1
IDEENTRÄGER

202 Honda VF 750 F (RC15)
POWER-VAU

208 Kawasaki GPZ 900 R
WASSER MARSCH

212 Suzuki Katana
IHRER ZEIT VORAUS

218 Yamaha RD 500 LC
KENNY'S ERBE

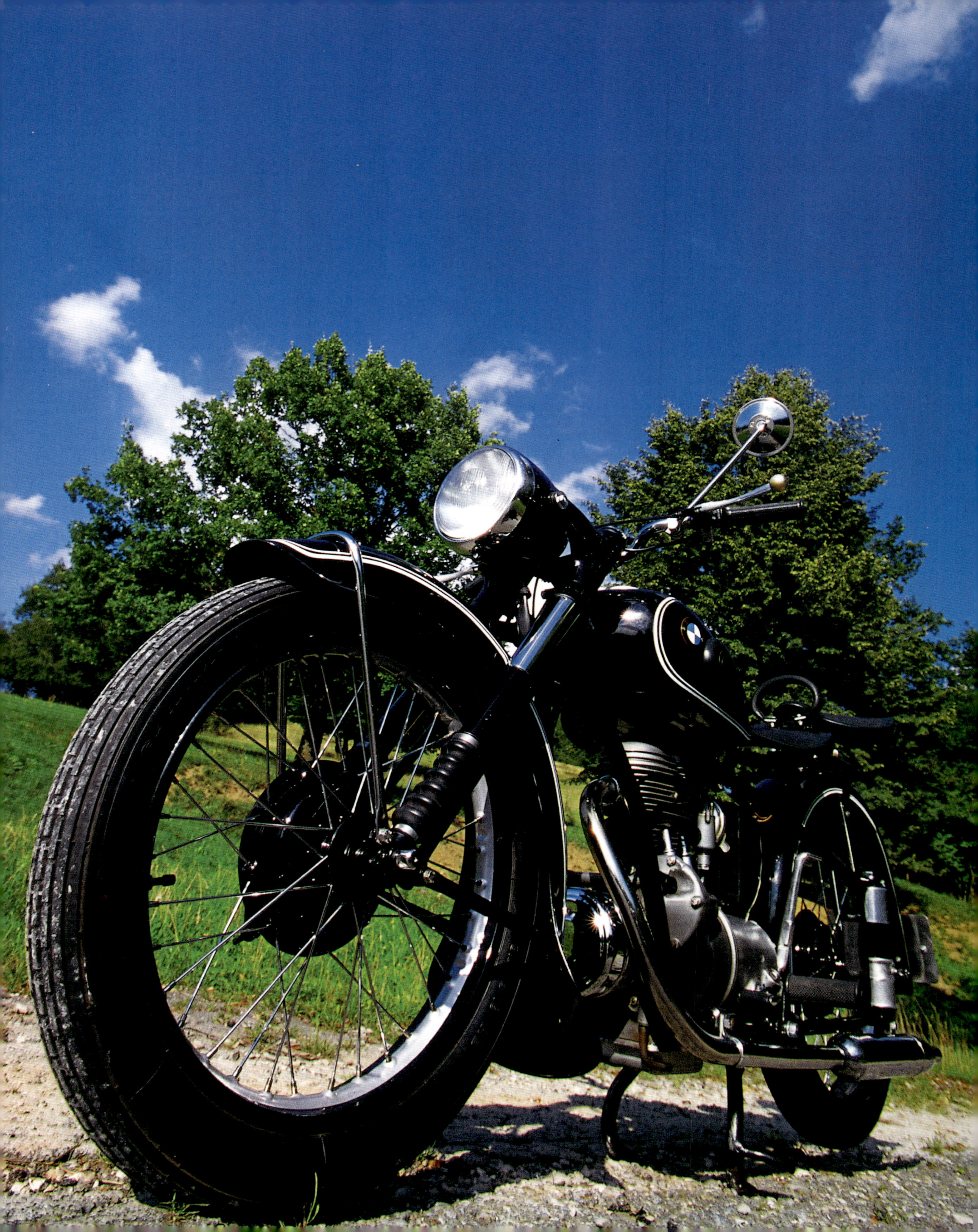

Vorwort

Was gestern noch als modern galt, ist heute bereits veraltet. Kaum ein Bereich spiegelt dies intensiver wider, als die motorisierte Mobilität – sei es auf vier oder zwei Rädern. Dennoch schaffen es manche Fahrzeuge, einfach nie in Vergessenheit zu geraten und – nach einigen Jahrzehnten – sogar zu gefragten Old- und Youngtimern zu werden.

Besuchte man vor 15 Jahren eine Oldtimer-Veranstaltung, so waren die Motorräder der 70er-Jahre noch spärlich vertreten. Heute hingegen hat sich ihrer eine eingefleischte Fangemeinde angenommen, und längst sind Honda CB 750 Four & Co zu begehrten Oldies avanciert.

Nach wie vor wird die deutsche Oldtimer-Szene aber von den Maschinen aus den 50er-Jahren beherrscht: Horex Regina, NSU Max oder die BMW-Ein- und Zweizylindermodelle jener Zeit, um nur einige wenige zu nennen.

Stark im Kommen sind mittlerweile auch Motorräder aus den frühen 80er-Jahren. Suzuki Katana, Honda-V4, Kawasaki GPZ oder Yamaha RD – allesamt Baureihen, denen vor geraumer Zeit kaum jemand besondere Beachtung im Hinblick auf eine »Oldtimer-Zukunft« geschenkt hätte.

Dieses Buch trifft eine Auswahl der heutigen »Kult-Bikes« aus den erwähnten Epochen, ohne dabei jedoch einen Anspruch auf Vollständigkeit zu erheben. Das muss und kann es sicherlich auch nicht, wächst die Zahl besonders erhaltenswerter Maschinen doch stetig.

Wie so oft konnte auch dieses Werk nur unter engagierter Mithilfe zahlreicher Kenner der Szene entstehen. Mein besonderer Dank geht daher all den Fahrzeughaltern, die ihre »Schätzchen« für die Fotoproduktionen zur Verfügung gestellt und in den Interviews geduldig Rede und Antwort gestanden haben.

Viel Vergnügen mit den Geschichten und Fotografien der Kult-Bikes wünscht Ihnen

Jürgen Gassebner

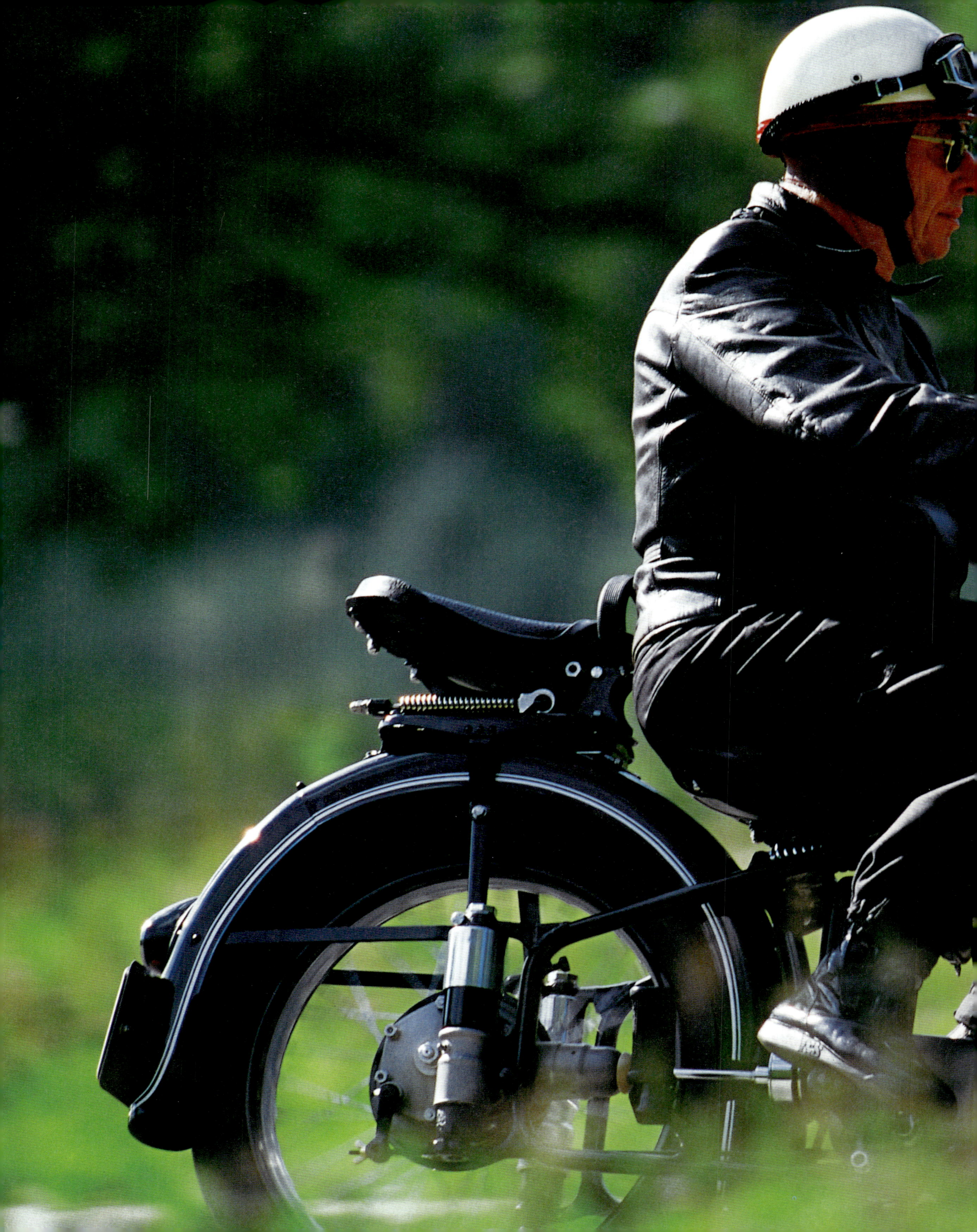

BMW R 25/2

SINGLE-DASEIN

SINGLE-DASEIN

Die R 25/2 war im Deutschland der Nachkriegsjahre eine der besseren Möglichkeiten, um von A nach B zu kommen. Damals wie heute verfügte auch die R 25/2 schon über Tugenden, die BMW groß gemacht haben: Komfort, Zuverlässigkeit und Lebensdauer.

Wie neu steht sie da, die R 25/2 von Walter Kneile aus dem schwäbischen Holzmaden. Der begnadete Restaurierer, der neben der kleinen, schmucken Einzylinder-BMW noch eine ganze Reihe weiterer Schätze wie etwa diverse Horex, Ardie oder NSU hegt und bewegt, ist sich bei der Startprozedur sicher: »Normalerweise genügt ein Tritt auf den Kickstarter, und sie läuft.« Und genauso ist es auch. Mit einem dezenten und wohlgedämpften Einzylinder-Stampfen bummelt der OHV-Einzylinder vor sich hin und lässt bereits erahnen, dass überschäumendes Temperament nicht seine Sache ist. Wohl aber die be-

Ein Bild von einem Motorrad: Mit der R 25/2 setzte BMW die lange Tradition der Einzylindermodelle fort.

schauliche, komfortable Tour, denn bei unserer Ausfahrt erleben wir, dass der 250er-Einzylinder der von 1951 bis 1954 gebauten R 25/2 mit einer untenliegenden Nockenwelle und zwei Ventilen im Zylinderkopf vor allem eines besitzt: Laufkultur.

Dank der großen Schwungmasse holtert und poltert es kaum, das Motörchen schnurrt brav vor sich hin, als wolle es sagen: »Wie weit es geht, ist mir gleich, Hauptsache wir müssen kein Rennen gewinnen.« Ähnliche Eindrücke wie vom wohl erzogenen Motor mit seiner extrem gleichförmigen Leistungsabgabe gewinnen wir auch vom Fahrwerk. Spurstabil rennt es wenn es sein muss zwar bis zur möglichen Höchstgeschwindigkeit von 105 km/h, doch die sportliche Agilität, wie sie etwa eine NSU Max oder gar eine 350er-Horex bieten kann, ist ihm fremd. Allerdings war die R 25-Baureihe seinerzeit die erste Viertelliter-BMW mit Hinterradfederung. Im Gegensatz zu ihrer Vorgängerin, der mit einem starren Rahmenheck ausgestatteten R 24, besaß die R 25 bereits eine Geradwegfederung des Hinterrades.

So setzt die R 25-Besatzung denn auch ganz auf Komfort – und ist bestens aufgehoben. Selbst Piloten mit Gardemaß von 1,90 Metern und mehr finden eine angenehme Sitzhaltung, und wenn der zweite Schwingsattel ebenfalls montiert ist, kann auch der Beifahrer die große Stärke der kleinen BMW genießen.

Zugegeben, der Schwingsattel für den Beifahrer stört die Linie ein bißchen. Von einer Doppelsitzbank konnten die meisten freilich nur träumen.

Ganz wie in der heutigen Zeit dachte BMW aber schon vor 50 Jahren nicht nur an die reine technische Funktionalität eines Motorrades, sondern auch an das Drumherum. So findet sich im kleinen 12-Liter-Tank

SINGLE-DASEIN

etwa ein abschließbares Staufach, das nicht nur das selten zu benutzende Werkzeug, sondern noch ein bisschen mehr aufzunehmen vermag.

Last but not least glänzt die R 25/2 mit einer weiteren Tugend, die BMW stets groß im Lastenheft eines Motorrades schrieb – die Verarbeitung. In sattem Schwarz nicht nur dünn angehaucht, sondern kräftig lackiert und mit feinen, natürlich von Hand mit einem Schlepp-Pinsel aufgebrachten Zierlinien verziert. So stand die R 25/2 Anfang der 50er-Jahre in den Schaufenstern und begeisterte die Fans. Eben jene, die nicht unbedingt die schnellsten sein wollten, sondern eher die ruhigeren »Genussfahrer«, die gerne einmal einen beschaulichen Ausflug machten und ansonsten ein unbedingt zuverlässiges Motorrad für alle Tage benötigten.

Denn ein Auto – das war damals für viele noch unerschwinglich. Und mit ihrem stabilen Rahmen, der die zuverlässige und dauerhafte Anbringung eines Steib LS 200-Seitenwagens ermöglichte, bot die R 25/2 eine überaus gute Alternative zum Automobil.

Nicht mehr Leistung, sondern noch mehr Laufruhe war das wichtigste Entwicklungsziel beim /2-Motor.

Teleskopgabel ja, aber noch ohne hydraulische Dämpfung. Die gab es erst bei der R 25/3 ab 1953.

Unter dem Hochglanz-verchromten Deckel vorn sitzt die Lichtmaschine, und unter dem Deckel auf dem Tankrücken verbirgt sich das Werkzeugfach.

BMW R 25/2

Motor
Bauart	4-Takt/Einzylinder
Zylinderzahl	1
Ventile je Brennraum	2
Ventiltrieb	OHV
Bohrung in mm	68
Hub in mm	68
Hubraum in cm^3	247
Verdichtung	6,5:1
Leistung in PS/Nenndrehzahl in 1/min	12/5600

Gemischaufbereitung
Bauart/Anzahl	Vergaser/1
Hersteller	Bing
Durchlass in mm	22

Kraftübertragung
Getriebe/Anzahl Gänge	Klauen/4

Zündung Noris-Batteriezündung

Fahrwerk
Rahmenbauart	Doppelschleifen-Stahlrohrrahmen
Radführung vorne	Teleskopgabel
Radführung hinten/Federbeine	Geradwegfederung

Räder und Bremsen
Felgengröße vorne	2,5" x 19"
Felgengröße hinten	2,5" x 19"
Bereifung vorne	3.25-19
Bereifung hinten	3.25-19
Bremse vorne/Durchmesser in mm	Trommel/160
Bremse hinten/Durchmesser in mm	Trommel/160

Gewichte
Gewicht in kg	142 (vollgetankt)

Fahrleistungen
Höchstgeschwindigkeit	105 km/h

Preis 1.990.- Mark

Hersteller BMW AG, 80788 München

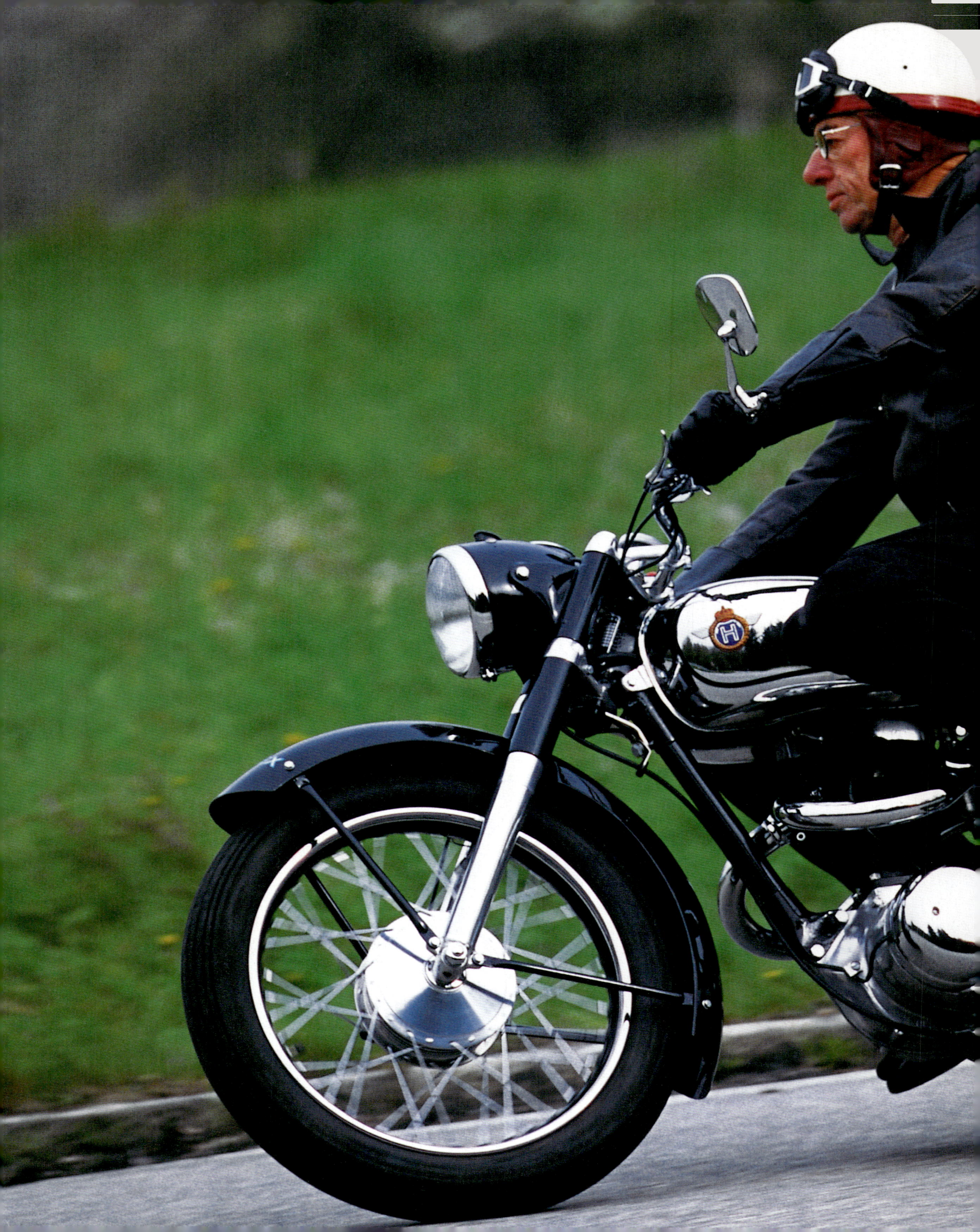

Horex Regina 250/ 350/
350 Sport/ 400

DIE KÖNIGINNEN

DIE KÖNIGINNEN

Als sie auf den Markt kam, hatte sie keine Konkurrenz zu fürchten. Doch ihre Regentschaft war ebenso schnell zu Ende.

Die Ziele im Horex-Werk im hessischen Bad Homburg waren hoch gesteckt: Eine Königin unter den Motorrädern sollte es werden. Und wie schnell sich dieses Modell die Herzen der Motorradfahrer eroberte, überraschte selbst den Hersteller, der mit der Produktion kaum nachkam. Vorgestellt wurde die Horex Regina im Frühjahr 1950, als logische Weiterentwicklung der Horex SB 35, einer Vorkriegs-Konstruktion, mit der ab Ende 1947 der Motorradbau wieder aufgenommen worden war.

Der Einzylinder-Viertaktmotor leistete unverändert 18 PS bei 5000/min, wobei Horex auf »15 PS Dauerleistung« Wert legte. Im Gegensatz zum Motor war das Fahrgestell der Regina völlig neu. Der unten offene Rahmen aus Stahlrohr glich zwar noch weitgehend jenem der SB 35, doch nun gab es eine Geradweg-Hinterradfederung und eine hydraulisch gedämpfte Teleskopgabel vorn anstelle der Trapezgabel der SB 35, die mit diesen Teilen übrigens nachgerüstet werden konnte.

Was Horex zugute kam war die Konkurrenzlosigkeit einer Regina, zunächst wenigstens. Denn kein anderer deutscher Motorradhersteller interessierte sich für die 350er Klasse, von der NSU Konsul I, die ab Ende 195 angeboten wurde, einmal abgesehen. Natürlich war eine Regina teurer als eine 250er mit Einzylinder-Viertaktmotor, mit 1975 Mark aber noch deutlich günstiger als eine 500er BMW oder gar eine Zündapp KS 601. Und was den Fahrspaß anbetraf: nun, auf langen Geradeausabschnitten und auf der Autobahn waren die Zweizylinder-Modelle natürlich nicht zu halten. Auf kurvenreichen Landstraßen aber vermochten Regina-Fahrer durchaus mit ihren Kollegen auf den hubraum- und leistungsstärken Exemplaren mitzuhalten, zumal die Horex mit rund 160 kg vollge-

Kaum zu glauben, daß dieses Motorrad auf einer Vorkriegs-Konstruktion basierte, lediglich durch Teleskopgabel und Geradweg-Hinterradfederung »modernisiert«.

tankt etwa 30 bis 40 kg leichter als eine große BMW oder KS war.

In Testberichten erhielt die Regina Lob in höchsten Tönen, nicht nur wegen ihres optischen Erscheinungsbildes (viele Chrom- und hochglanzpolierte Leichtmetallteile), sondern auch wegen des Fahrgestells. Zum ersten Mal gab es an einem Serienmotorrad Leichtmetall-Vollnaben mit entsprechenden Trommelbremsen, und die Teleskopgabel ermöglichte einen bis dato nicht bekannten Fahrkomfort selbst im Gespannbetrieb, wobei dieses Bauteil ja um ein Vielfaches stärker beansprucht wird als in einer Solomaschine. Carl Hertweck, Chefredakteur der Zeitschrift »Das Motorrad«,

Hochverlegte Auspuffanlagen waren, um etwas mehr Bodenfreiheit zu gewinnen, an Geländesport-Motorrädern Pflicht. Doch auch Besitzer ohne sportliche Ambitionen schätzten solche Feinheiten und bauten um. Und, das müssen Sie zugeben: Mit diesen Krümmern samt Schalldämpfern sieht eine Horex Regina noch besser aus.

fuhr zunächst 8000 km mit der Regina als Zugmaschine, schraubte dann den Seitenwagen ab und war erstaunt: »Man kann eine Regina vom Fleck weg solo so frech fahren wie sonst nur die BMW R 25«. Kein Wunder, daß eine Regina-Teleskopgabel (die es komplett als Ersatzeil für 185 Mark gab) gefragt war und mit der sich so mancher Besitzer eines anderen Fabrikat sein Motorrad aufrüstete.

Die enorme Nachfrage nach der Regina schlachtete Horex natürlich auch werbemäßig aus. »Alle sieben Minuten rollt eine vom Fließband« hieß es in Anzeigen im Frühjahr 1952, macht also rund 80 Stück pro Tag. Es sollte sogar zum meistgebauten Motorrad weltweit werden. Und obwohl in Bad Homburg auf Hochtouren gearbeitet wurde blieb trotzdem noch Zeit für Modellpflege und sogar für Sonderausführungen wie etwa eine Regina mit 250 cm³-Motor, wie sie in großen Stückzahlen in die Schweiz exportiert wurde. Denn dort genossem Motorräder dieser Hubraumklasse besonders günstige Versicherungstarife.

Und wem in Deutschland die normale Regina nicht gut genug war konnte ja zur Version »Sport« greifen. Sie war leicht am Einport-Zylinderkopf aus Leichtmetallguß samt leicht schräg angebrachtem Amal-Vergaser zu erkennen. »19 bis 20 PS bei etwa 6000/min« gab Horex an, 275 Mark mehr waren zu berappen. Eine Normal-Regina konnte für 440 Mark nachträglich auf eine Sport-Regina umgebaut werden - 1951 und 1952 war das viel, viel Geld, für manchen Regina-Fahrer zwei oder sogar drei Monatslöhne.

Ab 1953 präsentierte sich die neue Regina bereits serienmäßig so leistungsstark wie zuvor nur die Sport-Ausführung, die schon wieder eingestellt worden war. Offiziell wurden nun 19 PS bei 6250/min angegeben, resultierend aus geringfügig höherem Verdichtungsverhältnis, geänderten Ventilöffnungszeiten und einem neuen Doppelport-Zylinderkopf, nun aus Leichtmetall- statt Grauguß (Zylinder nach wie vor aus Grauguß). Für die vielen Gespann-Freunde bot Horex sogar noch eine 400er Version an, nach Regina 1, 2, und 3 entsprechend »Regina 4« genannt. 5,5 mm mehr Bohrung ergaben, bei unverändert 91,5 mm Hub, exakt 399 cm³ Hubraum und ein Bing Vergaser mit 27,5 mm (statt 26 mm) Durchlaßweite half auch, die Leistung auf 22 PS bei 5750/min anzuheben. Ursprünglich wurde eine Regina 4 nur mit dem Steib S 500-Seitenwagen angeboten und kostete damit 2835 Mark - nur 550 Mark mehr als eine Solo-Regina 3. »Es sei der Volkswagen im Motorradbau«, so die Horex-Werbung für das Gespann, dessen Preis in der Tat ein wahres Sonderangebot darstellte.

Nun also war das Regina-Programm komplett: 250er, 350er und die 400er als Gespannmaschine. doch die Zeiten hatten sich geändert. Längst war seit 1953 mit der NSU Max nicht nur eine ernsthafte Alternative zur 250er, sondern selbst zur 350er erwachsen. Kein Zweifel: nach nur fünf Jahren war das Ende der Horex Regina schon wieder gekommen, war diesem Typ sein Alter vor allem in Sachen Antrieb, aber auch beim Fahrgestell anzumerken. So kometenhaft die Karriere der Horex Regina begonnen hatte, so schnell war ihr Höhenflug auch schon wieder vorbei. Doch diese vergleichsweise kurze Zeitspanne sollte genügen, um diesem Horex-Modell zu jenem Kultstatus zu verhelfen, den es heute genießt – übrigens nicht nur in Deutschland, sondern in der ganzen Welt.

Drehfreudig: Mit 17 PS war die 250er nominell nur ein PS schwächer als die 350er und wollte gedreht werden.

DIE KÖNIGINNEN

Edler Charakter: Auch die 350 Sport gab es in silberblau, was der Regina blendend stand.

Wie geschaffen: Der 400er-Motor war für den Beiwagenbetrieb prädestiniert, hatte er doch satte 22 PS Leistung.

HOREX „Regina 400"

Ein Vollblut unter den Gespannen...

- leistet ..... 22 PS
- läuft ...... 130 km/Std
  im Gespann: 105 km/Std
- steigt ..... 40% im 1. Gang
- verbraucht 4,5 Ltr. 100 km
- kostet ..... DM 48.- Steuer

und ist somit die ideale Beiwagenmaschine

2835.-

HOREX-WERKE K.G. FRITZ KLEEMANN BAD HOMBURG

HOREX REGINA 250/ 350/ 350 SPORT/ 400

Andere Aufbereitung: Während bei der Regina 350 üblicherweise ein 26er-Bing-Vergaser zum Einsatz kommt, arbeitet an der 350 Sport ein 27er-Amal mit Beschleunigerpumpe.

Horex Regina alle Modelle

Motor
Bauart	Viertakt
Zylinderzahl	1
Ventile je Brennraum	2
Ventiltrieb	OHV
Bohrung in mm	69 (250er: 65; 400er: 74,5)
Hub in mm	91,5 (250er: 75)
Hubraum in cm³	342 (250/ 400)
Verdichtung	6,3:1 (250er und 350 Sport: 7,0:1; 400er: 6,8:1)
Leistung in PS/Nenndrehzahl in 1/min	18/5000 (250er: 17/6640; 350 Sport: 20/5800; 400er: 22/5750)

Gemischaufbereitung
Bauart/Anzahl	Schieber-Vergaser/1
Hersteller	Bing (350 Sport: Amal)
Durchlass in mm	26 (350 Sport: 27; 400er: 27,5)

Kraftübertragung
Getriebe/Anzahl Gänge	Klauen/4

Zündung
	Noris-Lichtbatteriezünder

Fahrwerk
Rahmenbauart	Rohrrahmen offen
Radführung vorne	Teleskopgabel
Radführung hinten/Federbeine	Geradwegfederung

Räder und Bremsen
Felgengröße vorne	1.85" x 19"
Felgengröße hinten	1.85" x 19"
Bereifung vorne	3.25-19
Bereifung hinten	3.25-19
Bremse vorne/Durchmesser in mm	Trommel/150
Bremse hinten/Durchmesser in mm	Trommel/150

Gewichte
Gewicht in kg	153 (250er: 155; 350 Sport: 150; 400er: 165)

Fahrleistungen
Höchstgeschwindigkeit	120 km/h (250er: 110; 350 Sport: 130; 400er: 140)

Preis
	1.975.- Mark (350 Sport: 2.250.-; 400er mit Steib S 500: 2.835.-)

Hersteller
	Horex-Werke KG, Bad Homburg

NSU Max

DER BERG RUFT

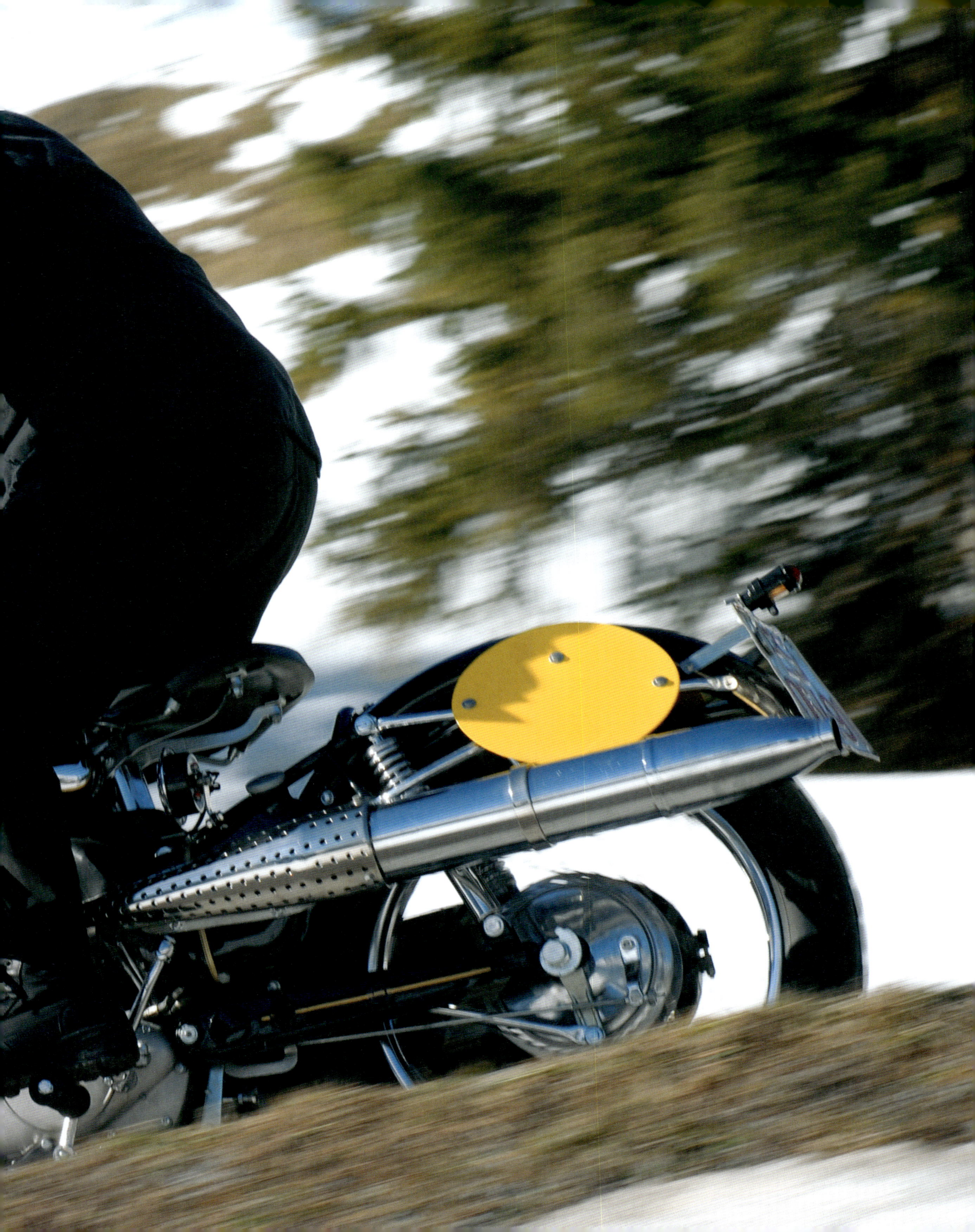

Die Max war eines der beliebtesten Motorräder der 50er-Jahre überhaupt, und von 1955 bis 1960 dominierte sie in der Geländeversion als siegreiches Sportgerät. Unter Weltmeister Werner Haas war sie sogar für den Gipfelsturm auf das Nebelhorn gut: die NSU Gelände-Max. Wolfgang Rohde hat sich einen der raren Gelände-Renner restauriert und mit ihm ebenfalls einen hochalpinen Gipfel erklommen.

Der Aufstieg von Weltmeister und Publikums-Liebling Werner Haas zum Nebelhorn am 4. Oktober 1955 sorgte damals wie heute für große Augen bei den Fans. Über zentnerschwere Felsbrocken fuhr er mit der 155 Kilogramm schweren und rund 22 PS starken Einzylinder bis hinauf zum Gipfelkreuz. Ohne Erlaubnis der Oberstdorfer Behörden freilich. Was – kaum zurück im Tal – prompt eine Anzeige nach sich zog.
Doch dem Spaß an dieser Aktion tat das freilich nur wenig Abbruch.
Die Begeisterung für die Lausbuben-Nummer von Haas im Herzen, stand für die anstehende Fotoproduktion der von Wolfgang Rohde restaurierten Gelände-Max fest: »Sie gehört in die Berge. Wir müssen Sie in den Bergen fotografieren.«
Gesagt – doch nicht einfach getan. Während Werner Haas das 2224 Meter hohe Nebelhorn seinerzeit schneefrei und mit ausreichender Traktion erklimmen konnte, stellte selbst der laue diesjährige Winter Wolfgang Rohde, dessen Bruder und Gelände-Max-Schrauber Michael sowie den Fotografen vor eine, sagen wir, eher schwierige Prüfung. Man könnte auch sagen: vor ein unmögliches Unterfangen. Denn mit 50 bis 100 Zentimeter Schnee war allenthalben zu rechnen. Doch die Idee, mit der Gelände-Max in Memoriam Werner Haas hochalpine Gefilde zu befahren wurde dennoch konsequent verfolgt, wenngleich man auf ein Strafmandat hingegen gerne verzichten wollte.

Der gute Kontakt zur rührigen und mit Medienspektakeln aller Art bestens vertrauten Presseabteilung im österreichischen Lech ließ die Wahl schließlich auf den bekannten Wintersportort mit dem Rüfikopf am Arlberg fallen. Mit 2350 Meter nur geringfügig höher als das Nebelhorn, sollte sich der Skiberg mit seinen zahlreichen Ziehwegen ganz hervorragend für diese Aktion eignen.
An einem Montagmorgen ist es dann schließlich soweit. Via Transporter geht es in drei Stunden von Nürtingen nach Lech. Ankunft um zehn, traumhaftes Wetter, stahlblauer Himmel und angesichts der Höhenlage von 1450 Metern selbst in Lech-City ausreichend Schnee.
Werden die Reifen im Schnee genügend Traktion bieten? Wird die nach langer Restaurierungsphase noch jungfräuliche Gelände-Max in dieser Höhe überhaupt anständig laufen, oder überfettet sie total? Zwei Fragen, auf die wir klare Antworten benötigen. Also machen wir uns auf und starten mit der Gelände-Max zunächst hinauf ins 1750 Meter hoch gelegene Oberlech.
Auf dem schneefreien Serpentinen-Sträßchen erfreut die Gelände-Max nicht nur mit einem satten Schlag aus dem oben links verlegten, mächtigen Endschalldämpfer, sondern begeistert auch mit sattem Durchzug, der unter der dünnen Luft kaum leidet. Lediglich das Standgas vermag die NSU nicht mehr richtig zu halten, als wir Oberlech erreichen. Doch das lässt sich leicht verschmerzen.

Gut im Futter: Bis zu 26 PS leistete der mit Sport-Max-Komponenten gedopte 300er-Motor.

Modifiziert: Bereits ab Werk verlängerte Gabel sowie außenliegende Federbeine.

Eng wird's indes, als wir uns in verschneites Terrain schlagen. Pflügt sich der stollenbereifte Geländesportler auf Flachstücken noch wacker durch das Weiß, ist bei etwas steileren Anstiegen hingegen nach 20, 30 Metern Feierabend.
Der Hinterradreifen mit seinen niedrigen und eng gesetzten Stollen taugt wohl für harte, nicht aber für lose Untergründe und schon gar nicht für Schnee. Mangels Reifen-Alternative könnten wir unser Vorhaben hier also bereits beenden, tun es aber nicht. Denn: »Der Berg ruft! Und wie.«
Nach kurzer Beratung greifen wir schließlich gerne auf das verlockende Komfort-Paket der Presseabteilung Lech zurück. »Um zwölf an der Seilbahn«, teilt uns die freundliche Pressedame mit, und so postieren wir uns mit der Gelände-Max zwischen staunenden Skifahrern und Kopf schüttelnden Snowboardern am Gondeleinstieg der Rüfibahn.
»A Motorrad hat jetzt auch noch niemand mit hinauf g'nommen«, konstatiert der Seilbahnführer sichtlich erstaunt. »Aber a prächtiges Teil isch es«, fügt er lächelnd hinzu und nimmt unser Angebot zum Probesitzen während der Hinauffahrt begeistert an.
Wenige Minuten später erreichen wir die Rüfikopf-Bergstation in 2350 Metern Höhe. Durch ein paar Gänge, vorbei am Restaurant schieben wir die NSU hinaus auf die Gipfelterrasse, wo die Gäste in den Liegestühlen nicht schlecht staunen. Es dauert keine

DER BERG RUFT

halbe Minute, da kommen die ersten Anfragen. »Dürften wir vielleicht?« –»Ja natürlich, nur zu!« Skifahrer zücken ihre kleinen Digital-Kameras und lichten die Sensation ab: ein Motorrad auf dem Rüfikopf. Dass es sich dabei um eine der raren Gelände-Mäxe handelt wird indes noch von niemandem verifiziert, doch ist es auch Nebensache. Viel eher interessiert die Leut' das »Warum?« »Für Fotozwecke.« »Aha!« Was folgt, sind zwei Stunden Schweiß treibendes Schieben, Platzieren und ins rechte Licht Rücken. Der Lohn sind Aufnahmen, wie es sie nicht alle Tage gibt, und – nach – getaner Arbeit, Kässpätzle, Spaghetti und große Spezi im Bergrestaurant. Mahlzeit – Zeit, etwas über die Gelände-Max und ihre Geschichte zu plaudern.
Ihre Wurzeln hat sie in der von 1952 bis 1963 in insgesamt fast 100.000 Mal gebauten NSU 251 OSB, kurz

Hochgelegt: Der Schalldämpfer mit Hitzeschutzblech samt Krümmer an der Gelände-Max.

Max, einem der populärsten Motorräder der 50er-Jahre überhaupt. Dieses Motorrad war schlichtweg die Sensation, als es Ende 1952 auftauchte, und seine Modellbezeichnung sollte Synonym für eine NSU schlechthin werden: Die Max, mit einem 250 cm³ Einzylinder-Viertaktmotor mit obenliegender, über Stirnräder und Schubstangen angetriebener Nockenwelle, der so genannten »Ultramax«-Steuerung, wie sie später auch noch beim Zweizylindermotor des NSU Prinz auftauchen sollte. Echte 15 PS Leistung wurden angegeben, genug für rund 120 km/h Höchstgeschwindigkeit.

Lockruf der Berge: Wie dafür geschaffen präsentiert sich Wolfgang Rohdes Gelände-Max vor der beeindruckenden alpinen Kulisse.

Auf den ersten flüchtigen Blick war die NSU Max von einer Lux kaum zu unterscheiden, vom Viertaktmotor einmal abgesehen. Und so war es auch beabsichtigt, denn ihr Schöpfer Albert Roder hatte bei der Konstruktion des zunächst für die Lux vorgesehenen Fahrgestells unter kleineren Verstärkungsmaßnahmen der relevanten Teile bereits auch den Einbau eines schwereren Motors berücksichtigt. Denn so ein aus ausgestanzten und miteinander verschweißten Blechpress-Formteilen hergestellter Rahmen samt Schwinge und Vordergabel würde sich schließlich nur bei hohen Stückzahlen rentieren.

Die Max-Entwicklung lief bereits parallel zur Lux-Entwicklung, die im Winter 1949/1950 begonnen hatte. Jedoch war wegen des revolutionären Viertaktmotors eine längere Erprobungsphase veranschlagt worden. Erste Gerüchte über die neue NSU drangen aber bereits im Frühjahr 1952 durch. Im Herbst 1952 hatte NSU schließlich 62 Mäxe zusammengebaut, eine sogenannte Vorserie, die an einige Händler und auch an Journalisten vergeben wurden. Offizielle Pressevorstellung war am 9. September 1952 in Bad Wimpfen, quasi in der Nachbarschaft von Neckarsulm.

Die werksinterne Typenbezeichnung hieß 251 OSB, wobei die Buchstaben für obengesteuert, Sportmodell respektive Blockmotor standen. Ab Frühjahr 1953 war die Max bei jedem NSU-Vertreter für 1990 Mark

DER BERG RUFT

Die Ur-Version: Eine der allerersten Standard-Max, wie sie im Frühjahr 1953 für 1990 Mark auf den Markt kam.

zu haben, wobei der Hersteller landauf landab kräftig die Werbetrommel gerührt hatte und in allen größeren Städten zusammen mit den ansässigen Händlern eine Max-Sonderschau stattfand. Und im Gegensatz zu den ersten Angaben sollte der Viertelliter-Viertaktmotor nun sogar noch zwei PS mehr leisten und der Max zu mindestens 120 km/h Höchstgeschwindigkeit verhelfen.

Damit war die Max so etwas wie der Hecht im Karpfenteich. Leistungsmäßig war sie den Zweitaktmotoren in dieser Hubraumklasse überlegen, auch die BMW R 25/2 konnte nicht mithalten. Und selbst einer Horex Regina, mit 350 cm³ Hubraum und mit nominell 18 PS (als Dauerleistung wurden 15 PS angegeben) konnte ein versierter Max-Fahrer übel mitspie-

Kennzeichen H wie Halbnaben: Entgegen der späteren Spezial-Max besaß die Standard-Max noch Halbnabenbremsen.

Unrestauriert: Als wahren Glücksfall empfanden wir diese, völlig unrestaurierte und fahrbereite Standard-Max.

len, wobei er vor allem auf das sichere Fahrverhalten setzen konnte. Trocken wog eine Max 138 Kilogramm, mit Motoröl und randvollem Kraftstoffbehälter (zwölf Liter) waren es schließlich 155 kg, also noch nicht einmal 20 kg mehr, als eine Lux auf die Waage brachte.

Bis der Max-Käufer sein Motorrad endlich zuhause hatte, war er exakt 2004 Mark und 80 Pfennig ärmer, denn zu den 1990 Mark addierten sich 2,50 Mark für den Kraftfahrzeug-Brief, sieben Mark für Verpackung, 1,50 Mark Rollgeld, zwei Mark Transport-Versicherung und 1,80 Mark, die der NSU-Händler für das Füllen der Batterie mit Säure und anschließendes Laden noch berechnen durfte. Wer die Summe nicht auf einmal bar bezahlen konnte oder wollte, durfte den Kaufpreis seiner Max nach Anzahlung von 590 Mark in Monatsraten abstottern. Trotzdem wurde diese NSU im Jahre 1953 mit insgesamt 24403 Einheiten das meist verkaufte deutsche Motorrad der Klasse über 200 cm³ Hubraum.

Analog zur Lux, die zur Superlux avancierte, wurde auch die Max weiterentwickelt. Bereits im Herbst 1954 erschien eine neue Max (von NSU als »Spezial-Max« bezeichnet) mit verbesserten (Vollnaben-)Trommelbremsen und mit 14 statt bisher zwölf Litern Kraftstoffvorrat des so genannten Büffel-Tanks. 1955 und 1956 wurde der Hubraum des Max-Motors aufgestockt, und zwar auf 297 cm³ Hubraum, erzielt durch 72 mm Bohrung und 73 mm Hub (statt 69 respektive 66 mm) mitsamt entsprechend angepasstem Kurbelgehäuse. Allerdings war diese 300er-Max (Bezeichnung 301 OSB) für den Export nach Österreich reserviert, wo die NSU Max ebenfalls sehr begehrt war, aber für Motorräder unter 275 cm³ Hubraum – zum Schutz der einheimischen Hersteller – hohe Einfuhrzölle veranschlagt wurden. Für Österreich gab es aus diesen zollrechtlichen Gründen daher den besonderen Motor für die Max mit 297 cm3 Hubraum. Österreich wollte schließlich seine eigene Motorradproduktion – vor allem von Puch – vor ausländischer Konkurrenz schützen. NSU und auch andere Firmen umgingen diese Zölle damit, dass sie ihre 250er für Österreich mit 300 cm3 Hubraum anboten.

Bei den Max-Fahrern ist der 300er-Motor heute sehr gesucht, bietet er im vergleich zum 250er doch vor allem deutlich mehr Drehmoment. Äußerlich kaum vom 250er-Motor zu unterscheiden, ist er jedoch mittels einer eingeschlagenen »3« oberhalb der Motornummer und (nicht in allen Fällen!) an einer eingegossenen »300« vorne am Zylinderfuß zu identifizieren.

In Deutschland wurde der 300er-Motor nie angeboten, denn dieser hätte im Gegensatz zur 250er-Max den Führerschein der Klasse 1 vorausgesetzt und die Zahl der Käufer deutlich eingeschränkt.

Ein besonderes technisches Detail war an diesen Österreich-Mäxen zu finden: die nicht mehr über das zentrale Federbein, sondern über zwei außenliegende Federbeine abgestützte Hinterradschwinge - die schließlich im Oktober 1956 generell an der nun Supermax genannten und jetzt auf 18 PS erstarkten 250er-NSU Standard werden sollten.

Obwohl in Deutschland Motorräder zu jener Zeit kaum noch gefragt waren, wurde die Supermax noch bis 1963 gebaut, wobei in den letzten beiden Jahren eigentlich nur noch im Lager vorhandene Teilebestände aufgebraucht wurden. 2146 Mark kostete eine Superlux in ihrer letzten Ausführung mit Zwei-Perso-

Super-Max mit Beiwagen: Bewährter 250er-Motor, jedoch Federbeine hinten und doppelwandiger Rahmen.

nen-Sitzbank – mancher investierte diese Summe damals lieber in ein Auto.

Die 1955 gebaute Gelände-Max vertraut im Aufbau auf den Rahmen der Super-Max, da dieser doppelwandig und damit deutlich stabiler als das Vorgänger-Pendant ausgeführt war. Außerdem wurden die Holme der Vorderradgabel gegenüber der Serien-Max um 35 Millimeter verlängert. »Im Prinzip machte man aus zwei Gabeln eine, indem man die beiden unteren Holmteile der einen Gabel sowie das Oberteil der anderen Gabel jeweils länger und mit einem Gehrungsschnitt absägte und anschließend miteinander verschweißte«, erinnert sich Gelände-Max-Experte Alfred Habiger, der zusammen mit seinem Bruder viele Jahre lang im mit einem Geländemax-Gespann sportlich aktiv war (siehe Kasten). Außerdem wurde die Gabel mit einem zusätzlich formschlüssig eingeschweißten Blech unterhalb des Lenkkopfs zusätzlich versteift.

An die Stelle der serienmäßig innerhalb des Gabelkörpers untergebrachten Stoßdämpfer rückten bei der Gelände-Max große, außenliegende Stoßdämpfer, für die eigens Aufnahmen angeschweißt werden mussten. Im Falle von Wolfgang Rohdes Gelände-Max kommen hier derzeit Koni-Elemente zum Einsatz, doch sollen später die mit Blechkappen verkleideten Originaldämpfer zum Einsatz kommen. »Diese befinden sich noch in der dringend notwendigen Überholung, denn an guter Dämpfung darf es dem Geländesportler nicht mangeln. In der Zwischenzeit bewege ich die Gelände-Max eben zwangsläufig mit den Koni-Elementen«, erklärt Rohde, der die Gelände-Max vor einigen Jahren im Rohzustand von Alfred

Die Österreich-Max: Wegen Import-Beschränkung mit 21 PS starkem 300er-Motor. Die Denfeld-Sitzbank war optionales Zubehör.

DER BERG RUFT

Ungeöffnet: Der Max-Motor, der – leicht ölend – seit mehr als 50 Jahren klaglos seine Arbeit tut.

Habiger erwarb und gemeinsam mit seinem Bruder Michael aufbaute.
Geometrische Änderungen und mehr Stabilität wurde auch der Hinterradschwinge zuteil. Um 16 Millimeter zugunsten von mehr Reifenfreigang für den Gelände-Betrieb verbreitert, wuchs sie für bessere Spurhaltung auch um 20 Millimeter in der Länge und erhielt zudem eingeschweißte Verstärkungen im Bereich der bruchgefährdeten Schwingenlagerung.
Eine weitere, sofort auffallende Änderung betrifft das Rahmenheck. Wo sich bei der serienmäßigen Max eine voluminöse Blechkonstruktion aus Hinterradkotflügel mit darüber montiertem Sattel und Gepäckträger findet, übernimmt diesen Part bei der Gelände-Max ein filigraner, mit dem Rahmen verschraubter Heckrahmen, der den von der NSU Konsul entlehnten Hinterradkotflügel, die Startnummernfelder sowie die hintere Halterung für den mächtigen Endschalldämpfer aufnimmt.
Letzterer ähnelt zwar dem der Serien-Max, entpuppt sich bei genauerer Betrachtung aber als deutlich verändert. So wurde aus Platzgründen im Bereich des Diffusors etwa ein Stück heraus getrennt, und wo sich im hinteren Teil bei der Serien-Max eine Aussparung für die Hinterachse findet, ist der Dämpferkörper durchgehend zylindrisch gearbeitet.
Als die Gelände-Max 1955 von der NSU-Renabteilung im Werk aufgebaut wurde – offiziell zu kaufen gab es sie nie – kam zunächst der von der Serien-Max her bekannte 250er-Motor mit 69 Millimetern Bohrung, 66 Millimetern Hub zum Einsatz. Offiziell wurden 19,5 PS bei 6500/min angegeben, doch zwischen 20, 21 PS waren realistisch. Die Leistungssteigerung erfolgte durch die Verwendung des Sport-Max-Kolbens, dessen Kolbenboden etwas abgeflacht wurde, und der das Verdichtungsverhältnis von 7,6 auf 8,3:1 steigerte. Außerdem bediente man sich der Sport-Max-Nockenwelle, und die nachgehärteten und von 100 auf nunmehr 75 Gramm erleichterten Kiphebel sorgten für Drehzahlfestigkeits des Ventiltriebs. Einlassseitig kam ein 37 Millimeter großes, auf der Auslassseite ein 35 Millimeter durchmessendes Ventil zum Einsatz. Außerdem wuchs der Vergaser-Durchmesser von 26 auf 27,5 Millimeter Durchlassweite.
»Für mehr Leistung, nämlich bis zu 26 PS, wurde aber schon wenig später der von der für Österreich und auch Neuseeland und Australien zur Verfügung ste-

hende 300er-Motor verbaut«, erzählt Alfred Habiger, der über viele Jahre hinweg die Gelände-Max als Gespann erfolgreich einsetzte.

Exakt 297 cm³ Hubraum resultierten dabei aus 72 Millimetern Bohrung und 73 Millimetern Hub. Außerdem besaß auch dieser Motor einen höher verdichtenden Kolben (8,5:1), und abermals sorgte der Bing-Vergaser mit 27,5 Millimetern Durchmesser für mehr Leistung. Außerdem wuchs der Teller-Durchmesser des Einlassventils auf nunmehr 38,5 Millimeter.

Mit dem Thema Leistungssteigerung beim Max-Motor hat sich Alfred Habiger ausgiebig befasst. So entstand etwa ein Motor mit 76 Millimetern Bohrung bei 76 Millimetern Hub und 345 cm³ Hubraum. »Dafür ließ ich eigens einen Nikasil-beschichteten Zylinder anfertigen. Doch auf Grund der sehr kleinen Dichtfläche krankte dieser Motor immer an Undichtigkeiten. Viel besser war die Langhub-Version mit 72 Millimetern Bohrung, 80 Millimetern Hub und 326 cm³ Hubvolumen. Dieser Motor geht wunderschön, ist dicht und vibriert dazu noch kaum«, erzählt Alfred Habiger von seinen motorentechnischen Projekten.

Auch der Motor in Wolfgang Rohdes Gelände-Max stammt aus Alfred Habigers Werkstatt, besitzt aber die übliche, vom »Österreich-Motor« her bekannte 300er-Konfiguration. »Früher im Rennsport haben

Die Spezial-Max: Kennzeichen waren der große Büffeltank und die Vollnabenbremsen.

wir auch Vergaser mit Beschleunigerpumpe gefahren, was sich in puncto Gasannahme bei niedrigen Drehzahlen aber nicht bewährt hat. Am besten funktioniert nach wie vor der 27,5er-Vergaser, wie er an Wolfgangs Maschine auch montiert ist«, berichtet Habiger weiter.

Während die NSU Max im Serientrimm gerade auf Grund ihres Pressblechrahmens und der glattflächigen Optik nicht unbedingt jedermanns Sache ist, findet die Gelände-Max immer breiteren Zuspruch bei den Oldtimer-Fans. Auch bei jenen, die bislang nicht unbedingt für die NSU schwärmten. Die Gründe dafür sind vielschichtig. Einmal ist es sicherlich die sportliche Fahrdynamik, welche die Gelände-Max insbesondere mit dem 300er-Motor bereit stellt, aber auch das Fahrwerk, das durchaus gepflegte Geländeritte verträgt. Ganz sicher auch ist die sportliche, optische

Erscheinung aber ein wesentlicher Grund für die Faszination, die dieses Geländesport-Motorrad ver-

Die Habiger-Brüder

Hartwin und Alfred Habiger stiegen 1959 in den Geländesport mit dem NSU-Gelände-Max-Gespann ein und gewannen 1961, 1962 und 1963 die Deutsche Geländesport-Meisterschaft in der Klasse bis 350 cm³ Hubraum. Bis 1965 gemeinsam – Hartwin als Fahrer, Alfred als Beifahrer – mit der Max unterwegs, trennten sich dann die sportlichen Wege der beiden Brüder.

Hartwin bestritt von 1968 bis 1976 Motocross-Rennen mit seinem Sohn Manfred im Boot, zuerst auf BMW, ab 1972 dann auf einer Hedlund-Einzylinder. 1978 wechselte Sohn Manfred schließlich auf den Fahrerplatz, und sein Bruder Volker übernahm die Beifahrerrolle. Den beiden jungen Habigers gelang 1982 dann der Gewinn des OMK-Motocross-Pokals, und sie wurden auch Württembergische Meister.

Alfred Habiger indes kletterte 1967 in den Beiwagen der Geländesport-BMW von Günter Steenbok, mit dem er in diesem Jahr auf Anhieb die 2-Tagefahrt in Carlshaven gewann. 1968 siegten die beiden bei 13 von 16 gefahrenen Veranstaltungen, und zwei mal wurden sie Zweite. Zum Gewinn des DM-Titels reichte es aber dennoch nicht, sondern »nur« zum Vize, da nicht alle gewerteten Läufe gefahren wurden und so wichtige Punkte fehlten. Ab 1970 bestritt er mit Steenbok unter anderem auch die Gelände-Europameisterschaft. Hartwin und Alfred Habiger gelten zweifellos als eine der Experten für die Gelände-Max schlechthin, erwarben sie doch in den 60er-Jahren noch zahlreiche Herstellungs-Werkzeuge für die Offroad-NSU. Heute besitzen sie drei Gelände-Max-Gespanne, aber auch Hartwins Österreich-Max mit Beiwagen oder Alfreds, zugegebenermaßen nicht in originalem aber dafür sehr schönem Blau lackiertes Super-Max-Gespann sind mehr als nur einen Hingucker wert.

Max-Männer: Hartwin und Alfred Habiger.

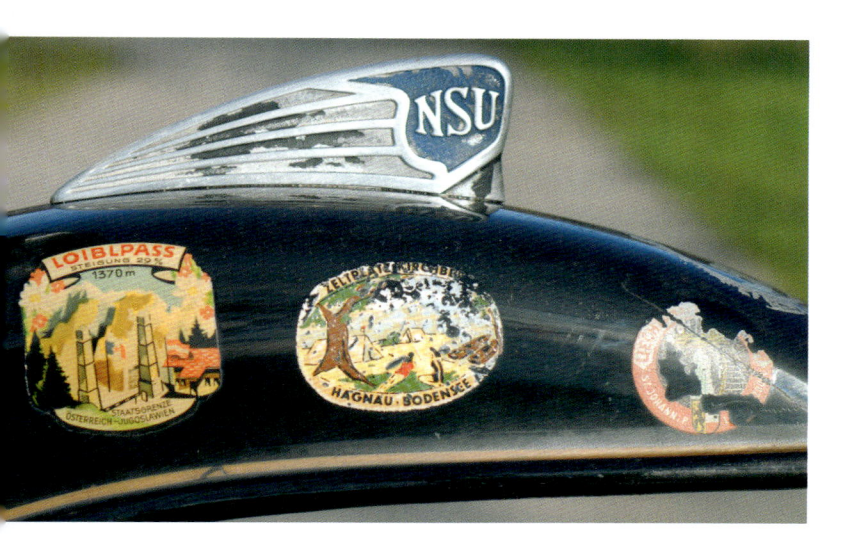

Auf großer Fahrt: Diese Standard-Max kam weit herum und sogar bis über die Alpen.

mittelt. Der filigrane Rohrausleger in Verbindung mit dem kleineren Konsul-Hinterradschutzblech sowie das hochbeinigere, stollenbereifte Fahrwerk und der hoch gezogene Auspuff signalisieren auf den ersten Blick: »Der Berg ruft!«

Mittlerweile, nach unserem Exkurs in die Max-Geschichte und nachdem Käsespätzle, Spaghetti und große Spezi den Weg in unsere Bäuche gefunden haben, brechen wir schließlich auf zur Talfahrt per Gondel. Wieder im Tal und nach einer abschließenden kurzen Rast im Lecher Motorrad-Domizil schlechthin – der Alpenrose – brechen wir mit der Gelände-Max im Transporter die Heimfahrt an. Begleitet von einem Tipp, den uns Alpenrose-Chefin und Puch-Fahrerin Elisabeth Elsensohn mit auf den Weg gibt: »Buam, im Sommer müsst's wiederkommen. Da könnt's dann auch richtig fahr'n.« Da hat sie ganz zweifellos Recht – und wir haben schöne Bilder!

NSU Max-Modelle

Motor
Bauart	4-Takt/ fahrtwindgekühlt
Zylinderzahl	1
Anzahl Ventile pro Zylinder	2
Ventiltrieb	Ohc
Bohrung	69 mm (300er: 72)
Hub	66 mm (300er: 73)
Hubraum	248 cm3 (300er: 297)
Verdichtungsverhältnis	7,0:1 (Standard-/ Spezial-Max); 7,4:1 (Super-Max); 7,6:1 (300er); 8,3:1 (250er-Gelände-Max);8,5:1 (300er-Gelände-Max)
Leistung	15 PS (11 kW) bei 5.800/min; Ab 1954 12,5 kW (17 PS) bei 6.500/min (Standard- und Spezial-Max); 13 kW (18 PS) bei 7.000/min (Super-Max); 15 kW (21 PS) bei 6.600/min (300er-Motor); 14 kW (19,5 PS) bei 6.500/min (250er-Gelände-Max); 19 kW (26 PS) bei 7.000/min (300er-Gelände-Max)

Gemischaufbereitung
Vergaser-Bauart/ Anzahl	Rundschieber/ 1
Hersteller	Bing
Venturi-Durchlass	26 mm (300er-Motoren 27,5 mm)

Kraftübertragung
Anzahl Gänge	4
Sekundärantrieb	Rollenkette

Elektrik
Generator-Leistung	45 Watt; ab 1954 60 Watt; Gelände-Max-Modelle 45 Watt
Spannung	6 Volt
Zündung	Licht-Batteriezünder mit Fliehkraft-Verstellung

Fahrwerk
Rahmen	Stahlblech-Profilrahmen
Radführung vorn	Geschobene Kurzschwinge
Radführung hinten	Cantilever-Hinterradfederung mit Zentralfederbein (Standard-/ Spezial-Max); Zwei direkt angelenkte Federbeine (Super-Max/ Gelände-Max)
Radstand	1.311 mm (Gelände-Max 1.332)
Felgengröße vorn	2.50" x 19"
Felgengröße hinten	2.50" x 19"
Bereifung vorn	3.25 H 19 (Gelände-Max 3.50-19)
Bereifung hinten	3.25 H 19 (Gelände-Max 4.00-19)
Bremse vorn	Trommel/ 180 mm (Standard-Max mit Halbnaben, alle anderen mit Vollnaben)
Bremse hinten	Trommel/ 180 mm; ditto

Abmessungen
Länge/ Breite/ Höhe	2.030 (Gelände-Max 2.020)/ 670 (Gelände-Max 800)/ 990 (Gelände-Max 1.085) mm
Gewicht	150 kg (mit Treibstoff); ab 1954: 155; 174 (Super-Max); 155 (Gelände-Max)
Tankinhalt	12 Liter (Standard-Max; alle anderen Modelle 14 Liter)
Höchstgeschwindigkeit	115 km/h; ab 1954 126 km/h; 130 km/h (Super-Max); je nach Übersetzung 95 bis 130 km/h (Gelände-Max)

Preis
	k.A.; Baujahre: 1952 bis 1963

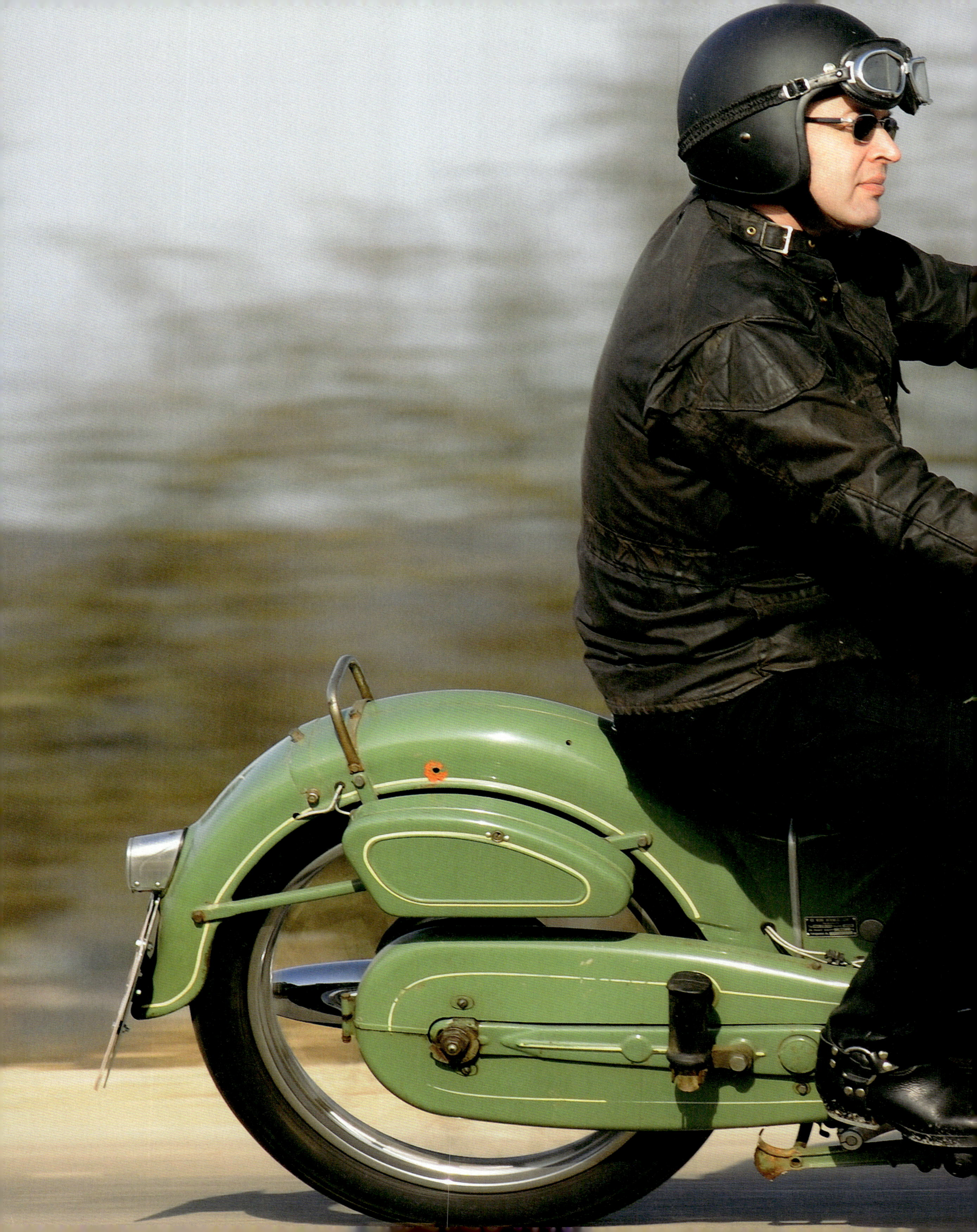

NSU Superlux

SPEZIALFALL

SPEZIALFALL

Mit gesteigerter Motorleistung, größerem Tank und Leichtmetall-Vollnabenbremsen von der Spezial-Max wurde aus der NSU Lux die Superlux. Wir baten ein unrestauriertes Exemplar aus dem Jahr 1955 zum Fahrtermin.

Als NSU 1951 die Lux auf der Internationalen Fahrrad- und Motorrad-Ausstellung (IFMA) Ende Oktober in Frankfurt der Öffentlichkeit präsentierte und auf den Markt brachte, ahnte unter den Außenstehenden noch niemand, dass ihr Stahlblechrahmen wenig später auch die Basis für die Max werden sollte. Nach Vorbild der bereits 1947 von Albert Roder entworfenen Fox legte der NSU-Konstrukteur auch die Lux mit Cantileverschwinge hinten sowie geschobener Kurzschwinge mit Schwinghebeln und Schraubenfedern vorn aus. Neu war indes, dass die Federelemente nun hydraulisch gedämpft waren, was sich in einer wesentlich verbesserten Straßenlage niederschlagen sollte. Am vorderen Ende der Schwinghebel griff die Vorderrad-Steckachse an, und der rechte Schwinghebel bildete gleichzeitig die Aufnahme für die Bremsankerplatte. Vorne wie hinten war der Radein- und -ausbau

Vorbild Max: Die Superlux kombinierte den unkomplizierten Zweitakt-Einzylinder der Lux mit dem Chassis der Max.

eine Sache von wenigen Minuten, und selbstverständlich waren beide Räder gegeneinander austauschbar, womit sich die Reifen gleichmäßig abfahren ließen. Rechts und links am Hinterradschutzblech (zur Hälfte noch als Rahmenteil, deshalb belastbar und für Montage eines Beifahrer-Sitzes auf dem Gepäckträger gedacht) waren zwei Blechkästen mit abschließbaren Deckeln angebracht. Im rechten Kasten saß die kleine Sechs-Volt-Batterie, der linke enthielt das Bordwerkzeug. Das Scheinwerfergehäuse mit je nach Beladungszustand einstellbarem Scheinwerfer (für optimale Fahrbahn-Ausleuchtung) saß auf einem eigens dafür gedachten, mit dem Lenkkopf (mit Reibungsdämpfer für die Lenkung) eine Einheit bildenden Sockel. Die Sekundärkette lief bestens vor Dreck und Nässe geschützt in einem zweiteiligen Blechkasten, und zusätzlich zur sehr harten ausgelegten Hinterradfederung war auch der Fahrersattel komfortabel gefedert. Eine harte hintere Abstimmung hatte NSU gerade auch wegen des angenommenen häufigen Zwei-Personen-Betriebs sowie im Hinblick auf den Einsatz der Lux als Gespann-Zugmaschine gewählt.

Die Vorteile des Pressblechrahmens waren in der Tat vielfältig. Einerseits war, da nur aus zwei zusammengeschweißten Hälften bestehend, sehr einfach und preisgünstig zu fertigen. Weiterhin bot er eine besondere Art der Führung der Ansaugluft, die unterhalb des Sattels in den Rahmen floss und linksseitig in den Vergaser einströmte. NSU versprach die so genannte »beruhigte Luft« sowie eine besonders effektive Filterung, was sich in ausgesprochen langer Lebensdauer der Laufgarnitur von Kolben und Zylinder niederschlagen sollte. Ein weiterer positiver Effekt war die effiziente Dämpfung des Ansauggeräuschs sowie ein noch fülligerer Drehmomentverlauf, der die Lux gerade auch für den Betrieb mit Seitenwagen wie dem kleinen Steib S 200 geeignet machte. Mit 8,6 PS bei 5250/min riss der mit 62 Millimetern Bohrung bei 66 Millimetern Hub als Langhuber ausgelegte, 198 Kubikzentimeter große Einzylinder-Zweitakter zwar

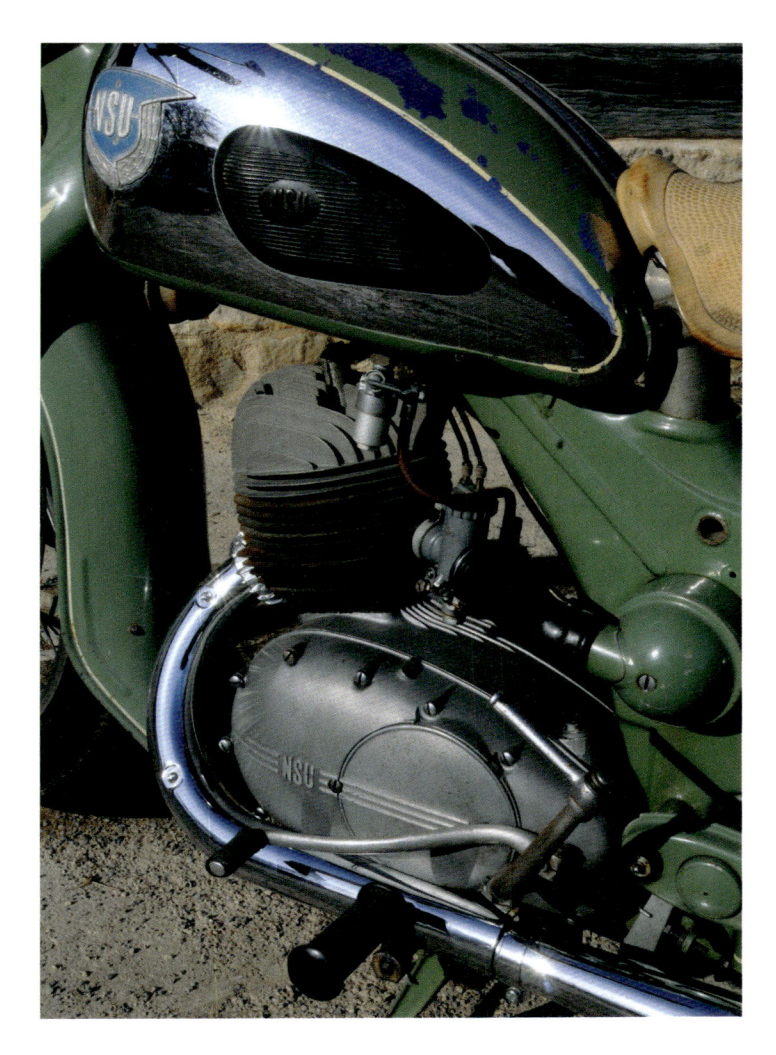

Beruhigte Luft: Der Pressblechrahmen diente gleichzeitig der Ansaugluftführung, die NSU auch fleißig propagierte.

nicht unbedingt Bäume aus, aber seine füllige Leistungscharakteristik fand in den folgenden Jahren viele Freunde.

Für damalige Verhältnisse war der Einzylinder-Zweitaktmotor der Lux freilich hochmodern. Umkehrspülung mit Flachkolben, der zwei Spülfenster im Hemd hatte. Der Primärantrieb erfolgte über schräg verzahnte und deshalb geräuscharm laufende Zahnräder auf eine sehr robuste Kupplung und ein Getriebe mit vier Gängen - wo doch die Konkurrenz meistens nur deren drei vorweisen konnte.

Während im ersten Baujahr 1951 3651 Exemplare an den Mann beziehungsweise die Frau gebracht wurden, lief die Produktion mit 30.660 Stück im darauf-

SPEZIALFALL

folgenden Jahr auf Hochtouren, und die Lux wurde zum meistgebauten NSU-Motorrad überhaupt. Doch bereits ein Jahr später, 1953, ließ die gebaute Zahl von 17.052 Lux' erkennen, dass sich der Trend weg zum Motorrad und hin zum Automobil bewegte. Das wirkte sich auch auf die Nachfrage nach Beiwagen-tauglichen Maschinen aus, und mehr und mehr fanden auch sportlichere Solomaschinen wieder Gefallen.

NSU reagierte auf diese Marktgegebenheiten bereits 1952 mit der leistungsstärkeren Max, die beides konnte: sportliche Solomaschine und ausreichend

Üppig bemessen: Die Vollnabenbremse mit 180,5 Millimetern Durchmesser fand sich auch in der Spezial-Max wieder.

kräftiges Beiwagenmotorrad sein zugleich.
Zur entsprechenden Aufwertung der Lux ein Jahr später bediente man sich wie bereits im Falle der Max, die ja den Rahmen in seinen Grundfesten, für den gehobenen Einsatzzweck jedoch in verstärkter Form von der Lux übernahm, des Baukastenprinzips. So ersetzten die mit 180,5 Millimetern üppig bemessenen Leichtmetall-Vollnabenbremsen aus der Spezial-Max die schwachen Halbnabenexemplare, der 11,5 Liter fassende Kraftstofftank wurde durch den 14 Liter großen »Büffeltank« ersetzt, und aus der Lux wurde so die Superlux.

Dies jedoch nicht, ohne dem Einzylinder-Zweitakter etwas mehr Leben einzuhauchen. Ein Zylinder mit neuen Kanalführungen, einem Einlassfenster mit so genannter Nase sowie ein für die deutlich tiefer angeordneten Überströmkanäle entsprechend geändertes Kurbelgehäuse sorgten zusammen mit einem üppiger verrippten und in seiner Brennraumform geänderten Zylinderkopf mit verstärkter Aufhängung für einen Leistungszuwachs um 2,4 auf nunmehr 11 PS bei identischer Nenndrehzahl von 5250/min. Gleich geblieben waren auch der Durchlass des Bing AJ 2/22/16-Vergasers von 22 Millimetern sowie des Verdichtungsverhältnisses von 6:1, während der Kurbeltrieb für verbesserte Vorverdichtung geänderte Kurbelwangen erhielt und ein kräftiger dimensioniertes Pleuel der gesteigerten Leistung Rechnung trug.

Mit der Vereinheitlichung des Fahrgestells von Max und Superlux ging freilich auch eine erkleckliche Gewichtszunahme einher. Wog die Lux noch 135 Kilogramm, brachte die Superlux bereits satte 152 Kilogramm auf die Waage, was sich auf die Fahrdynamik jedoch keineswegs nachteilig auswirkte.

Die gut 100 km/h schnelle Superlux (Lux 95 km/h) liegt satt auf der Straße, und im Verein mit dem Vierganggetriebe stellen sich durchaus ansprechende Beschleunigungswerte ein. Insbesondere der lebendigere und weniger auf Drehmomentfülle ausgelegte Charakter des überarbeiteten Motors begeistert und sorgt zusammen mit dem eher unterforderten und im Vergleich zur Max mit etwas geringerer Federkennung belegten Fahrwerk für eine souveräne und gleichsam sportliche Art des (Super)Lux-Fahrens. Allerdings konnte auch diese tolle Aufwertung der Lux-Technik den Abwärtstrend des Motorradmarkts nicht aufhalten, und so wurde die Superlux bereits 1956 wieder eingestellt. Waren es im Jahr des Modellwechsels 1954 noch insgesamt 11487 gefertigte Lux und Superlux zusammen, schnellte der Verkauf 1955 auf immerhin 13.395 Superlux hoch, um 1956 mit lediglich 2600 Exemplaren praktisch bedeutungslos zu werden. Da halfen die knapp 400 Mark Preisvorteil der Superlux (1595 Mark, 1954) gegenüber der Spezialmax (1990 Mark, 1954) auch nichts, mit der sie sich angesichts des identischen Fahrwerks – natürlich abgesehen von der geringeren Motorleistung – durchaus vergleichen lassen durfte.

Werden die Mäxe in all ihren Varianten der großen Beliebtheit wegen heutzutage bereits zu stolzen Preisen gehandelt, führt die Superlux in Sammlerkreisen eher noch ein Schattendasein.

Das stellten auch die beiden Brüder Wolfgang und Michael Rohde fest, die beim Teilestöbern in Ebay völlig zufällig an das hier abgebildete Exemplar aus dem Jahre 1955 gerieten. Ohne größeren Wettbewerb beim Bieten erhielten sie für 1500 Euro den Zuschlag und ergatterten ein Exemplar, das zwar Gebrauchsspuren der letzten fünf Jahrzehnte aufweist, aufgrund des sehr guten Erhaltungszustands aber im Grunde viel zu schade zum Restaurieren ist. »Wir belassen sie in diesem Zustand. Sie ist sozusagen in Ehren ergraut«, waren sich die beiden einig und spendierten ihrer Superlux daher in der hauseigenen Galvanik nur eine neue Chromschicht für die doch arg in Mitleidenschaft gekommene Auspuffanlage.

Selbst der Motor konnte ungeöffnet bleiben. Ölverlust Fehlanzeige, und so genügte eine neue Getriebeölfüllung sowie ein kleiner Abschmierdienst, um die alte Dame wieder in Betrieb zu nehmen.

»Sie geht erstaunlich gut für ihre lediglich elf Pferdestärken«, freute man sich im Hause Rohde nicht nur bei der Jungfernfahrt, sondern auch anlässlich unseres Fototermins. »Im Grunde fährt sie sich wie eine Max, wegen des geringeren Gewichts in den Kurven eine Spur flinker, dafür auf den Geraden etwas langsamer«, lautet das Kurz-Resümee, begleitet von kleinen blauen Zweitaktwölkchen. Die konnte zumindest eine gesunde Max nie bieten.

NSU Superlux

Motor
Bauart	2-Takt
Zylinderzahl	1
Ventile je Brennraum	-
Ventiltrieb	-
Bohrung in mm	62
Hub in mm	66
Hubraum in cm³	198
Verdichtung	6,0:1
Leistung in PS	11 (8 kW) bei 5250/min

Gemischaufbereitung
Bauart/Anzahl	Schieber-Vergaser/ 1
Hersteller	Bing
Venturi-Durchmesser in mm	22

Kraftübertragung
Getriebe/Anzahl Gänge	Klauen/4
Primärübersetzung	k.A.
Gesamtübersetzungen	
1. Gang	3,140
2. Gang	1,985
3. Gang	1,295
4. Gang	1,000
5. Gang	-
Sekundärübersetzung	k.A.
Sekundärantrieb	Rollenkette

Elektrische Anlage
Generatorleistung in Watt	100 (120)
Betriebsspannung in Volt	6
Zündung	Noris-Licht-Batteriezünder

Fahrwerk
Rahmenbauart	Blechpressrahmen aus Stahl
Radführung vorne	Geschobene Kurzschwinge
Federweg vorne in mm	140
Radführung hinten/Federbeine	Schwinge/2
Federweg hinten in mm	k.A.
Radstand in mm	1320

Räder und Bremsen
Felgengröße vorne	k.A.
Felgengröße hinten	k.A.
Bereifung vorne	3.00-19
Bereifung hinten	3.00-19
Bremse vorne/Durchmesser in mm	Trommel/ 180,5
Bremse hinten/Durchmesser in mm	Trommel/ 180,5

Maße und Gewichte
Länge in mm	2050
Breite in mm	630
Höhe in mm	980
Gewicht in kg	152 (vollgetankt)
Tankinhalt in Litern	14

Fahrleistungen
Höchstgeschwindigkeit langliegend	100 km/h

Preis	1595 Mark (1954)

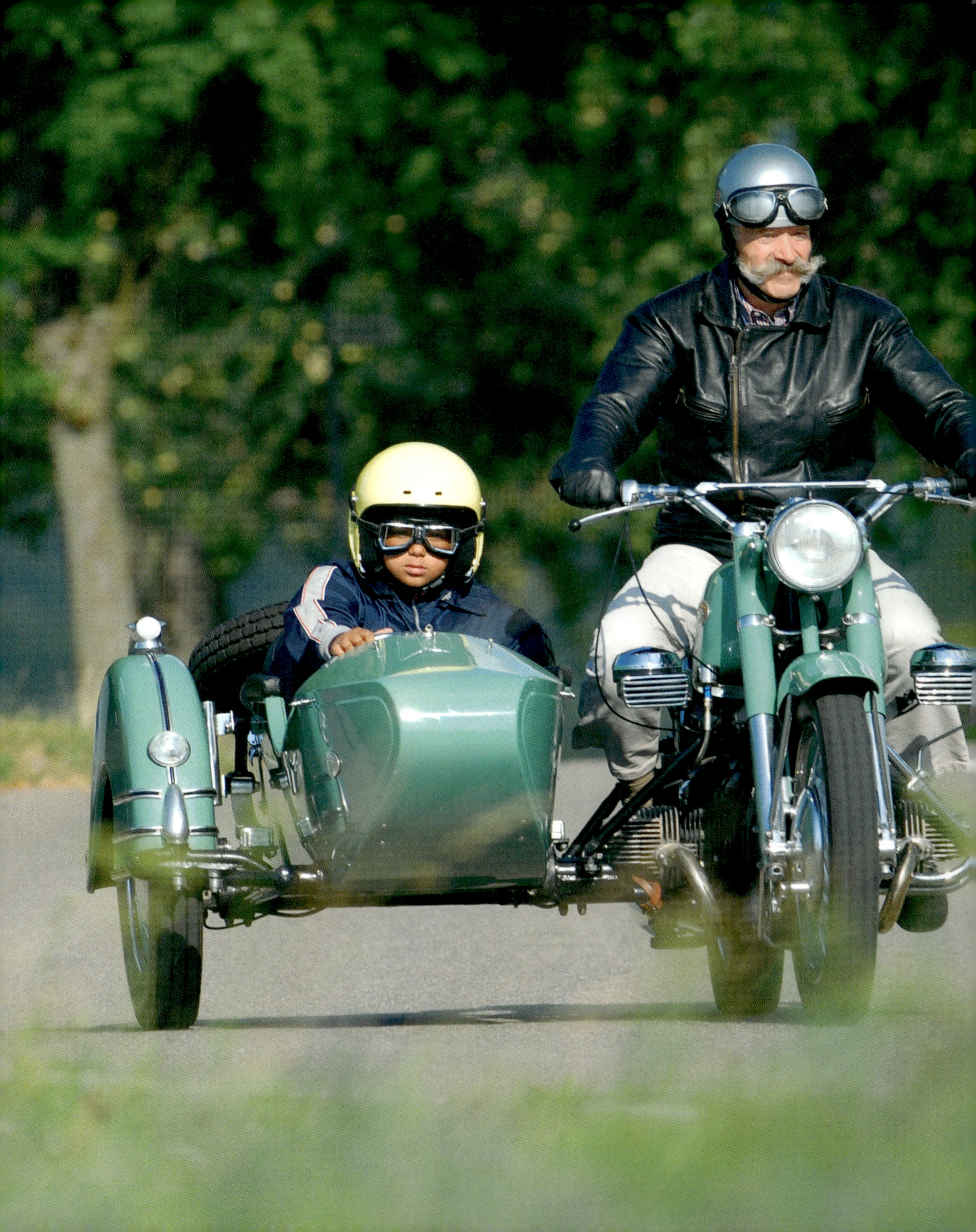

Zündapp KS 601/
KS 601 Sport

ELEFANTEN-HOCHZEIT

ELEFANTEN-HOCHZEIT

Die Zündapp KS 601 sollte im Grunde die viel bessere BMW nach dem Zweiten Weltkrieg werden. Tatsächlich wurde die große Zündapp zur legendären Zugmaschine für ein Gespann schlechthin. Friedrich Drüppel erfreut sich nach dreijähriger Restaurierung an seinem »Grünen Elefanten«, einer KS 601 Sport

Wenn Friedrich Drüppel seine Zündapp KS 601 Sport startet, könnte man fast neidisch werden. Erstens nimmt der Zweizylinder-Boxer-Motor praktisch schon bei scharfem Hinsehen die Arbeit auf, und dann läuft er mechanisch auch noch unglaublich leise. Wüsste man es nicht besser – man würde einen Vierzylinder in diesem gespann vermuten.

Doch vor den Lohn problemloser Alltagstauglichkeit hat das Leben bekanntermaßen den Schweiß und im Falle alter Motorräder zumeist das aufwendige Restaurieren gesetzt. So auch bei Friedrich Drüppel,

Kennzeichen Sport: Die mächtigen, wunderschön gezeichneten Leichtmetallnaben identifizieren die KS 601 Sport.

Für alle Fälle: Komplett montagefertiges Ersatzrad auf dem Gepäckraum des Beiwagens.

der seine KS 601 Sport vor einigen Jahren »preiswert und vor allem komplett«, wie er sagt, erstand, dann aber doch insgesamt drei Jahre Zeit in die Wiederaufbereitung der 50 Jahre alten Technik investieren musste.

Damals, zu Beginn der 50er-Jahre, hatte BMW das Wettrennen um das erste schwere Motorrad nach dem Zweiten Weltkrieg – und dieses musste damals einen Zweizylinder-Motor haben – mit der R 51/2 gewonnen. Denn die schwere Zündapp KS 601 mit dem Fahrwerk auf Basis des Rohrrahmens der KS 250 befand sich im Februar 1950, als das Topmodell aus dem Hause BMW längst zu den Händlern geliefert wurde, noch immer im Versuchsstadium. Unter anderem wurde unter der Leitung des KS 601-Konstrukteurs Ernst Schmidt auch auf dem Nürburgring getestet, wo die KS 601 die Dauererprobung zu bestehen hatte. Und die Erprobungsphase für die neue große Zündapp sollte sich sogar noch gut ein weiteres Jahr hinauszögern, bevor Anfang Sommer 1951 die ersten in Serie gefertigten KS 601 zu haben waren, denn bei Zündapp probierte man in dieser Phase nahezu alles aus, um BMW zu schlagen. So wurde einer der KS 610-Prototypen etwa auch mit Scheibenrädern der Aluminium-Gießerei Fuchs ausgerüstet. Im Gegensatz zu einigen heutigen Harley-Davidson-Modellen befand man das optische

ELEFANTEN-HOCHZEIT

Erscheinungsbild aber als wenig überzeugend, und so wurde dieses Projekt wieder aufgegeben.

Die Typenbezeichnung war von Zündapp wohl in Anlehnung an die legendäre KS 600 der späten dreißiger Jahre gewählt worden, und KS bedeutete wie schon damals »Kardan Sport«.

Nun war ja auch der KS 601-Motor im Grunde nicht viel anders, doch völlig neu war das Fahrgestell, bei dem vor allem Wert auf größtmöglichen Komfort durch entsprechend aufwendige Teleskop-Vorder- und Geradweg-Hinterradfederung mit jeweils hydraulischer Dämpfung gelegt wurde.

28 PS bei 4700/min leistete der Zweizylinder-Boxermotor von Zündapp mit seinem charakteristischen Kettengetriebe und dem berühmten Novotex-Rad innerhalb des schrägverzahnten Stirnradsatzes für den Nockenwellen-Antrieb - eigentlich konkurrenzlos, wäre da nicht die BMW R 67 auf den Markt gekom-

Wunder an Laufkultur: Wer das KS 601-Triebwerk einmal gehört und gespürt hat, ist von seinen Manieren hellauf begeistert.

men, die zwar gut 300 Mark teurer, dafür aber wenigstens zu Jahresbeginn 1951 bereits zu kaufen war. Und so waren es zum Ende jenes Jahres mit 1645 Einheiten etwa zweieinhalb mal soviele 600er BMW als bei Zündapp KS 601-Exemplare verbucht werden konnten.

Dennoch: Als Zugmaschine sollte sich letztere einen weitaus besseren Ruf erwerben und zu dem Gespannmotorrad der fünfziger Jahre schlechthin werden, wozu Erfolge bei internationalen, renommierten Veranstaltungen wie Langstreckenfahrten oder gar das französische 24 Stunden-Rennen Bol d`Or, wo von 1955 bis 1957 die Klassensieger bei den Gespannen eine KS 601 fuhren, beitragen sollten. Und bei Geländesport-Wettbewerben sollten in der großen Klasse der Motorräder mit Seitenwagen die Zündapp KS 601-Gespanne mit dem speziellen Steib-Geländebeiwagen sogar dann noch der Maßstab aller Dinge bleiben, als im Zündapp-Werk in Nürnberg die KS-Produktion längst eingestellt worden war und dazu noch die Boxermotoren der BMW-Gespanne leistungsmäßig überlegen waren.

Im Fahrbetrieb besticht die KS 601 heute wie damals vor allem durch ihren seidenweichen, kultivierten Motorlauf und das breite Drehzahlband, dass selbst im Gespanbetrieb einschaltfaule Fahrweise ermöglicht. Hinzu kommt die gute Schaltbarkeit des Viergang-Kettengetriebes, das schnelle Gangwechsel ermöglicht.

Ab 1952 gab es die KS 601 auch im Ausland und mit schwarz und weinrot auch in anderen Farben als mit der typisch lindgrünen Lackierung der heimischen Version, die Pate für den Spitznamen »Grüner Elefant« stand. Ebenfalls 1952 wurde auch eine Einvergaser-Ausführung speziell für das jugoslawische Militär entwickelt sowie eine Gespann-Version in Tarnfarbe für den deutschen Bundesgrenzschutz. Und ab Ende 1953 wurde die Leistung auf 32 PS angehoben, so zumindest die offizielle Werksangabe anläßlich der Vorstellung der 1954er-Modelle auf der Ifma im Herbst 1953. Bis zum Serienanlauf sollten es sogar stolze 34 PS bei 6000/min werden, womit eine KS 601 mit dem Zusatz »Sport« in der Typenbezeichnung und Volnabenbremsen aus Aluminium im Solobetrieb immerhin 155 km/h schnell war. Doch kaum jemand fuhr die große Zündapp ohne einen Seitenwagen dran, entweder ein Steib S 500 oder gar der große Steib TR 500. Denn die KS 601 war nun mal zur Zugmaschine par excellence abgestempelt worden, und zwar sowohl vom Hersteller selbst (der in Prospekten darauf hinwies und sogar KS-Gespanne groß zeigte) als auch von der Fachpresse, deren Tester damals Gespannbetrieb bevorzugten. Speziell für den amerikanischen Markt wurde zunächst eine Version mit Denfeld-Sitzbank und sogenanntem Cowboy-Lenker sowie großvolumigeren Schalldämpfern gefertigt, doch die Amerikaner, die den Solobetrieb favorisierten, wollten mehr. So entstand 1956 die KS 601 Elastic – mit Hinterradschwinge und einstellbaren Federbeinen. Zudem besaß sie den stärkeren Motor der Sport, wiederum eine sehr komfortable Denfeld-Sitzbank sowie den Cowboy-Lenker und die großvolumigeren Schalldämpfer, wie sie ab 1956 schließlich bei allen KS 601-Modellen in Serie gingen.

1952 wurde mit 1650 Exemplaren die höchste Stückzahl abgesetzt, gut 300 mehr als BMW mit der R 67 erzielen konnte. 1953 waren es immer noch fast 1200 KS 601, bevor das Interesse drastisch sinken sollte: 1956 waren es gerade noch 360 Einheiten, im darauffolgenden Jahr nur noch ein Drittel davon, und im letzten KS-Produktionsjahr, 1958, deren fast beschämende 15 Stück. Insgesamt waren es binnen acht Produktionsjahren nur 5000 Exemplare. Dabei war so eine KS 601 ganz bestimmt nicht zu teuer, ganz im Gegenteil, und mit 3225 Mark sogar noch über 700 Mark günstiger zu haben als eine R 67. Doch mit einem Seitenwagen dran wurde die 4000 Mark-Grenze erreicht, und zum selben Preis gab es mit Beginn der zweiten Hälfte der fünfziger Jahre auch einen VW Käfer.

ELEFANTEN-HOCHZEIT

Verzögern allemal
ausreichend:
Die 230 Millimeter
großen Vollnaben-
Innenbacken-
Bremsen des
grünen Elefanten.

Hinzu kam, daß in den Wirtschaftswunderjahren das Fahren eines schweren Motorrades, von einem Gespann ganz abgesehen, immer weniger gesellschaftsfähig werden sollte. Kein Wunder also, dass die Gespannfahrer begannen, ihre eigene eingeschworene Gemeinschaft zu bilden. Und hierin sollte so eine KS 601, liebevoll längst als der »Grüne Elefant« bekannt, zur Legende werden - eine Legende, die bis heute lebt.

Bereits 1956 trafen sich an der Solitude-Rennstrecke bei Stuttgart einige KS 601-Fahrer zum sogenannten Elefantentreffen, initiiert von dem bekannten Motorradjournalisten Ernst Leverkus. Damals ahnten sie wohl kaum, dass sich ihr kleines Treffen zum größten Motorrad-Wintertreffen übehaupt entwickeln würde. Über viele Jahre hinweg durchgeführt, findet das Elefantentreffen heute im Bayerischen Wald statt.

KS 601/KS 601 Sport

Motor
Bauart	Viertakt-Boxer
Zylinderzahl	2
Ventile je Brennraum	2
Ventiltrieb	OHV
Bohrung in mm	75
Hub in mm	67,6
Hubraum in cm^3	597
Verdichtung	6,4:1
Leistung in PS/Nenndrehzahl in 1/min	28/4700, 34/6000

Gemischaufbereitung
Bauart/Anzahl	Schieber-Vergaser/2
Hersteller	Bing
Durchlass in mm	25

Kraftübertragung
Getriebe/Anzahl Gänge	Kettengetriebe/4

Zündung | Batterie-Zündlichtanlage

Fahrwerk
Rahmenbauart	Doppelrohrrahmen, verschweißt
Radführung vorne	Hydr. Telegabel
Radführung hinten/Federbeine	Geradwegfederung

Räder und Bremsen
Felgengröße vorne	2.15"x19"
Felgengröße hinten	2.15"x19"
Bereifung vorne	3.50-19
Bereifung hinten	3.50-19
Bremse vorne/Durchmesser in mm	Vollnaben-Innenbacken/230, dito aus Aluminium
Bremse hinten/Durchmesser in mm	Vollnaben-Innenbacken/230, dito aus Aluminium

Tankinhalt in Liter | 14,5

Gewichte
Gewicht in kg	224, 216

Fahrleistungen
Höchstgeschwindigkeit in km/h	140, 155

Preis | 3.225.- Mark

Hersteller | Zündapp-Werke GmbH, Nürnberg

SCHWEIZERISCHE IKONE

BMW R 69 S America

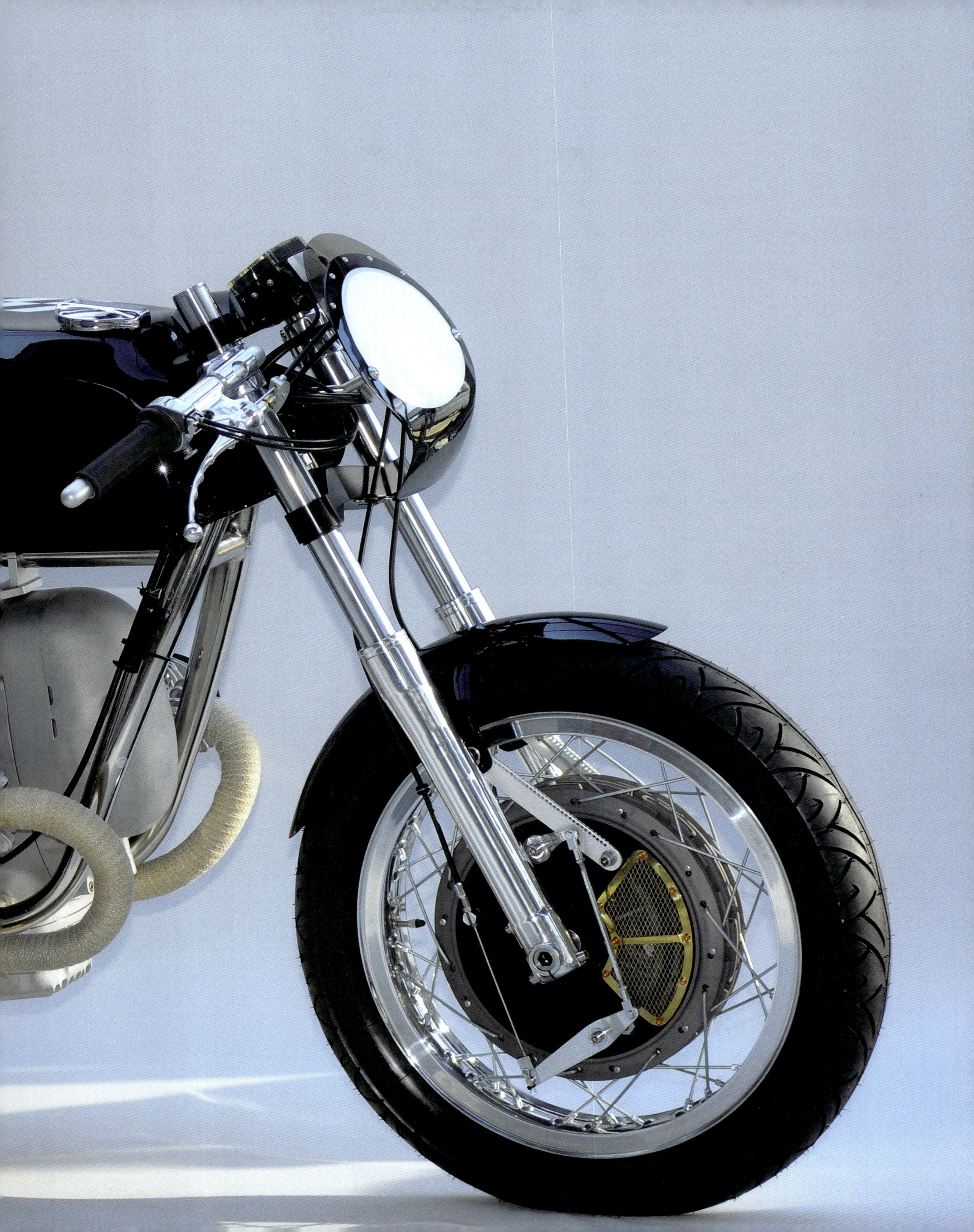

SCHWEIZERISCHE IKONE

Mit Akribie und schweizerischer Perfektion verwirklichte der ehemalige Formel-1-Mechaniker Jürg Jerjen seinen Traum von einer klassischen Renn-BMW. Die Basis bildete eine R 69 S von 1964. Das eidgenössische Sahnestück hat mit den Ursprüngen nicht mehr allzu viel zu tun.

Eigentlich war ich zunächst ja nur auf die Fontana-Doppelduplex im Vorderrad scharf«, erzählt Jürg Jerjen, wie er überhaupt auf die Idee kam, sich eine R 69 S in rennsportlichem Trimm zuzulegen. Begonnen hatte sein Liebäugeln mit der R 69 S oder vielmehr der in ihr verbauten Fontana-Doppelduplex bereits vor 30 Jahren. Damals hatte sein Vater sie sich vom schweizerischen Rennfahrer Ernst Trachsel gekauft, der die R 69 S aus dem Jahr 1964 für einen solventen schweizerischen Garagier aufgebaut hatte.

Offenbar währte dessen Freude am fahrenden Objekt nur kurz, und so gelangte die heftig modifizierte R 69 S Marke Trachsel im Tausch gegen einen Mercedes 1979 in die Hand von Jürgs Vater.

»Doch der kam mit dem Motorrad nicht so ganz gut zurecht, und so fristete sie ein behütetes Dasein bei uns im Haus«, erinnert sich Jürg. »Aber verkaufen darfst Du sie auf keinen Fall, denn das Vorderrad samt Fontana-Doppelduplex möchte ich unbedingt haben«, bestand Jürg seinerzeit auf den Familienbesitz, denn der damals gerade mal 18-Jährige war durch und durch Laverda-Fan, und so sann er auf den Einbau des begehrten Vorderrads in eine der norditalienischen Maschinen. Doch dazu sollte es trotz der im Verlauf gut 25-jährigen Laverda-Passion nie kommen.

Rank und schlank: Wären da nicht die beiden mächtigen Zylinder samt Köpfen – die Jerjen-BMW wäre kaum breiter als die Telegabel.

An seinem 30. Geburtstag im Jahr 1992 schenkte ihm sein Vater die Maschine mit den Worten »Mach' damit, was du willst. Das Vorderrad und der Rest gehören jetzt Dir.« »Doch dann brachte ich es doch nicht übers Herz, nur das Rad auszubauen, und den Rest unbeachtet zu lassen. Denn mein Vater hat auch sein Leben lang Motorräder restauriert. Älteres Material, vor allem Engländer und Harleys, und das wollte ich ihm dann doch nicht antun«, erinnert sich der gelernte KFZ-Mechaniker und -Elektriker, der von 1994 bis 1998 als Getriebemechaniker im Formel 1-Team von Peter Sauber arbeitete.

Stattdessen sann er darauf, das, was der später bei der TT auf der Isle of Man tödlich verunglückte Ernst Trachsel einstmals für seinen Kunden schuf, in Perfektion zu vollenden. »Von der ursprünglichen US-Ausführung der R 69 S mit Telegabel hatte er ja fast keinen Stein auf dem anderen gelassen. So setzte er et-

Gasfabrik vom Feinsten: Die Gemischaufbereitung übernehmen edle Dell'Orto SSI/SSC mit 36 Millimetern Durchlass.

wa den Motor um 4,5 Zentimeter höher und arbeitete das Rahmenheck komplett um. Einige Versteifungen sorgten zudem für mehr Stabilität und eine Glanzvernickelung für schöne klassische Rennsport-Optik. Hinzu kamen die Ceriani-Gabel, die Fontana-Bremse und einiges mehr«, erinnert sich Jürg an die damals übernommene Basis. Trachsel hatte das Motorrad damals als renntaugliches Motorrad mit Straßenzulassung aufgebaut, doch Jürg hatte mit einer Zulassung wenig im Sinn. »Ich wollte die Maschine konsequent als Klassik-Renner aufbauen«, erklärt er.

Vor fünf Jahren begann Jürg dann mit dem Projekt, in das er insgesamt rund 500 Arbeitsstunden inve-

SCHWEIZERISCHE IKONE

stierte und ganz offen bekennt, dass er seit einigen Jahren viel lieber schraubt als Motorrad fährt. »Über 25 Jahre lang habe ich nur Laverda gefahren und angeschaut. Doch um damit auf der Rennstrecke wirklich schnell zu sein, musst du soviel Geld investieren, dass du irgendwann auf etwas anderes umsteigst. In diesem Fall Bimota oder die Yamaha YZF-R1, die ich zum Schluss noch bewegt habe. Wenn du dann aber so viele Kilometer auf der Rennstrecke gefahren bist, verlierst du irgendwann die Freude am Fahren auf der Straße, und irgendwann wirst du auch zu alt und merkst, dass es auch ohne das Fahren geht. Heute ha-

Unikum: Schön ist der legendäre Kröber zwar nicht unbedingt, aber an einem Renner wie diesem hat er seine volle Berechtigung.

be ich viel mehr Freude daran, ein Motorrad aufzubauen. Wenn dir das Schrauben einmal im Blut liegt, dann wirst du es nicht mehr los«, beschreibt der begeisterte Schrauber seinen Sinneswandel.
Also machte er sich mit gnadenloser Schrauber-Motivation, schweizerischer Akribie und dem Können eines ehemaligen Formel-1-Mechanikers zusammen mit einigen Spezialisten an die Arbeit. So erfolgte die Überarbeitung des Motors etwa durch Motoren-Genius Markus Ruprecht in Bern sowie durch Christian Zimmermann aus Subingen, einem ehemaligen BMW-Gespannrennfahrer. »Markus Ruprecht ist ein absoluter Motorenexperte, gerade für ältere Triebwerke, der im Grunde ständig ausgebucht ist. Der baute mal einen Zwölfzylinder-Maserati-Motor in seiner Werkstatt im Keller auf, und als er fertig war haben sie festgestellt, dass sie ihn nicht herausbekommen. Sie haben dann glaube ich das Gebäude geändert, um den Motor rauszukriegen. Aber der Mann ist eine absolute Koryphäe«, berichtet Jürg.
In Bern wurde Teil für Teil des Triebwerks begutachtet und wo nötig überarbeitet oder ersetzt. So arbeiten nun erleichterte Originalpleuel, Zylinderköpfe mit größeren Ventilen, Kayser-Zylinder mit Grauguss-Laufbuchsen und nunmehr 705 ccm Hubraum, Kayser-Kolben sowie ein überarbeitetes Fünfganggetriebe aus der R 90 S in der R 69 S-Antriebseinheit. Für die effiziente Gemischaufbereitung sorgen zwei rare 36er-Dell'Ortos SSI/SSC mit doppelter Schwimmerkammer, und den guten Ton liefern zwei handgefertigte Megaphone in Verbindung mit den Serienkrümmern. Eine Ölwanne von Kayser sorgt zudem für einen erhöhten Schmierstoff-Vorrat.
Fahrwerksseitig übernimmt vorn eine 38er-Ceriani-Gabel in Eigenbau-Gabelbrücken die Aufgaben der Radführung, Federung und Dämpfung, während achtern die Serienschwinge in Verbindung mit Koni-Federbeinen zum Einsatz kommt. Vorne kommen Pirelli Sport Demon der Dimension 100/90-18 auf einer Akront-Felge mit dem Maß 2.15 x 18 zum Einsatz. Hinten ist auf eine Akront-Felge der Dimension 2.50 x 18 ein Pirelli der Größe 120/90-18 aufgezogen.
Beim Tank schlug dann die Laverda-Passion durch, und so modifizierte Jürg einen Kraftstoffbehälter der 750 SFC solange, bis er sich wie angegossen über den BMW-Rahmen schmiegte. Beim Höcker hingegen griff er auf zeitgenössisches Zubehör aus den 70er-Jahren zurück.
Die Liste der Modifikationen ließe sich fast beliebig fortführen. So kommen etwa Radachsen aus Titan zum Einsatz, und der kleine Startnummernträger

wurde von einem befreundeten Karosseriespengler kunstvoll über einem Holzklotz getrieben. Den Lohn für all diese Mühen erntete Jürg aber nicht nur beim ersten Blick auf das gelungene Werk, sondern auch beim Blick auf die Anzeige der Waage. Gerade mal noch 160 Kilogramm wiegt die BMW inklusive Öl und drei Litern Kraftstoff. In Verbindung mit 55 bis 60 PS Leistung – eine Prüfstandmessung steht noch aus – sollte der Fahrspaß auf der Rennstrecke damit also garantiert sein.

Doch um den geht es Jürg Jerjen, wie wir gelernt haben, ja gar nicht. »In meinem Kopf reift bereits das nächste Projekt. Etwas ganz anderes. Ein Martin-Chassis mit Honda-CBX-Sechszylinder oder eine Rau-Laverda sind weitere Träume von mir«, erklärt er. So wie vor einigen Jahren eine von ihm aufgebaute, wunderschöne Bakker-Laverda für die BMW Platz machen musste, dürfte die BMW mittelfristig wohl ebenfalls einen neuen Besitzer bekommen. Und wie wir ihn kennen, wird er auch das Martin- oder Rau-Projekt mit schweizerischer Perfektion zu Ende führen.

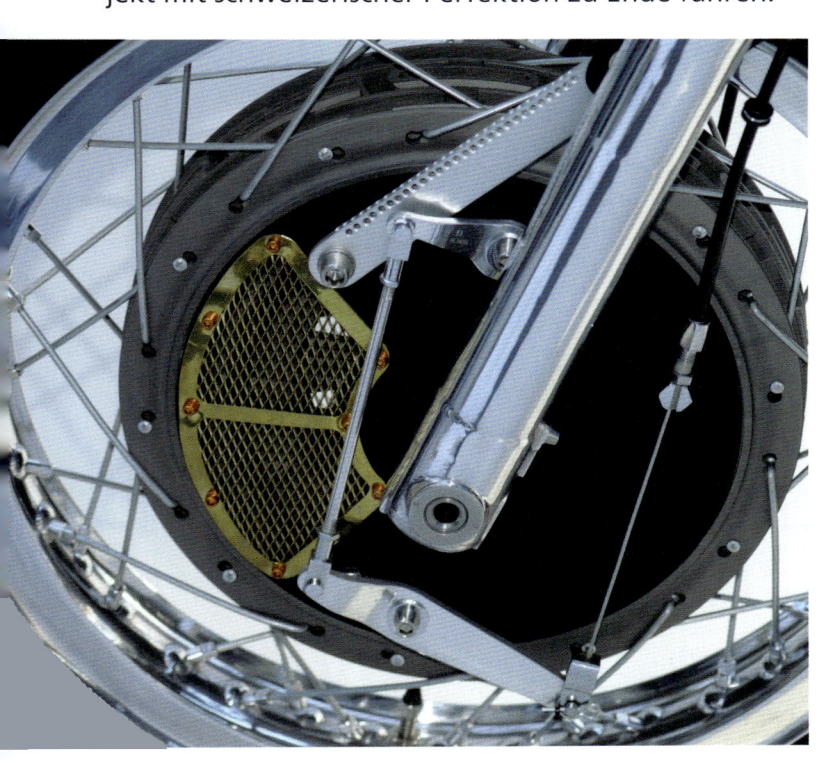

Traum-Bremse: Die Fontana-Doppelduplex mit 260 Millimetern Durchmesser verzögert die Jerjen-BMW standesgemäß.

BMW R 69 S America

Motor
Bauart	4-Takt/ Boxer
Zylinderzahl	2
Ventile je Brennraum	2
Ventiltrieb	OHV
Bohrung in mm	78,5
Hub in mm	73
Hubraum in cm³	705
Verdichtung	ca. 10,0:1
Leistung in PS	ca. 60 (44 kW)

Gemischaufbereitung
Bauart/Anzahl	Schieber-Vergaser/ 2
Hersteller	Dell'Orto SSI/SSC
Venturi-Durchmesser in mm	36

Kraftübertragung
Getriebe/Anzahl Gänge	Klauen/5
Primärübersetzung	2,07
Gesamtübersetzungen	
1. Gang	4,40
2. Gang	2,86
3. Gang	2,07
4. Gang	1,67
5. Gang	1,50
Sekundärübersetzung	3,36
Sekundärantrieb	Kardanantrieb

Elektrische Anlage
Betriebsspannung in Volt	12
Zündung	Magnetzündung

Fahrwerk
Rahmenbauart	Doppelschleifenrohrrahmen aus Stahl
Radführung vorne	Telegabel
Federweg vorne in mm	130
Radführung hinten/Federbeine	Schwinge/2
Federweg hinten in mm	80
Radstand in mm	1390

Räder und Bremsen
Felgengröße vorne	2.15-18
Felgengröße hinten	2.50-18
Bereifung vorne	100/90-18
Bereifung hinten	120/90-18
Bremse vorne/Durchmesser in mm	Doppelduplex/ 260
Bremse hinten/Durchmesser in mm	Trommel/ 200

Maße und Gewichte
Länge in mm	2125
Breite in mm	722
Höhe in mm	1000
Gewicht in kg	ca. 160 (vollgetankt)
Tankinhalt in Litern	14

Fahrleistungen
Höchstgeschwindigkeit langliegend	über 180 km/h
Preis	Serienmotorrad 4030 Mark (1964). Hier gezeigte Maschine über 25.000 Euro

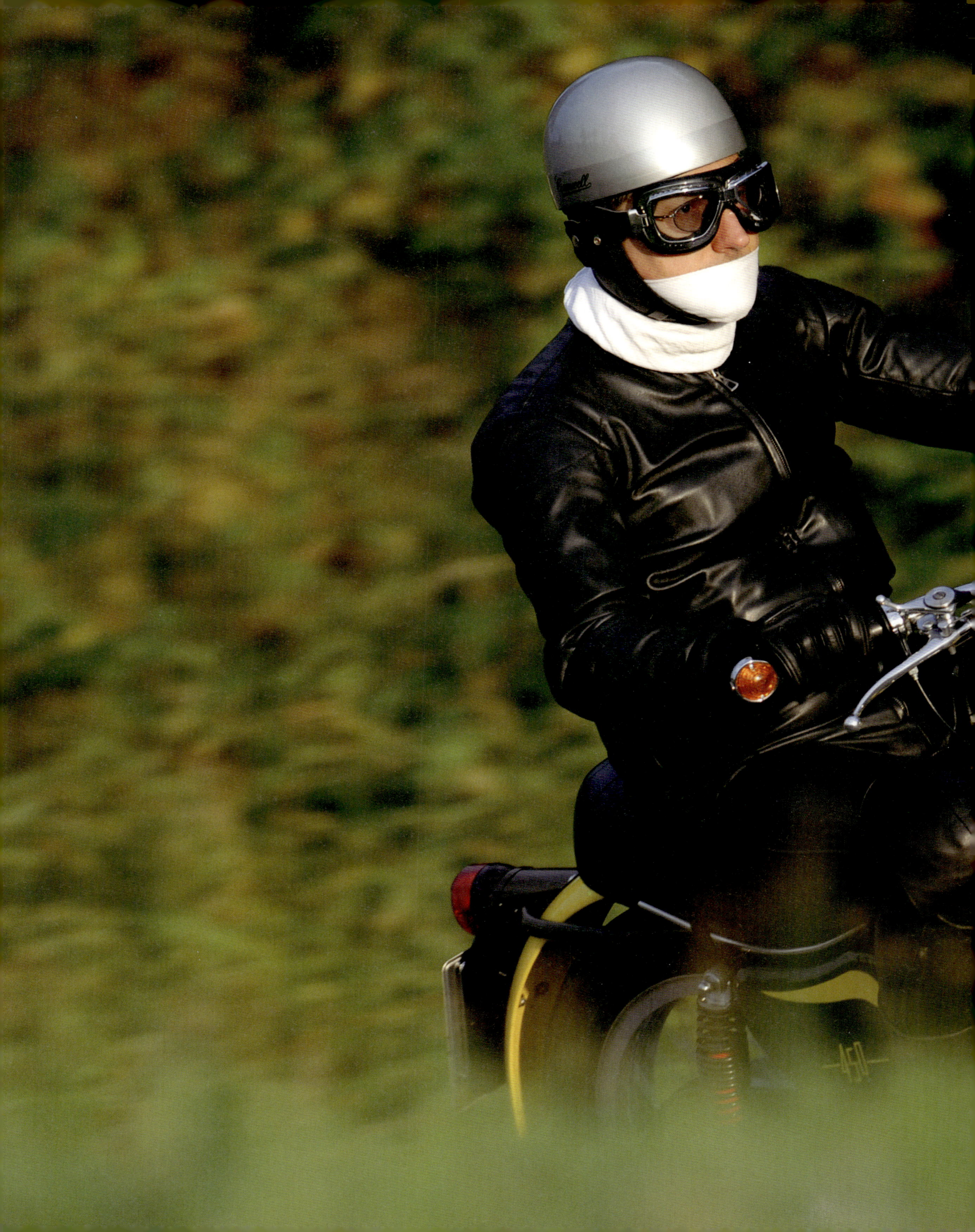

Ducati 450 Scrambler

EINTOPF
ITALIENISCHE ART

EINTOPF ITALIENISCHE ART

Mit bewährten Zutaten wie genügend Hubraum und Königswelle kredenzte Fabio Taglioni Einzylinder-Liebhabern einst ein leckeres Single-Gericht: die 450 Scrambler. Für den »Dottore« wurde sie zu einem seiner Leib- und Magen-Motorräder

Wenn Richard Schlotz, in seiner Freizeit schwäbischer Sammler, Enthusiast und Restaurator vorwiegend italienischer Motorräder wieder mal ein Restaurierungs-Projekt in Angriff nimmt, überlässt er nichts dem Zufall. Ohne jetzt gebetsmühlengleich die zahlreichen Arbeitsschritte der Wiederherstellung seiner Ducati 450 Scrambler herunter zu beten oder die der schlanken Italienerin spendierten Neuteile aufzuzählen, gilt: Dieses Motorrad ist nicht neu, nein, sie ist besser als jede 450er, die in den frühen 70ern die Werkshallen von Bologna verlies. Sie ist perfekt. Das demonstriert sie nicht nur beim bloßen Hinsehen, sondern gleich beim ersten Tritt auf den Kickstarter. Mit festem, energischem Tritt den 86 Millimeter großen Kolben über die 75 Millimeter Hub geschwungen, schon ist sie da. »Bummbumm, bummbumm, bummbumm.« Dumpf und hörbar mit Drehmoment gesegnet spricht der 450er-Einzylinder

Perfekt restauriert: Richard Schlotz ist bekennender Ducatista, und wenn der Daimler-Entwicklungs-Ingenieur Hand anlegt, spricht das Ergebnis für sich.

aus dem schlanken, verchromten Lafranconi-Endtopf. Mechanische Geräusche Fehlanzeige. So soll es sein. Erste Hinweise, dass Ducati Ende der 60er-Jahre einen 450er-Einzylindermotor in Serie bringen würde, lieferte seinerzeit schon der Rennsport. Bruno Spaggiari pilotierte eine Rennmaschine mit eben diesem Hubraum, und so vermutete die Szene hier ein sicheres Indiz für einen späteren Serienableger. In der Tat sollten die Propheten denn auch Recht behalten, denn Ende 1968 wurde eine 450er-Serienmaschine anlässlich einer in Bologna angesetzten Besprechung mit US-Händlern präsentiert.

Wie schon bei anderen Motor-Varianten im Hause Ducati handelte es sich auch bei der vorgestellten 450er um ein aufgebohrtes Triebwerk, bei dem die Konstrukteure die 75 Millimeter Hub des existierenden 350er-Singles beibehalten hatten und lediglich die Zylinderbohrung auf 86 Millimeter vergrößerten. Beides errechnete sich schließlich zu 436 cm³ Hubvolumen. Eine weitere Vergrößerung des Hubraums wurde indes alleine schon aus technischer Sicht ad acta gelegt, denn weder der Kurbelwellenhub noch die Zylinderbohrung gaben noch Spielraum für weitergehende Entwicklungsmaßnahmen unter Beibehaltung der Prämisse Dauerhaltbarkeit her. Einen weiteren Grund, es bei den 436 cm³ zu belassen, lieferten zudem die Marketing-Spezialisten von Ducati. Sie sahen im 450er-Antrieb vor allem auch eine vorzügliche Möglichkeit, den US-Markt in dieser dort sehr populären Klasse zu bedienen.

So war der 450er-Motor denn zunächst auch gar nicht für ein reinrassiges Straßenmotorrad, sondern für ein Scrambler-Modell bestimmt. Scrambler-Modelle – das hatte bei Ducati zudem Tradition. Und sie waren zumindest in Italien und eben den USA auch höchst erfolgreich. So nahm es denn auch nicht Wunder, dass die 450 Scrambler binnen kurzer Zeit zum erfolgreichsten Ducati-Modell des gesamten Programms in den Jahren 1970 und 1971 wurde. In den USA konkurrierte die 450 Scrambler etwa mit der BSA Victor, die 441

Runde Sache: Das von Rundungen dominierte Design der Ducati-Motoren jener Tage prägt den Einzylinder aus jeder Perspektive.

Kubikzentimeter Hubraum besaß, oder auch Modellen von Triumph.

Fraglos waren die Scrambler-Modelle von Ducati – und das gilt insbesondere für die 450er – ihrer Zeit weit voraus. Sie waren keine Straßenmaschinen, aber auch keine Geländemotorräder. Die Kunden sahen sie als Kombination aus beidem, und so nahmen die Ducati Scrambler praktisch die wenige Jahre später aus

Japan herüberschwappende Enduro-Welle vorweg. Nachgerade mutet es deshalb fast schon als fahrlässig an, dass Ducati die Entwicklung und Produktion der Einzylinder-Maschinen nicht weiter vorantrieb. Dies nicht zuletzt auch aus wirtschaftlichen Erwägungen heraus, denn die Scrambler-Reihe sicherte dem wirtschaftlich ohnedies gebeutelten Ducati-Werk in dieser Zeit zu einem großen Teil den Fortbestand.
Heute ist die 27 PS starke und 135 km/h schnelle 450er Scrambler ein gesuchtes Stück. Freilich alleine schon deshalb, weil es sich mittlerweile um einen anerkannten Oldtimer handelt, aber auch, weil die Ducati mit ihrem fein gezeichneten Königswellen-Einzylinder nicht nur wunderbar anzuschauen, sondern auch zu fahren ist.
Gerade Mal 140 Kilogramm Leergewicht bescheren ein geradezu leichtfüßiges Handling, und der aufwändig gefertigte Single liefert nicht nur munteren Vortrieb, sondern auch eine erbauliche Klang-Kulisse dazu.
Dies begeisterte letztlich auch Richard Schlotz, der neben einer 750er Sport einer 750er Super Sport und einer 851 S Tricolore auch zwei 450er Scrambler besitzt. Scrambler Nummer eins ist nun restauriert, und »Scrambler Nummer zwei wollte ich eigentlich in einem brauchbaren Originalzustand belassen. Stellt man die beiden jetzt aber nebeneinander, ist der Unterschied schon krass. Also werde ich Nummer zwei irgendwann auch noch in Angriff nehmen«, entschied sich Richard Schlotz.
Zu guter Letzt sei erwähnt, dass es auch von der 450er – wie übrigens von den anderen Hubraumvarianten ebenfalls – auch reinrassige Straßenmaschinen gab. Doch gerade der 450er war in diesem Fall kein besonders großer Erfolg beschieden, obwohl sie mit

Ein Bild von einem Motor: Was gut aussieht, geht in diesem Fall auch gut. Mit seinen 27 PS sorgt der Single für lebendigen Vortrieb. Geschaltet wird rechts, und der Drehzahlmesserantrieb erfolgt selbstverständlich mechanisch.

gut 160 km/h Höchstgeschwindigkeit keinesfalls langsam oder gar unsportlich geraten war. Jedoch vereitelte in vielen Ländern ein erhöhter Luxus- beziehungsweise Mehrwertsteuersatz größere Verkäufe, und die Kundschaft beklagte obendrein den kräftigen Durst des Singles. Obendrein hatte die Klientel zudem das Gefühl eben keine echte 500er zu fahren, obgleich die Maschine es locker mit 500ern hatte aufnehmen können. Jener Mangel an Prestige war es, der die Popularität ganz auf die 250er und 350er-Modelle lenkte und rasch zur Einstellung unter den Ducatisti führte: »Wenn 450er – dann Scrambler.«

Ducati 450 Scrambler

Motor
Bauart	4-Takt
Zylinderzahl	1
Ventile je Brennraum	2
Ventiltrieb	OHC
Bohrung in mm	86
Hub in mm	75
Hubraum in cm³	436
Verdichtung	9,3:1
Leistung in PS	27 (20 kW) bei 6500/min

Gemischaufbereitung
Bauart/Anzahl	Schieber-Vergaser/ 1
Hersteller	Dell'Orto
Venturi-Durchmesser in mm	29

Kraftübertragung
Getriebe/Anzahl Gänge	Klauen/5
Primärübersetzung	2,111
Gesamtübersetzungen	
1. Gang	2,46
2. Gang	1,73
3. Gang	1,35
4. Gang	1,10
5. Gang	0,97
Sekundärübersetzung	2,69
Sekundärantrieb	Rollenkette

Elektrische Anlage
Generatorleistung in Watt	60
Betriebsspannung in Volt	6
Zündung	Batterie-Spulenzündung

Fahrwerk
Rahmenbauart	Einschleifenrohrrahmen aus Stahl
Radführung vorne	Telegabel
Federweg vorne in mm	120
Radführung hinten/Federbeine	Schwinge/2
Federweg hinten in mm	70
Radstand in mm	1380

Räder und Bremsen
Felgengröße vorne	WM2-19
Felgengröße hinten	WM3-18
Bereifung vorne	100/90-19
Bereifung hinten	110/90-18
Bremse vorne/Durchmesser in mm	Doppelsimplex/ 180
Bremse hinten/Durchmesser in mm	Simplex/ 160

Maße und Gewichte
Länge in mm	k.A.
Breite in mm	k.A.
Höhe in mm	k.A.
Gewicht in kg	140 (vollgetankt)
Tankinhalt in Litern	11

Fahrleistungen
Höchstgeschwindigkeit langliegend	130 km/h
Preis	k.A.

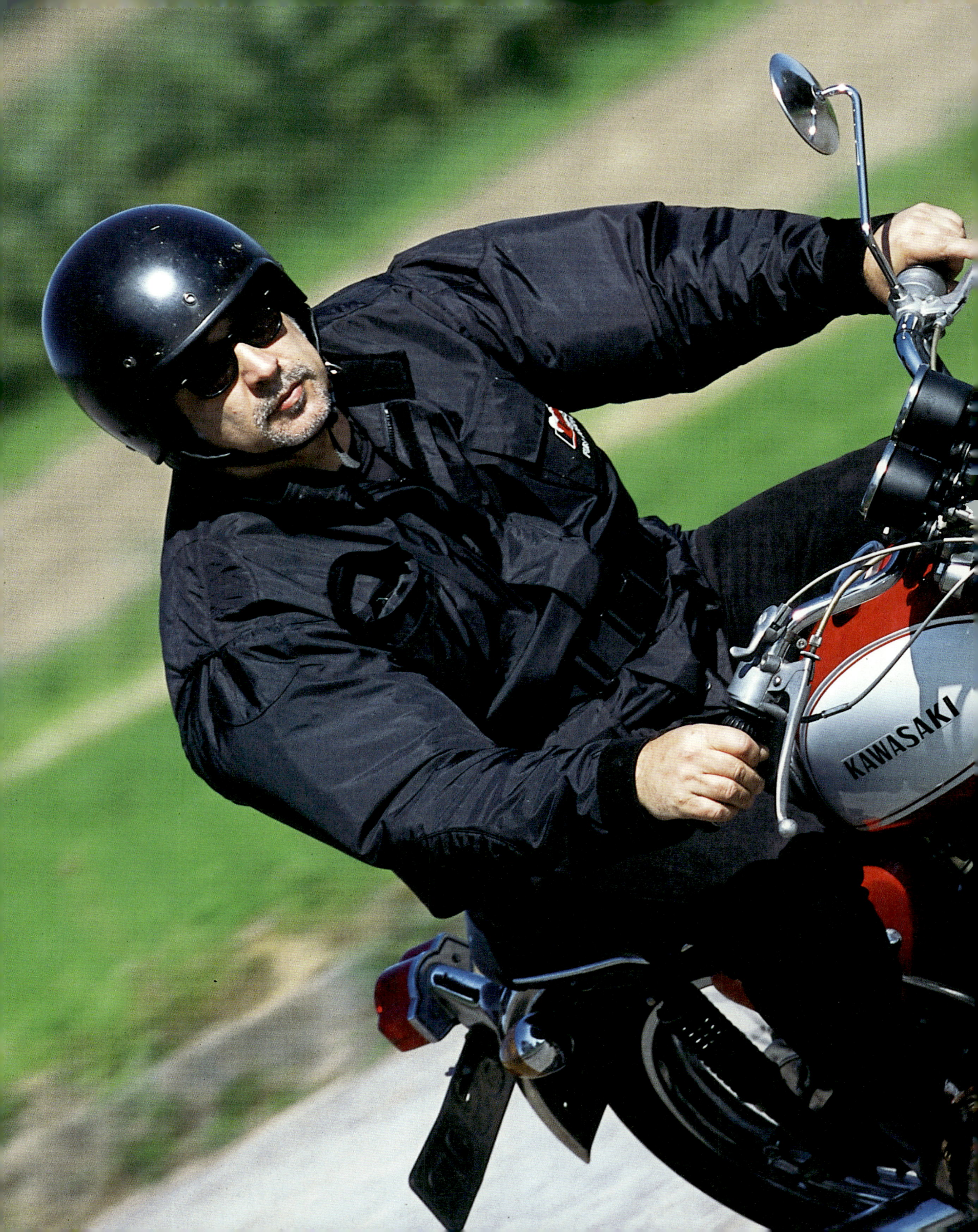
KAWASAKI

KAWASAKI A1 SAMURAI/
A7 AVENGER und A7 R

ZWEIER-
BEZIEHUNG

ZWEIERBEZIEHUNG

Zwei Takte, zwei Zylinder, ein leistungsfreundlicher Drehschieber-Einlass und für die damalige Zeit gewaltige Motorleistung bei geringem Gewicht machten die 250er- und 350er-Kawasaki namens Samurai und Avenger zu Schreckgespenstern für weitaus stärkere Maschinen. Zudem bildeten die Maschinen auch jeweils die Basis für die Rennmaschinen A1 R und A7 R.

Im Jahre 1966 präsentierte Kawasaki mit der A1 Samurai eine leichte und leistungsstarke 250er, zunächst für den US-Markt. Ihre herausragende technische Besonderheit stellte zweifelsohne der Zweizylinder-Zweitakter mit Einlass-Steuerung über jeweils einen links und rechts platzierten Plattendrehschieber dar. Diese, im Rennsport erfolgreiche Technik versprach in erster Linie gehörige Spitzenleistung. Und davon hatte die A1 Samurai mit 31 PS bei 8000/min reichlich zu bieten.

Stramme 160 km/h Höchstgeschwindigkeit waren mit der Drehschieber-250er möglich, und die nahezu baugleiche 350er mit Namen A7 Avenger, die Kawasaki ein Jahr später, 1967, in den Markt schickte, realisierte gar 42 PS bei 7500/min, was dann für 175 km/h Topspeed genügte.

Leicht-Gedicht: Nur 149 Kilogramm Trockengewicht ermöglichten mit der kleinen und leichten Kawasaki allerbeste Fahrleistungen.

Gegenüber der A1 Samurai wies die 350er eine um neun Millimeter vergrößerte Zylinderbohrung, um sechs Millimeter größere Vergaser sowie geänderte Steuerzeiten auf. Außerdem trugen die Kawasaki-Ingenieure der Leistungssteigerung von über 30 Prozent im Vergleich zur 250er in Form eines verbesserten Schmiersystems Rechnung. Deren Ölpumpe versorgte die Kurbelwellen-Hauptlager nun direkt mit Öl. Übernommen wurde indes das Grundprinzip der Getrennt-Schmierung, die Frischöl direkt in die Ansaugkanäle beförderte.

Gemeinsam hatten 250er und 350er jedoch noch vieles andere. So etwa den hinter den Zylindern angeordneten Generator sowie die Zündanlage. Diese arbeitete anfänglich noch mit Unterbrecher-Kontakten, während ab 1969, vorerst jedoch nur in den USA, eine Hochspannungs-Kondensator-Zündanlage (CDI) zum Einsatz kam. Gemeinsam waren 250er und 350er auch der zierliche Doppelschleifenrahmen aus Stahlrohr, Teleskopgabel und Schwinge mit Federbeinen nebst Tank, Sitzbank und Schutzblechen.

Bewegen wir diese beiden Motorräder heute, prägen zwei Eindrücke das Fahr-Erlebnis. Zum einen die für die damalige Zeit unglaublich leistungsstarken Motoren, zum anderen das bei der Entwicklung zur Nebensache geratene Fahrwerk.

Während die 250er mit ihren 31 PS in Verbindung mit dem geringen Gewicht von nur 145 Kilogramm bereits sehr sportliche Fahrleistungen ermöglicht, geht die 350er mit ihren 42 PS beinahe schon »gefährlich gut«. Bis etwa 5000/min gibt sich die 250er etwas träge, um jenseits dieser Marke jedoch bis etwa 9000/min kräftig anzutreten. Dabei fallen die beiden Trommelbremsen mit ihrer mäßigen Bremswirkung bereits negativ auf, jedoch nicht in dem Maße, wie bei der 350er.

Die A7 Avenger begeistert mit ihrem elf PS stärkeren Antrieb bereits im unteren Drehzahlbereich mit ausreichend Leistung und Drehmoment, und der Fahrer vermag beim vollen Beschleunigen im ersten und zweiten Gang das Vorderrad nur mühsam am Boden

Fast eine Waffe: Die spitze Leistungs-Charakteristik sorgt auf der Drehschieber-Kawasaki heute wie damals für Adrenalinschübe.

zu halten. Insbesondere die 350er wurde auf kurvigen Landstraßen so seinerzeit zum Schrecken für deutlich hubraum- und leistungsstärkere Maschinen, wenngleich die Bremsanlage bei ihr schließlich hoffnungslos überfordert war. Frühe und sorgsame Wahl der Bremspunkte waren bei ihr deshalb ebenso wichtig wie eine weise Zurückhaltung auf welligen Pisten. Dort vermochten die Federelemente mit ihren knappen Federwegen (110 mm vorn/ 70 mm hinten) und ihrer laschen Dämpfung die auftretenden Schwingungen nämlich kaum zu bändigen, und der sprichwörtliche »Eiertanz« war die Folge. Die beiden hier gezeigten Motorräder stammen aus der Sammlung von Joachim Benz mit Sitz im schwäbischen Dürnau.

Als Kawasaki 1966 mit der A1 Samurai eine überaus potente 250er für die öffentlichen Straßen präsentierte, dauerte es freilich nicht lange, bis auf der Basis der leistungsstarken Drehschieber-Maschine ein entsprechendes Renn-Motorrad angeboten wurde. A1 R lautete die kurze, logische Bezeichnung, und tatsächlich basierte der Grand Prix-taugliche Renner in Punkto Motor und Fahrwerk ganz wesentlich auf dem für jedermann käuflichen Straßen-Modell. Im Jahre 1968 folgte der A1 R schließlich die A7 R, eine von der A7 Avenger abgeleitete Renn-Version, die in vielen Punkten mit der A1 R identisch war.

Während die 250er 40 PS und damit neun mehr als das straßenzugelassene Modell leistete, schickte das 350er-Renntriebwerk 53 Pferdestärken an das nach wie vor mit fünf Gängen bestückte Getriebe. Wesentliche Änderungen der 350er-Rennmaschine gegenüber dem Original stellten wie bei der 250er A1 R die aerodynamisch günstig geformte Vollverkleidung aus Glasfaser-verstärktem Kunststoff, der lange, 20 Liter fassende Kraftstoff-Tank sowie die kleine Höckersitzbank dar.

Der Zweizylinder-Zweitakter wurde mittels schärferer Steuerzeiten, einer auf 7,7:1 erhöhten Verdichtung, 29 Millimeter großer Vergaser, geänderter Zündung sowie einer Renn-Auspuffanlage auf Leistung gebracht.

Ready for Racing: mit der A7 R schuf Kawasaki 1968 eine Grand Prix-taugliche 350er auf der Basis der formidablen A7 Avenger.

Bei der 250er A1 R ging die Leistungssteigerung ebenfalls auf das Konto überarbeiteter Steuerzeiten, einer von 7,0:1 auf nunmehr 8,0:1 erhöhten Verdichtung, einer obligatorischen Renn-Auspuffanlage sowie zunächst Vergasern mit separaten Schwimmerkammern, deren Durchmesser 26 anstatt 22 Millimetern beim Serien-Modell betrugen. Spätere A1 R beziehungsweise A7 R-Modelle verfügten dann über Mikuni-Vergaser mit integrierten Schwimmerkammern.

Zudem wurde sowohl bei A1 R wie bei A7 R die Schmierung mittels Ölpumpe nun durch eine zusätzliche Mischungsschmierung im Verhältnis von 1:15 unterstützt. Für den Renneinsatz entsprechend modifiziert wurde auch das Getriebe, das eine engere Abstufung der einzelnen Fahrstufen sowie einen länger übersetzten Primär- und Sekundärtrieb erhielt. Gegenüber der Straßen-A7 erhielt der A7 R-Motor zudem einen Millimeter mehr Zylinderbohrung, wodurch das Hubraumlimit für die 350er-Klasse mit 349 cm3 fast exakt ausgeschöpft werden konnte. Im Vergleich zur Serie betrug das Hubraum-Plus elf Kubikzentimeter. Trotz der Konzeption für den Renn-Einsatz verblieb die Kickstarterwelle im Gehäuse. In der Praxis benötigt wurde sie indes nie - sowohl die A7 R als auch die A1 R wurde, wie es sich für ein Renn-Motorrad geziemt, im Schiebe-Start zum Leben erweckt. Fahrwerksseitig beschränkten sich die Änderungen bei beiden Modellen im Wesentlichen auf die Montage schmalerer Leichtmetall-Hochschulterfelgen, einer im Durchmesser auf 200 Millimeter vergrößerten Doppel-Duplex-Trommelbremse vorne sowie einer nach wie vor 180 Millimeter durchmessenden Trommelbremse mit breiterer Bremsbelags-Fläche hinten. Bekannt wurden die meist in typisch rot-weißer Lackierung an den Start gebrachten A1 R und die A7 R durch ihre Renn-Einsätze unter Dave Simmonds und Kent Anderson. Auch die hier abgebildete A7 R befindet sich im Besitz der Privatsammlung von Ludwig Pfaff im Schwarzwald.

Kawasaki A1 / A7

Motor
Bauart	2-Takt/ Reihe fahrtwindgekühlt	
Zylinderzahl	2	
Bohrung in mm	53/62	63
Hub in mm	56	56
Hubraum in cm3	247/338	349
Verdichtung	7,0:1	7,7:1
Leistung in PS/Nenndrehzahl in 1/min	31/ 42 PS (23/ 31 kW) bei 8000/ 7500/min; 53 PS (39 kW) bei 9500/min	

Gemischaufbereitung
Bauart/Anzahl	Rundschieber-Vergaser/2	
Hersteller	Mikuni	Mikuni
Venturi-Durchmesser in mm	22/28	29

Kraftübertragung
Getriebe/ Anzahl Gänge	Klauen/5	Klauen/5
Primärübersetzung	3,40/3,40	3,35
1. Gang	2,50/2,50	2,06
2. Gang	1,53/1,53	1,47
3. Gang	1,13/1,13	1,18
4. Gang	0,92/0,92	1,00
5. Gang	0,78/0,78	0,89
6. Gang	-	-
Sekundärübersetzung	2,46/2,40	1,81
Sekundärantrieb	Rollenkette	Rollenkette

Elektrische Anlage
Generatorleistung in Watt	k.A.	k.A.
Betriebsspannung in Volt	12	12
Zündung	Batterie-Spulen	

Fahrwerk
Rahmenbauart	Stahlrohr-Doppelschleifenrahmen	
Radführung vorne	Telegabel	Telegabel
Federweg vorne in mm	110/110	110
Radführung hinten/Federbeine	Schwinge/ 2	Schwinge/ 2
Federweg hinten in mm	70/70	70
Radstand in mm	1295/1295	1295

Räder und Bremsen
Felgengröße vorne	1.65" x 18"	1.85" x 18"
Felgengröße hinten	1.85" x 18"	2.15" x 18"
Bereifung vorne	3.00-18 / 3.25-18 2.75-18	
Bereifung hinten	3.25-18 / 3.50-18 3.00-18	
Bremse vorne/Durchmesser in mm	Trommel/180	Trommel/200
Bremse hinten/Durchmesser in mm	Trommel/180	Trommel/180

Maße und Gewichte
Länge in mm	2004/2004	1915
Breite in mm	810/810	579
Höhe in mm	k.A.	k.A.
Gewicht in kg	145/149 (vollgetankt) 109 (trocken)	
Tankinhalt in Litern	13,5/13,5	18

Fahrleistungen
Höchstgeschwindigkeit langliegend	160/175 km/h	220

Norton Commando
750 fastback

DER ENGLISCHE PATIENT

BEWARE OF TRAINS

NOTICE
This
BRIDGE
is insufficient to carry a
HEAVY MOTOR CAR
The Registered Axle Weight of which exceeds
TONS
or the Registered Axle Weight of the several
axles of which exceed in the aggregate
FIVE TONS
Heavy Motor Car drawing a
TRAILER
if the Registered Axle Weights of the
Heavy Motor Car and the
TRAILER
Exceed in the aggregate

GN&GE

DER ENGLISCHE PATIENT

Wer sich heute an die Norton-Modelle erinnert, nennt gerne die Commando 750 fastback. Sie verkörpert den klassischen englischen Motorradbau par excellence – mit all ihren Ecken und Kanten.

Eines der schönsten englischen Sport-Motorräder ist zweifellos die englische Norton Commando 750 fastback, die ihren Beinamen wegen ihres schwungvoll nach hinten gezogenen Sitzbank-Abschlusses erhielt – ein Stilmittel der Designer, um vor allem auf dem damals wichtigen US-Absatzmarkt für einen gelungenen optischen Auftritt zu sorgen.

Als die Commando 1968 bei der T.T. auf der Isle of Man als Marshall-Maschine erstmals ins Rampenlicht der Öffentlichkeit trat, fiel sofort auf, dass Norton seinem von der Atlas her bekannten Grundkonzept treu blieb.

Zwar wiesen die Gehäusenummern des Commando-Motors unterschiedliche Kombinationen gegenüber dem Atlas-Triebwerk auf, doch die enge Verwandtschaft war keineswegs zu leugnen.

Nach wie vor handelte es sich um einen luftgekühlten Parallel-Zweizylinder mit OHV-Ventilsteuerung, also untenliegender, vor dem Zylinderfuss angebrachter Nockenwelle, Stößel, Stoßstangen und Kipphebel. Der Zylinder war aus Grauguss in einem Block gefertigt. Mit 56 PS bei 6750 Umdrehungen pro Minute und einem maximalen Drehmoment von 6,75 mkg bei 5000 Umdrehungen pro Minute versprach der Zweizylinder im Verein mit nur 188 Kilogramm Trockengewicht respektable Fahrleistungen. Dem unliebsamen Thema der Vibrationen – nicht nur bei Norton stets ein Thema – begegnete die Londoner Firma mit einer kompletten Aufhängung des Motors in Gummi-Elementen, was die Übertragung der Schwingungen auf Chassis und übrige Baugruppen etwas verringerte.

Gerade die Reduzierung der Vibrationen animierte so

Kraftvoller, englischer Twin: Der wunderschön gezeichnete Norton-Paralleltwin hält, was sein Erscheinungsbild verspricht. Mit viel Kraft im unteren und mittleren Drehzahlbereich sorgt er für eine äußerst stilvolle Art der Fortbewegung.

NORTON COMMANDO 750 FASTBACK

Da ist Dampf drin: Das stabile und handliche Fahrwerk vereinten sich mit dem Motor Marke »Dampf in allen Lebenslagen« zu einer äusserst druckvollen Kombination.

71

DER ENGLISCHE PATIENT

manchen Piloten zu einem recht sorglosen Umtrieb mit dem kräftigen Zweizylinder, was die Verantwortlichen bei Norton veranlasste, im Fahrtenbuch ausdrücklich auf die Vermeidung von Dauer-Drehzahlen jenseits der 6500/min-Schwelle hinzuweisen. Waren die Macher von ihrem Produkt also nicht hundertprozentig überzeugt?

Nun, »Klacks« Ernst Leverkus widmete sich der Commando 750 schon kurz nach ihrem Erscheinen und probierte die sportliche Zweizylinder-Maschine nicht nur eifrig auf der Nordschleife des Nürburgrings aus, sondern stresste den Paralleltwin 1968 auch absichtlich auf einer mehr als dreistündigen Autobahnfahrt. Das Ergebnis war verblüffend positiv. Nur ein leichter Ölnebel an der Verschraubung der Drehzahlmesserwelle war die Folge – von ernsthaften Problemen also keine Spur. Dennoch erkannte auch »Klacks« sofort, dass dieses Motorrad nicht für die Autobahnhatz, sondern vielmehr für den Betrieb auf kurvenreichen Landstraßen konzipiert war. Genau dort war die schlanke Engländerin in ihrem Element, wie die flotten Rundenzeiten von weniger als elf Minuten auf der Nordschleife zeigten. Höchste Fahrstabilität gesellte sich hier zu einer vorzüglichen Handlichkeit, und lediglich die Trommelbremsen zeigten sich den respektablen Fahrleistungen vor allem in den späteren Jahren nicht mehr voll gewachsen. Aus die-

Ein Ohrenschmaus:
Auf das kräftige Poltern aus den beiden schlanken Endschalldämpfern möchte der Norton-Fahrer auch heute nur ungern verzichten.

sem Grunde erhielt die Commando in den 70er Jahren vorne auch eine Scheibenbremse, die zwar wirksamer, doch immer noch verbesserungswürdig war. Wem die Commando 750 fastback in ihrer serienmässigen Version trotzdem zu müde war, der konnte sogar auf einen speziellen Renn-Tuningskit vom Werk zurückgreifen. Der verhalf der 750er dann zu immerhin 216 km/h Höchstgeschwindigkeit – allerdings mit den offenen Auspufftüten auch zu einer Lautstärke, die einen legalen Betrieb auf der Straße nicht zuließ.

Norton 750 Commando

Motor
Bauart	4-Takt/Reihe
Zylinderzahl	2
Ventile je Brennraum	2
Ventiltrieb	OHV
Bohrung in mm	73
Hub in mm	89
Hubraum in cm3	745
Verdichtung	8,9:1
Leistung in PS/Nenndrehzahl in 1/min	56/6750

Gemischaufbereitung
Bauart/Anzahl	Rundschieber-Vergaser/2
Hersteller	Amal
Venturi-Durchmesser in mm	30

Kraftübertragung
Getriebe/Anzahl Gänge	Klauen/4
Primärübersetzung	2,19
1. Gang	2,56
2. Gang	1,70
3. Gang	1,22
4. Gang	1,00
5. Gang	–
Sekundärübersetzung	2,21
Sekundärantrieb	Rollenkette

Elektrische Anlage
Generatorleistung in Watt	110
Betriebsspannung in Volt	12
Zündung	Batterie-Spulen-Zündung

Fahrwerk
Rahmenbauart	Rohrrahmen aus Stahl mit zentralem Oberrohr und zwei Unterzügen
Radführung vorne	Telegabel
Federweg vorne in mm	140
Radführung hinten/Federbeine	Schwinge/2
Federweg hinten in mm	100
Radstand in mm	1450

Räder und Bremsen
Felgengröße vorne	1.85" x 19"
Felgengröße hinten	1.85" x 19"
Bereifung vorne	3.00-19
Bereifung hinten	3.50-19
Bremse vorne/Durchmesser in mm	Einzelscheibe/260
Bremse hinten/Durchmesser in mm	Trommel/200

Maße und Gewichte
Länge in mm	2120
Breite in mm	810
Höhe in mm	1105
Sitzhöhe in mm	805
Gewicht in kg	188 (trocken)
Tankinhalt in Litern	14,7

Fahrleistungen
Höchstgeschwindigkeit langliegend in km/h	172
Preis	5.295,- Mark (1968)

BMW R 90 S
BOXER-AUFSTAND

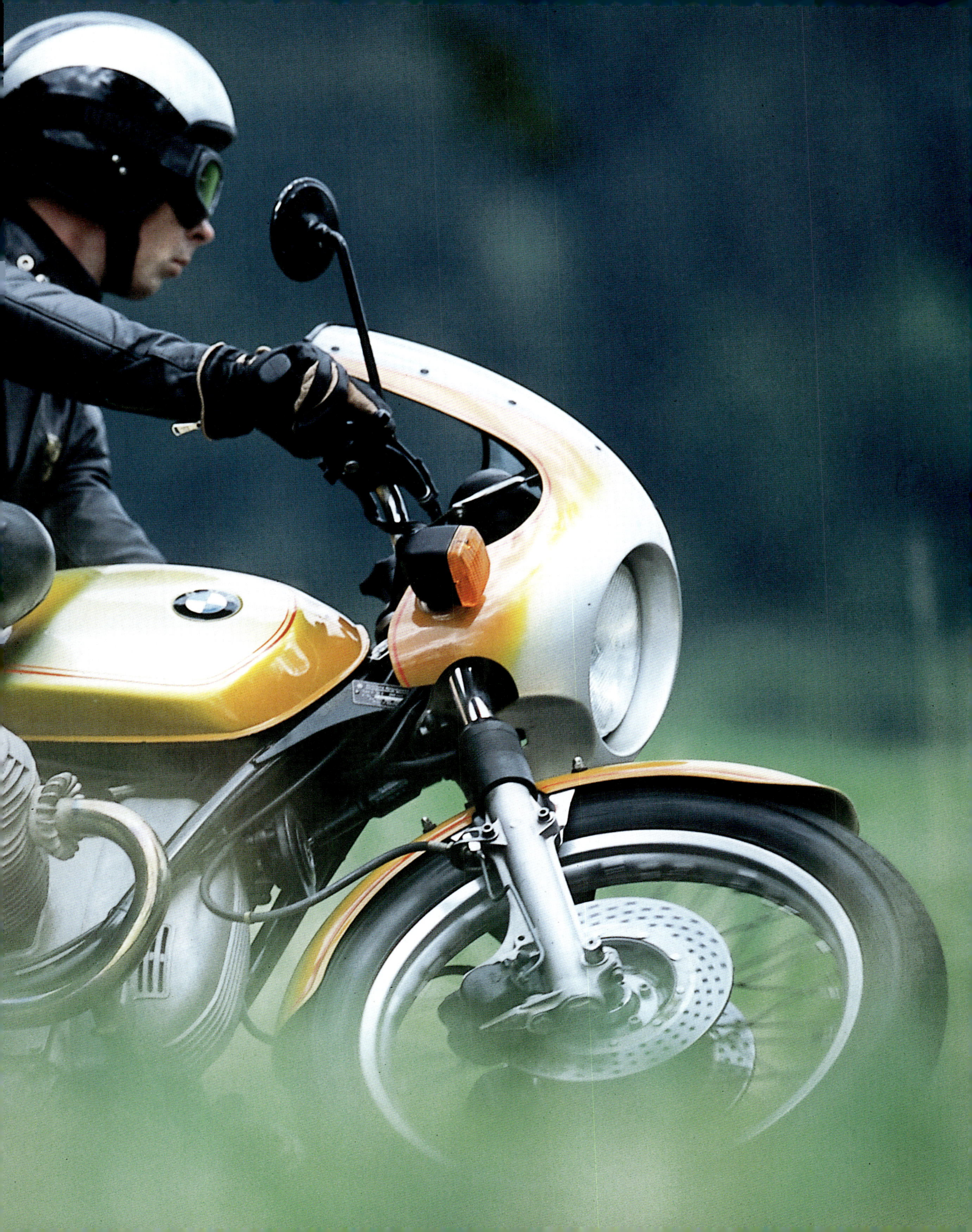

BOXER-AUFSTAND

Mit der sportlichen R 90 S erhob sich BMW 1973 gegen die leistungsstarken Maschinen aus Fernost vom Schlage einer Kawasaki Z1 900 und einer Honda CB 750.

Noch heute schwärmen eingefleischte BMW-Fans von der R 90 S. Die zunächst 1973 in rauchsilberner Lackierung vorgestellte Sportmaschine war vom deutschen Designer Hans A. Muth in einem so aufregend schönen Styling gezeichnet worden, dass sie selbst heute, mehr als 25 Jahre nach ihrem Erscheinen, noch Begeisterung weckt. Erst recht gilt dies für die ab 1975 produzierte R 90 S in der Farbkombination Daytona Orange.

Doch Design ist bekanntlich nicht alles und Farbe auch nicht. Deshalb muss die R 90 S ihren bis heute bestehenden Mythos zweifellos auch mit inneren Werten untermauert haben.

Der Sport-Boxer schlechthin:
Mit 67 PS rannte die R 90 S knapp 200 km/h schnell und hielt damit 1973 Anschluss an die schnelle Honda 750 und Kawasaki 900.

Komplett ausgestattet:
Die R 90 S verfügte über einen einstellbaren Lenkungsdämpfer.

Dazu zählt – wie eigentlich immer bei BMW – zunächst einmal das komfortable Fahrwerk mit seinen langen Federwegen, die selbst auf Landstrassen dritter Ordnung noch eine forsche Gangart erlauben. Dem bewährten Boxer-Motor halfen die Techniker überdies mit zwei 38 Millimeter großen Schiebervergasern des italienischen Herstellers Dell'Orto auf die Sprünge. Im Gegensatz zu den bis dahin verwendeten Gleichdruck-Vergasern des deutschen Zulieferers Bing sorgten die talienischen Pendants für ein deutlich spontaneres Ansprechverhalten sowie überdies mehr Leistung. 67 PS – genausoviel wie die Honda CB 750 vorzuweisen hatte – gab das Werk in München für den R 90 S-Motor an. In der Fahrpraxis wurde diese Papierform mit gemessenen Höchstgeschwindigkeiten nahe der 200 km/h-Marke denn auch bestätigt. Das »Werks-Tuning« hatte sich also gelohnt. Fahrwerksseitig war hingegen überwiegend auf

BOXER-AUFSTAND

Aufgepeppt: 38er-Vergaser von Dell'Orto kümmern sich beim R 90 S-Motor um die Gemischaufbereitung.

Bewährtes vertraut worden. Doppelschleifen-Stahlrohrrahmen, Telegabel vorne sowie einstellbare Federbeine hinten. Den sportiven Fahrleistungen trug dagegen eine Doppelscheibenbremse Rechnung, wohingegen das Hinterrad nach wie vor eine Trommelbremse zierte.

Wie gewohnt bestach auch das R 90 S-Fahrwerk mit Tugenden wie Komfort und Tourentauglichkeit, und im Sportbetrieb gab es - die korrekte Einstellung der Lenkkopf- und Schwingenlagerung vorausgesetzt – ebenfalls keinen Anlass zur Klage. Allerdings – und damit wären wir bei einer Eigenheit von kardangetriebenen Motorrädern im allgemeinen und von BMW-Maschinen im besonderen – erforderte auch die R 90 S einen entschlossenen Fahrer, sollte es forsch durch die Kurven gehen. Frühes und beherztes Gasaufziehen sorgte nämlich für ein Aufstellmoment an der Hinterradschwinge (bedingt durch den Kardanantrieb), was sich aufgrund der langen Federwege besonders stark bemerkbar machte. Hier konnte also deutlich Bodenfreiheit gewonnen werden. Allerdings war auch der umgekehrte Weg möglich. Wer in der Kurve das Gas abrupt schloss, durfte sich über ein Zusammensacken der Hinterradfederung nicht wundern, und auch nicht darüber, dass die BMW dann hart auf abstehenden Bauteilen – schlimmstenfalls auf den Zylinderköpfen – aufsetzte.

Heutzutage hat sich die R 90 S längst den Ruf der sportlichsten Boxer-BMW, die je in Serie gebaut wurde, erworben. Nicht zu unrecht, wie viele Kenner bestätigen, denn die R 90 S hatte über Jahre hinweg sogar Erfolge im Rennsport aufzuweisen, wie etwa unter Helmut Dähne.

BMW R 90 S

Motor
Bauart	4-Takt/Boxer
Zylinderzahl	2
Ventile je Brennraum	2
Ventiltrieb	OHV
Bohrung in mm	90
Hub in mm	70,6
Hubraum in cm³	898
Verdichtung	9,5:1
Leistung in PS/Nenndrehzahl in 1/min	67/7000

Gemischaufbereitung
Bauart/Anzahl	Rundschieber-Vergaser/2
Hersteller	Dell'Orto
Venturi-Durchmesser in mm	38

Kraftübertragung
Getriebe/Anzahl Gänge	Klauen/5
Primärübersetzung	2,07
1. Gang	4,40
2. Gang	2,86
3. Gang	2,07
4. Gang	1,67
5. Gang	1,50
Sekundärübersetzung	3,36
Sekundärantrieb	Kardan

Elektrische Anlage
Generatorleistung in Watt	280
Betriebsspannung in Volt	12
Zündung	Batterie-Spulen-Zündung

Fahrwerk
Rahmenbauart	Doppelschleifen-Rohrrahmen aus Stahl
Radführung vorne	Telegabel
Federweg vorne in mm	200
Radführung hinten/Federbeine	Schwinge/2
Federweg hinten in mm	125
Radstand in mm	1465

Räder und Bremsen
Felgengröße vorne	1.85" x 19"
Felgengröße hinten	1.85" x 18"
Bereifung vorne	3.25-19
Bereifung hinten	4.00-18
Bremse vorne/Durchmesser in mm	Doppelscheibe/260
Bremse hinten/Durchmesser in mm	Trommel/200

Maße und Gewichte
Länge in mm	2199
Breite in mm	875
Höhe in mm	1215
Sitzhöhe in mm	795
Gewicht in kg	235 (vollgetankt)
Tankinhalt in Litern	24

Fahrleistungen
Höchstgeschwindigkeit langliegend in km/h	198 (Messung)
Preis	8.510.- Mark (1973)

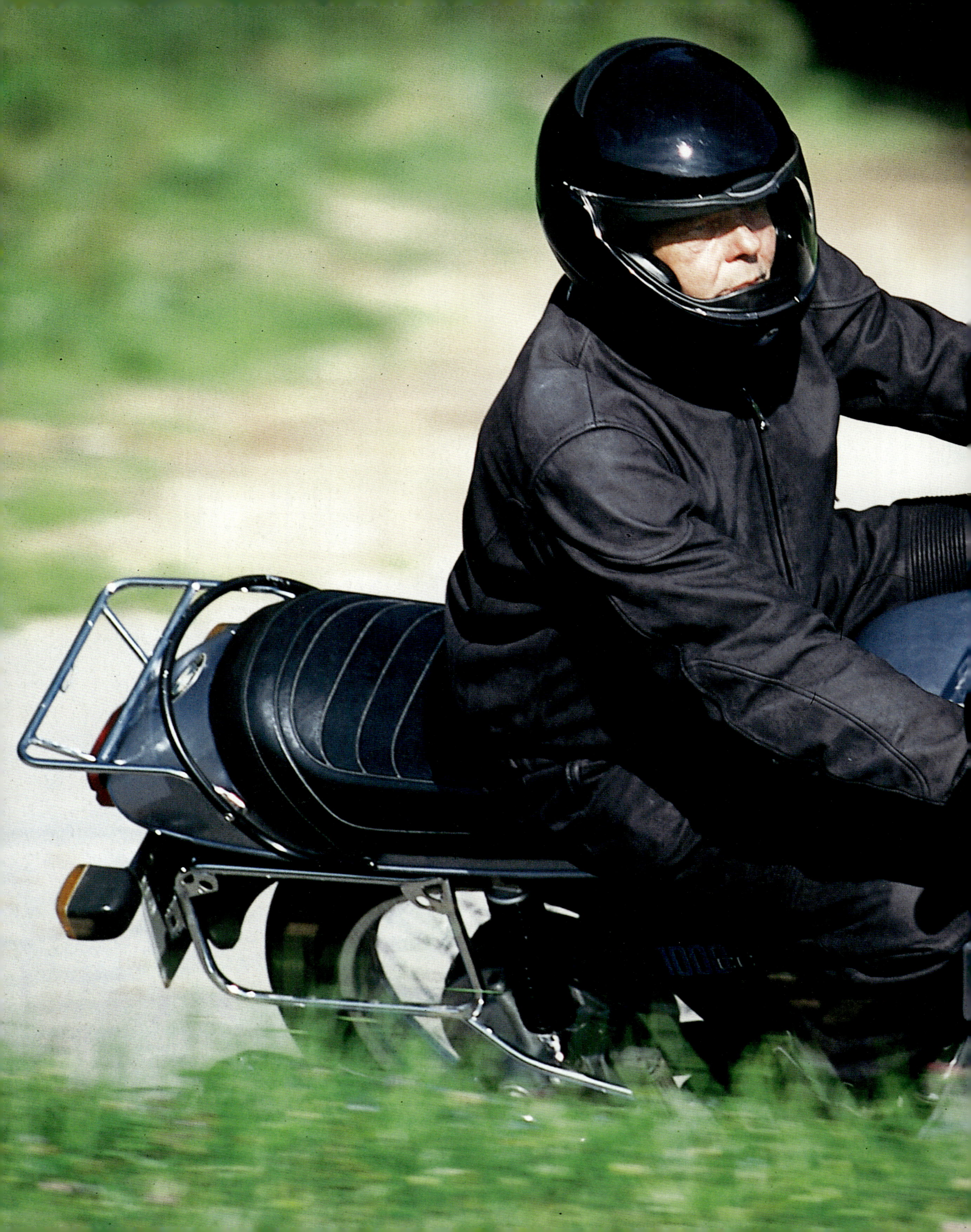

BMW R 100 RS
WINDSBRAUT

WINDSBRAUT

Als erstes Serien-Motorrad mit Vollverkleidung brachte BMW 1976 die R 100 RS als hubraumgestärkte Nachfolgerin der sportiven R 90 S in den Markt. Der auf 980 cm³ und 70 PS erstarkte Boxer ermöglichte eine Höchstgeschwindigkeit von 200 km/h und die im Windkanal entwickelte Vollverkleidung extrem hohe Reise-Durchschnitte.

Als BMW 1976 die R 100 RS als erstes vollverkleidetes Serienmotorrad auf den Markt brachte, spaltete die designierte Nachfolgerin der populären, im Café-Racer-Stil gehalten R 90 S die Motorrad fahrende Gemeinde in zwei Lager. Entweder wurde die futuristisch designte RS kategorisch mit der Bemerkung »Schiff« abgelehnt, oder aber sie wurde wegen ihres im Windkanal entwickelten Kleids heiß begehrt. Dazwischen gab es jedenfalls nichts.

Zeitlos schön? Nun, über die Gestaltung der R 100 RS lässt sich heute wie damals diskutieren. Ein Meilenstein in der Motorradgeschichte war sie mit ihrer aerodynamischen Haut 1976 auf jeden Fall.

BMW R 100 RS

Rein funktional betrachtet gelang BMW mit der R 100 RS zweifelsohne ein enorm wichtiger Schritt vorwärts in der hauseigenen Motorrad-Entwicklung. BMW-typische Produkt-Merkmale wie Komfort, Reichweite, Fahrstabilität und Wartungsfreundlichkeit wurden mit einem ebenso eleganten wie sportlichen Erscheinungsbild gekonnt verknüpft. Mehr denn je eignete sich auch diese BMW ganz hervorragend für ausgedehnte Touren, bei denen auch der Beifahrer hohen Komfort genoss. Und all jenen, die der sportlichen R 90 S nachtrauerten, tröstete BMW mit einer nominell von 67 auf 70 PS gesteigerten Nennleistung sowie 200 km/h Höchstgeschwindigkeit.

Zweier-Beziehung: Neben der Einmannsitzbank war die R 100 RS auch mit dem Zwei-Personen-Polster zu haben. Die bevorzugte Lösung der meisten R 100 RS-Fahrer.

Neben diesen Eckdaten verbargen sich zahlreiche wichtige, technische Überarbeitungen gegenüber der Vorgängerin freilich im Detail. So etwa das verstärkte Motorgehäuse oder auch die neuen, nun 94 statt 90 Millimeter messenden Kolben, die für die Hubraum-Erhöhung auf nunmehr 980 cm^3 verantwortlich waren. Ebenso nahm man auch das verstärkte Gehäuse des Hinterradantriebs nur am Rande wahr.

WINDSBRAUT

Werner Schwarz aus Wangen bei Göppingen erstand seine R 100 RS 1976. Seitdem begleitete sie ihn über viele zigtausend Kilometer. Und ein Ende ist noch nicht in Sicht.

Augenfällig war hingegen die Umstellung des Boxer-Motors auf eine neue Optik mit nun eckigen anstatt der traditionell runden Ventildeckel. Ebenso auf den ersten Blick bemerkte man die 40 Millimeter-Gleichdruckvergaser von Bing, die die zwar leistungsfreundlichen, jedoch auch etwas kapriziösen Dell'Orto-Einheiten der R 90 S ersetzten.

Obgleich der R 100 RS-Boxer damit zwar nicht ganz das spontane Ansprechverhalten des R 90 S-Motors an den Tag legte, stand der Antrieb dennoch ausgezeichnet im Futter. Knapp 200 km/h und damit fast exakt die Werksangabe erreichte die R 100 RS bei den Tests der Fachpresse, und bei einem Versuch der Zeitschrift *Das MOTORRAD* schwang sich eine ihres Verkleidungszierrates beraubte R 100 RS gar zu 207 km/h Höchstgeschwindigkeit auf.

Heute wie damals schätzen R 100 RS-Fahrer vor allem die hohen möglichen Reisedurchschnitte und den exzellenten Windschutz. 180, 190 km/h sind ohne Anstrengungen für längere Zeit möglich und erlauben so respektable Tagesetappen.

Wie beliebt die optional auch mit einer sportlichen Einmann-Sitzbank erhältliche R 100 RS in den darauf folgenden Jahren wurde, belegt die Tatsache, dass sie 1984 zwar eingestellt, 1986 jedoch bis 1992 nochmals in überarbeiteter Form neu aufgelegt wurde.

Allerdings verfügte das neue Modell dann über yeine geänderte Tank-Sitzbank-Kombination, besaß neu gestaltete Leichtmetallräder nebst Bremsen, und der unter den verschärften Abgasrestriktionen leidende, nun von der R 80 abgeleitete Boxer leistete gerade noch 60 PS bei 6500/min. Während von der ersten R 100 RS die stolze Zahl von 33.648 Einheiten gebaut wurden, brachte es die zudem mit einer Monolever-Einarmschwinge sowie kleineren 32er-Vergasern ausgestattete Neuauflage indes nur noch auf 6081 Exemplare.

Heute sind von den BMW aus den 70er-Jahren vor allem die R 90 S und langsam auch die R 75/5 sehr begehrt. Nach wie vor vergleichsweise für ein Nasenwasser - wir sprechen über 2000 bis 3000 Euro - gibt es bestens gepflegte R 100 RS. Interessant sind vor allem die ersten Exemplare der Jahre 1976 und 1977, die, entweder mit Drahtspeichen- oder Leichtmetall-Gussrädern, noch über die Trommelbremse am Hinterrad verfügen. Selten und damit begehrt ist die R 100 RS gerade auch in der goldenen Lackierung, wenngleich sie im verbreiteten »Silberblau« natürlich am bekanntesten ist. Wer etwas Geld übrig hat, ist mit dem Kauf einer gut erhaltenen R 100 RS jedenfalls ohne Frage gut beraten: Noch sind die Preise nicht gestiegen - anders als etwa bei einer R 90 S, für die heute, je nach Zustand mindestens 6000 Euro angelegt werden muss.

BMW R 100 RS

Motor und Getriebe
Bauart	4-Takt/ Boxer fahrtwindgekühlt
Zylinderzahl	2
Ventile je Brennraum	2
Bohrung in mm	94
Hub in mm	70,6
Hubraum in cm3	980
Verdichtung	9,5:1
Leistung in PS/Nenndrehzahl in 1/min	70 PS (51 kW) bei 7250/min

Gemischaufbereitung
Bauart/Anzahl	Gleichdruck-Vergaser/2
Hersteller	Bing
Venturi-Durchmesser in mm	40

Kraftübertragung
Getriebe/ Anzahl Gänge	Klauen/5
Primärübersetzung	2,07
1. Gang	4,40
2. Gang	2,86
3. Gang	2,07
4. Gang	1,67
5. Gang	1,50
6. Gang	-
Sekundärübersetzung	3,36
Sekundärantrieb	Kardanwelle

Elektrische Anlage
Generatorleistung in Watt	280
Betriebsspannung in Volt	12
Zündung	Batterie-Spulen

Fahrwerk
Rahmenbauart	Stahlrohr-Doppelschleifen-Rahmen
Radführung vorne	Telegabel
Federweg vorne in mm	200
Radführung hinten/Federbeine	Schwinge/ 2
Federweg hinten in mm	125
Radstand in mm	1465

Räder und Bremsen
Felgengröße vorne	1.85" x 19"
Felgengröße hinten	1.85" x 18"
Bereifung vorne	3.25-19
Bereifung hinten	4.00-18
Bremse vorne/Durchmesser in mm	Doppelscheibe/260
Bremse hinten/Durchmesser in mm	Trommel/200, ab 1978 Scheibe/260

Maße und Gewichte
Länge in mm	2210
Breite in mm	580
Höhe in mm	820
Gewicht in kg	210 (trocken)
Tankinhalt in Litern	24

Fahrleistungen
Höchstgeschwindigkeit langliegend	200 km/h
Preis	11.210 DM (1976)

Ducati 750 SS
INITIALZÜNDUNG

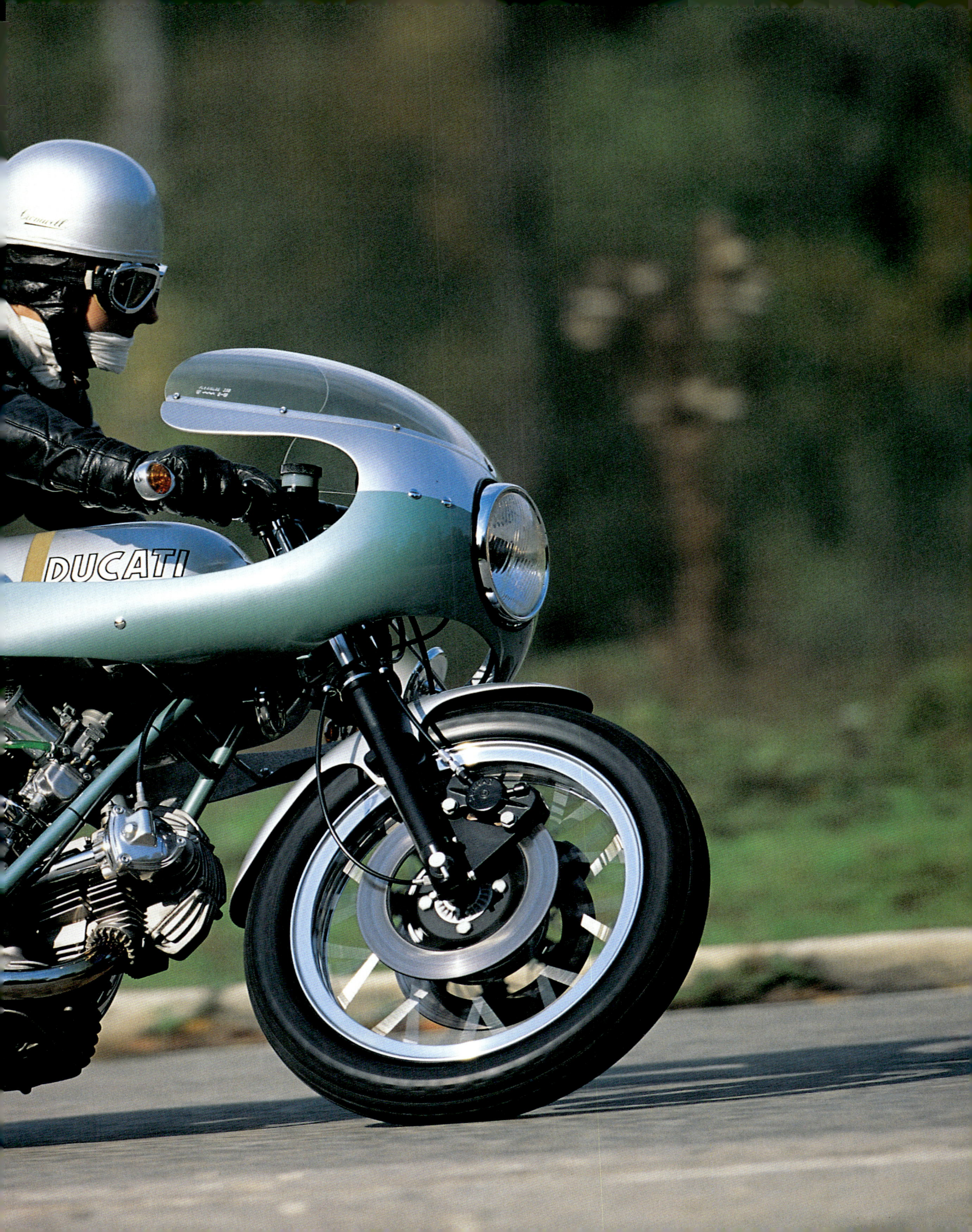
DUCATI

INITIALZÜNDUNG

Am 23. April 1972 siegte Paul Smart mit der Ducati 750 bei den 200 Meilen von Imola, schuf damit die Basis für die Serienmaschine 750 Super Sport und schlug gleichzeitig ein neues Kapitel in der Firmengeschichte von Ducati auf, von dem der italienische Hersteller seitdem profitiert. Denn mit seinem Desmo-V2-Konzept fährt das Bologneser Werk bis heute an der Spitze der Viertakt-Liga.

Bis zu jenem historischen Sieg von Paul Smart in Imola hatte Ducati sich vor allem als Hersteller kleinvolumiger Motorradmodelle einen Namen gemacht. Einen möglichen Konkurrenten für die im Motorradrennsport arrivierten Firmen wie etwa Honda, MV Agusta, Triumph oder Kawasaki sah kaum jemand in dem sich in staatlicher Hand befindlichen italienischen Motorrad-Werk. Paul Smarts Erfolg bei den 200 Meilen von Imola, einer der größten Rennveranstaltungen, die bis dahin jemals in Europa stattgefunden hatte und mit 35 Millionen Lire Preisgeld zudem eine der am

Traum auf Rädern: Die Ducati 750 SS zählt zweifellos zu den schönsten und auch leistungsfähigsten Motorrädern aus den 70er Jahren. Perfekte Exemplare wie dieses sind heute – wenn überhaupt – nur für stattliche Summen zu haben.

In ihrem Element: Kurvenreiche Landstrassen sind die Domäne der Ducati, denn hier spielt sie ihre Fahrwerksqualitäten voll aus.

besten dotierten, änderte diese Einschätzung jedoch schlagartig. Schließlich belegten er und sein Teamkollege Bruno Spaggiari dort die Plätze eins und zwei – in einem Rennen, bei dem erstmals außerhalb der USA großvolumige Viertaktmaschinen in der Formel 750 gegeneinander antraten. Heute, gut 35 Jahre danach, zeigt ein Blick in die Siegerlisten der Superbike-Weltmeisterschaften der vergangenen Jahre, dass Smart und Ducati damals den Grundstein für den Siegeszug eines einzigartigen Konzeptes im Motorradbau legten: den 90 Grad- V2-Motor mit desmodromischer Ventilsteuerung. Von der von Casey Stoner auf der Desmosedici mit 90-Grad-Desmo-V4 errungenen MotoGP-Weltmeisterschaft in der gerade zu Ende gegangenen Saison 2007 ganz zu schweigen.

Für das vom Motor Club Santerno organisierte 200-Meilenrennen von Imola baute Ducatis Chefkonstrukteur Fabio Taglioni auf der Basis von 750 GT-Serienmaschinen insgesamt zehn Formel-750-Rennmaschinen auf, von denen schließlich – so der Plan – sieben mit nach Imola genommen werden sollten. Da die Fachwelt und insbesondere die damaligen Top-Piloten dem Unterfangen Ducatis äußerst skeptisch gegenüber standen und erheblich an der Konkurrenzfähigkeit zweifelten, gestaltete sich die Verpflichtung guter Fahrer schwierig. Unter Vertrag hatte man zunächst Bruno Spaggiari, Ermanno Giuliano, Alan Dunscombe, Gilberto Parlotti, und schließlich konnte man kurz vor dem Rennen noch Paul Smart ins Team holen. Dieser fuhr damals in den USA für das Team Hansen eine Kawasaki H2 R. Als Ducati ihn anrief, nahm seine Frau Maggie das Angebot in Abwesenheit ihres Mannes kurzerhand

INITIALZÜNDUNG

an, da an diesem Wochenende des 23. Aprils 1972 kein Rennen anstand. Smart soll nicht gerade begeistert gewesen sein, heißt es noch heute. Die schraubenden Hände in der Werksrennabteilung von Ducati bewegten sich propellerartig, und erst am 6. April wurde die erste Imola-Rennmaschine fertig gestellt und sogleich von Spaggiari in Modena getestet, bevor am 19. April, gerade mal fünf Tage vor dem Rennen, dort auch der erste offizielle Test mit Smart, Dunscombe und Giuliano stattfand. Damals, so ist es überliefert, ließ Smart lediglich die Position der Fußrasten korrigieren, um dann – mit Dunlop K81 TT 100-Straßenreifen – den bestehenden Rundenrekord von Giacomo Agostini zu brechen. Obgleich die Rennmaschinen der Basis in Form der 750 GT sehr ähnlich waren, stellten sie in Wahrheit doch penibel von Hand gefertigte Einzelstücke mit umfangreichen Modifikationen dar. So wurde etwa der Rahmen im Hinblick auf die Montage des großen Fiberglas-Renntanks sowie für eine optimale Sitzposition so geändert, dass die Rahmenoberzüge im Bereich des Tankendes und der Sitzbank enger zusammengeführt wurden. Beibehalten wurde indes der Lenkkopfwinkel von 61 Grad, und die Radführung vorne übernahm eine modifizierte Marzocchi-Telegabel mit 100 Millimetern Federweg und 38 Millimetern Standrohrdurchmesser aus der 750 GT, während hinten serienmäßige Ceriani-Federbeine zum Einsatz kamen. Von der GT übernommen wurden zudem die Komponenten der vorderen Bremsanlage. Da für die 750 GT aber nur linke Bremssättel im Lager waren, entschloss man sich, diese auch rechts sowie achtern zu verwenden. Die 230 Millimeter große Bremsscheibe hinten wurde eigens für den Renner montiert, ebenso wie die Borrani-WM3x18-Felgen. Nach dem Modena-Test erhielten Smarts und Spaggiaris Maschinen schließlich auch noch einen hydraulischen Lenkungsdämpfer, der beruhigend auf das Fahrverhalten einwirken sollte.

Während Ducati starke Zweifel an der Haltbarkeit von Rennreifen für die 200-Meilen-Distanz hegte, bestand Smart nach seiner Rekordrunde bei den Modena-Tests hingegen darauf, mit weichen Rennpneus starten zu können. Spaggiari schloss sich an, die Reifen hielten durch, das Ergebnis ist bekannt. Beim Motor der Imola-Renner griff Taglioni indes nicht auf die Motorgehäuse aus der laufenden Produktion zurück, sondern wählte alte Sandgussgehäuse aus der ganz frühen Produktionsphase der

Namens-Findung:
Die runden Leichtmetalldeckel des Motorgehäuses brachten der Ducati 750 SS den stilgerechten Beinamen »roundcase«, also »Rundgehäuse« ein.

Serien-750er. 50 Gramm leichtere und steifere Doppel-T-Pleuel wichen den Standard-Pleueln, und eine längere Primärübersetzung reduzierte das wirksame Drehmoment bei erhöhter Getriebedrehzahl auf das nun enger gestufte Fünfganggetriebe. Zur Reduzierung der Schwungmasse wurde auf ein Schwungrad und eine Lichtmaschine komplett verzichtet.

Eigens für Imola hatte das Werk die damals noch üblichen Ventilfedern des V2 gegen eine Desmodromik, also eine Zwangsbetätigung über je einen Öffner- und Schließerhebel pro Ventil getauscht. Das erlaubte nicht nur, große und schwere Ventile auch bei hohen Drehzahlen sicher zu öffnen und zu schließen, sondern es gestattete vor allem den Einsatz extremer Nockenprofile mit großen Ventilhüben sowie steil anlaufenden Rampen und damit einer raschen Freigabe des größtmöglichen freien Ventilquerschnitts. Und obwohl in Paul Smarts Königswellen-Twin die scharfen, so genannten Imola-Nockenwellen liefen, glänzte der V2, so Smart heute, »schon ab 3000 Umdrehungen pro Minute mit dem Durchzugsvermögen eines Traktors.«

Am 23. April 1972 gingen schließlich vier Werks-Ducati unter Smart, Spaggiari, Giuliano und Dunscombe an den Start, und am Ende sollte der Sieger schließlich Paul Smart vor seinem Teamgefährten Bruno Spaggiari heißen. Ein Sieg von historischer Bedeutung vor 70 000 Zuschauern, eingefahren gegen die MV Agusta von Agostini und Pagani, die Moto Guzzi von Mandracci und Findlay, die John Player-Norton von Read, Williams und Rutter, die BSA von Cooper, die Triumph von Pickrell und Jeffries, die Honda CB 750 von Smith, Williams, Grassetti und Anelli sowie die BMW von Dähne und Butenuth. Der Erfolg von Imola sorgte freilich für eine deutliche Steigerung der Nachfrage nach Ducati-Motorrädern, was auch bitter nötig war, denn die Firma steckte in erheblichen finanziellen Schwierigkeiten. Doch vor allem mussten auch die Kosten gesenkt

Spartanisch:
Das Cockpit der Ducati 750 SS beschränkt sich auf die wesentlichen Informationsquellen und wenige Kontroll-Lämpchen.

werden, weshalb mit dem von Aermacchi zu Ducati gewechselten Cristiano de Eccher ein harter Sanierer verpflichtet wurde. Der hatte mit Rennsport aus betriebswirtschaftlichen Gründen heraus wenig im Sinn und strich das Renn-Engagement von Ducati kurzerhand auf nur noch drei Einsätze in 1973 zusammen: die 200 Meilen von Imola, den Bol d'Or und die 24 Stunden von Barcelona, die man mit einem 860 Kubikzentimeter großen Prototypen gewinnen konnte. Doch statt engagiertem Rennsport forderte er Senkung der Herstellungskosten und attraktivere Modelle.

Am 6. März 1973, nicht ganz ein Jahr nach dem sensationellen Erfolg in Imola, wurde schließlich der erste Prototyp der 750 Super Sport auf der Messe in Turin vorgestellt. Dieser Prototyp lehnte sich ganz stark an die siegreichen Werksrennmaschinen an, verfügte über deren desmodromische Ventilsteuerung, jedoch mit 10 Millimetern über wesentlich weniger Ventilhub. Mit 9,6:1 fiel auch das Verdichtungsverhältnis der Mondial-Kolben geringer aus, doch 40er-Vergaser von Dell'Orto, Doppel-T-Pleuel und polierte Kipphebel wiesen die 750 Super Sport durchaus als

INITIALZÜNDUNG

Der Restaurator und sein Baby:
Richard Schlotz renovierte die »Duc« komplett, und heute genießt er sie, wann immer es Zeit und Wetter erlauben.

Replika des Werksrenners aus. Äußerlich war der Motor dem der 750 Sport hingegen sehr ähnlich und besaß schwarze Gehäusedeckel. 72 PS bei sehr hohen 9500/min lautete die erste Leistungsangabe. Eine Halbschalenverkleidung mit integriertem Scheinwerfer, ein Rahmen mit engerer Führung der Oberzüge im hinteren Bereich sowie Instrumente von Veglia Borletti und der bereits von der 750 S bekannte Imola-Höcker waren weitere Merkmale dieses ersten Prototypen, der rundum über Scarab-Bremssättel, hinten jedoch über einen Lockheed-Hauptbremszylinder verfügte.

Dieses Motorrad stellte zunächst auch die Basis für die Homologation durch das Italienische Transport- und Luftfahrtministerium dar. Außerdem tauchte dieser Prototyp in zahlreichen Werbebroschüren auf, was dazu führte, dass die Kunden glaubten, es handle sich hierbei bereits um eine produktionsreife Serienmaschine. Doch dem war leider nicht so, und erschwerend kam hinzu, dass Ducati für 1973 auch noch die Fertigung von 300 Exemplaren versprach.

Die Kunden hatten also Blut geleckt, doch Ducati konnte nicht liefern. Stattdessen baute die Bologneser Firma zunächst weiterhin nur die 750 GT und die 750 Sport mit den großen V2-Motoren. Im September 1973 versuchte Ducati schließlich, wenigstens die allererste Nachfrage nach der 750 Super Sport irgendwie zu befriedigen und baute auf Basis der 750 Sport eine unbekannte Anzahl von Super Sport-Modellen einer kleinen Vorserie. Da die Produktionszahlen in jene der 750 Sport einflossen, bleibt die tatsächlich gebaute Zahl dieser Vorserienmaschinen wohl für immer ein Geheimnis, doch als sicher gilt, dass alle Maschinen in die USA verkauft wurden, wo eine große Nachfrage bestand.

Für 1974 schließlich plante Ducati nun endlich, die 750 Super Sport in eigenständiger Produktion laufen zu lassen und präsentierte noch im November 1973 ein weiteres Vorserienmodell der Imola-Replika. Diesmal mit polierten Gehäusedeckeln anstatt der schwarzen wie bei der 750 Sport. Dafür waren die Tauchrohre der Marzocchi-Telegabel nun schwarz und nicht mehr Aluminiumfarben. Im Gegensatz zum ersten Prototypen waren die aus Glasfaser laminierten Seitendeckel nun mit zwei Schrauben befestigt, und der Sitzbankbezug war am Höcker mit einem verstärkenden Metallstreifen befestigt. Neue Bremsscheiben mit aus Aluminium gedrehten Aufnahmen sowie eine Skalierung im Sichtfenster des Glasfasertanks waren weitere markante Unterschiede.

Am 2. Januar 1974 war es schließlich soweit. Die ersten 750 Super Sport liefen vom Band, und den Angaben von Ducati zufolge waren die ersten 200 Einheiten bereits bis zum 10. Januar gefertigt. Die Ducati 750 Super Sport war endlich offiziell geboren, und im Vergleich zur Rennmaschine zollte der Serienableger der Straßenzulassung nur in Details wie etwa einer Beleuchtungsanlage sowie analog zur 750 GT und 750 Sport schräg anstatt wie bei der Rennmaschine gerade verzahnten und damit geräuschärmer laufenden Kegelrädern für die Königswellen oder beispielsweise einer unten verlegten Auspuffanlage in Gestalt der legendären Conti-Tüten Tribut. Insgesamt 401 Einheiten der 750 Super Sport entstanden im Jahr 1974, und gegenüber dem noch in Mailand gezeigten Exemplar besaßen die endgültigen 750 Super Sport nun höher bauende und thermisch dadurch günstigere Kipphebelgehäuse, Smiths-Instrumente informierten über Geschwindigkeit und Motordrehzahl, und der Ventilhub betrug nun 11 Millimeter.

Obwohl die japanischen Reihenvierzylinder seinerzeit leistungsmäßig das Maß der Dinge darstellten, war indes weder im Topspeed-Bereich noch auf der Landstraße Land gegen die Fahrdynamik der 750 Super Sport in Sicht. Schließlich mit 73 PS bei 8000/min Leistung angegeben, rannte die Ducati 750 SS bei Tests mit enormen 217 km/h durch die Lichtschranke, und erst recht setzte die Ducati ihr Leistungsvermögen fahrwerkseitig um. Mit langem Radstand und flachem Lenkkopfwinkel zwar kein Ausbund an Handlichkeit, besticht die 750 Super Sport jedoch auch heute noch durch stoische Fahrstabilität und Zielgenauigkeit, wie sie den japanischen Konkurrenten damals fremd war.

Power-Vau:
75 PS Leistung realisierte der Königswellen-V2 mit desmodromischer Ventilsteuerung und machte die Ducati seinerzeit weit über 210 km/h schnell.

Ducati 750 SS

Motor
Bauart	4-Takt/90 Grad-V
Zylinderzahl	2
Ventile je Brennraum	2
Ventiltrieb	OHC
Bohrung in mm	80
Hub in mm	74,4
Hubraum in cm3	748
Verdichtung	10:1
Leistung in PS/Nenndrehzahl in 1/min	73/8000

Gemischaufbereitung
Bauart/Anzahl	Rundschieber-Vergaser/2
Hersteller	Dell'Orto
Venturi-Durchmesser in mm	40

Kraftübertragung
Getriebe/Anzahl Gänge	Klauen/5
Primärübersetzung	2,19
1. Gang	2,24
2. Gang	1,56
3. Gang	1,20
4. Gang	1,00
5. Gang	0,89
Sekundärübersetzung	2,50
Sekundärantrieb	Rollenkette

Elektrische Anlage
Generatorleistung in Watt	150
Betriebsspannung in Volt	12
Zündung	Batterie-Spulen-Zündung

Fahrwerk
Rahmenbauart	Rückgratrohrrahmen aus Stahl mit Motor als tragendem Element
Radführung vorne	Marzocchi-Telegabel
Federweg vorne in mm	130
Radführung hinten/Federbeine	Schwinge/2 Ceriani
Federweg hinten in mm	90
Radstand in mm	1510

Räder und Bremsen
Felgengröße vorne	2.15" x 18"
Felgengröße hinten	2.15" x 18"
Bereifung vorne	3.50-18
Bereifung hinten	3.50-18
Bremse vorne/Durchmesser in mm	Doppelscheibe/280
Bremse hinten/Durchmesser in mm	Einzelscheibe/230

Maße und Gewichte
Länge in mm	2180
Breite in mm	710
Höhe in mm	1210
Sitzhöhe in mm	745
Gewicht in kg	180 (trocken)
Tankinhalt in Litern	19

Fahrleistungen
Höchstgeschwindigkeit langliegend in km/h	217 (Messung)
Preis	1.800.000 Lire (1974)

EGLI-DUCATI FANTOME
TELLS GESCHOSS

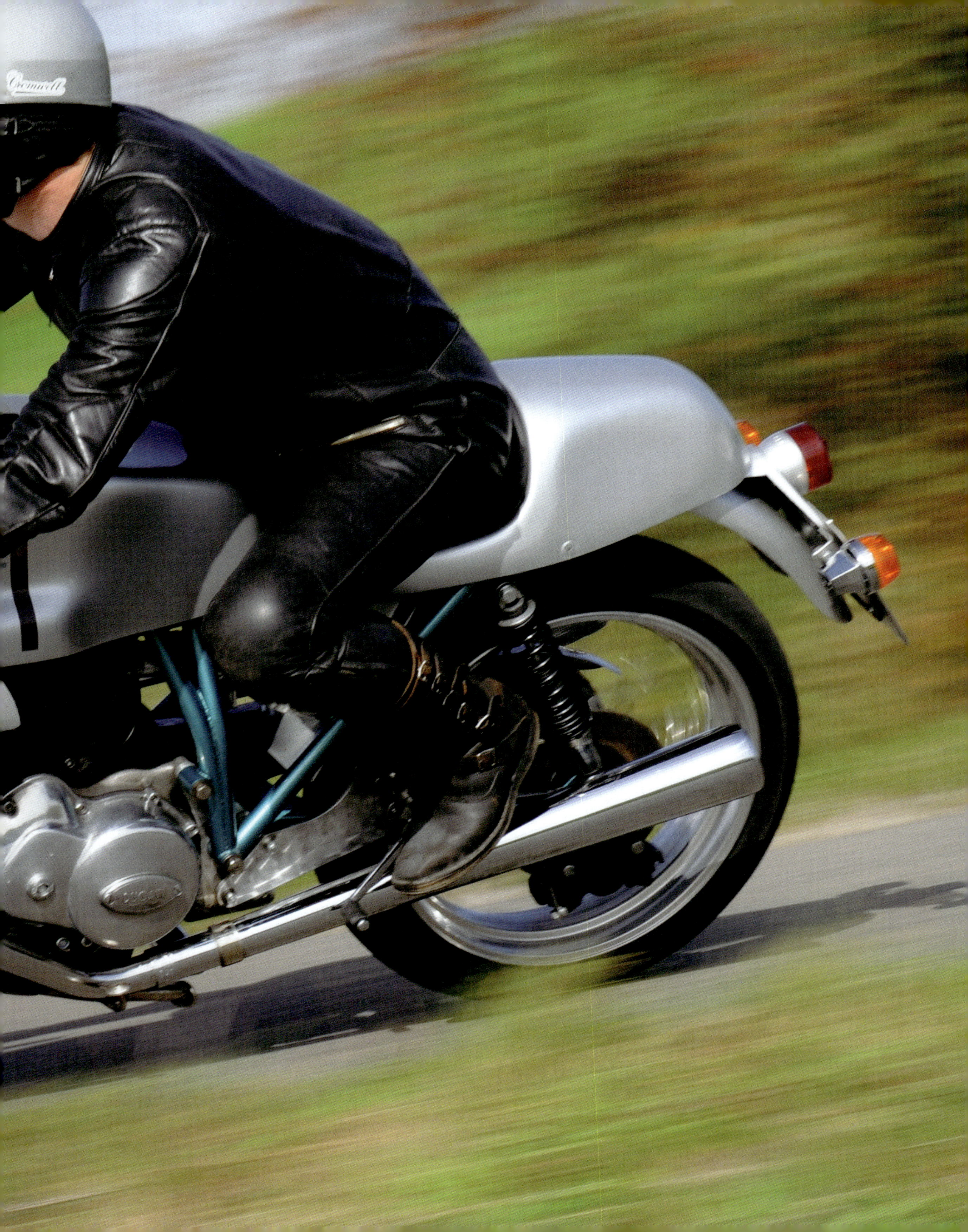
Cromwell

TELLS GESCHOSS

Nach 34 Jahren legt Fritz W. Egli die Egli-Ducati Fantome wieder in Kleinserie auf und damit gleichzeitig ein Bekenntnis zum lustvollen Abfackeln fossiler Brennstoffe ab. Der Autor fuhr die jüngste Schöpfung des Schweizers und stellte fest: Manche Motorräder treffen mit schweizerischer Präzision mitten ins Herz.

Hätte Wilhelm Tell Anfang des 14. Jahrhunderts die Möglichkeit gehabt, Motorrad zu fahren, der schweizerische Freiheitskämpfer und Nationalheld wäre garantiert ein Egli-Kunde gewesen. Denn auch für Fritz W. Egli muten die immer schärfer werdenden staatlichen Restriktionen mehr und mehr wie eine Zwangsjacke an, wenn es darum geht, pfeilschnelle und vor allem wohl klingende Motorräder zu bauen. Offene Ansaugtrichter und Auspuffanlagen vom Schlage armdicker Krümmer und lauthals schmetternder Conti-Tüten dürfen beim Tuning nach heutigen gesetzgeberischen Maßstäben getrost ins Reich der Fabel verwiesen werden. Es sei denn, man baut etwas auf, das es bereits einmal gab.

Traditionelle Linie: Michael Berger setzte beim Aufbau der Egli-Ducati ganz bewusst auf die Design-Elemente der Ducati 750 Super Sport.

Diesen Wunsch verspürte Egli-Kunde Michael Berger und machte sich auf nach Bettwil. Seit 1961 ist er begeisterter Ducati-Fahrer und -Schrauber, startete seine Karriere zunächst mit den Einzylindern, und in den 70er-Jahren folgten zahlreiche Modelle mit Königswellen-V-Motor. Aus dieser Zeit stammt auch sein besonderes Faible für die Ducati-Rundmotoren, die er ab 1980 zu restaurieren begann. »Da war einerseits die nachhaltige Begeisterung für die Konstruktion, die Charakteristik und die Ausbaufähigkeit des Ducati-Motors, andererseits aber auch eine immer mehr wachsende Skepsis gegenüber dem zwar stabilen aber ebenso störrischen Ducati-Fahrwerk«, erklärt Michael Berger.

Also studierte er, was der Markt an brauchbaren Alternativen bot. Viel war es nicht. Entweder versprachen andere Produkte keine signifikanten Verbesserungen in Sachen Handling, oder sie waren nicht zulassungsfähig. Schließlich stieß der mittlerweile seit einem halben Jahr pensionierte Chemiker, Anwendungstechniker und Controller aus dem bayerischen Öhnböck auf die Egli-Ducati Fantome, von der 1974 zehn Exemplare für den Rundmotor der Ducati 750 Supersport gefertigt wurden. Während die Suche nach einer Gebrauchtmaschine jedoch erfolglos blieb, ergab die Nachfrage bei Fritz W. Egli schließlich, dass sämtliche Unterlagen sowie die Rahmenlehren noch vorhanden waren.

Wirft man lediglich einen flüchtigen Blick auf die Fantome, so ist der Unterschied in Sachen Fahrwerk nicht für jeden sofort und unmittelbar ersichtlich. Vielmehr verbirgt er sich mit fast schon schweizerischer Zurückhaltung unter dem Tank. Dort führt Fritz Walter Eglis legendäres Zentralrohr mit 100 Millimetern Durchmesser vom Lenkkopf aus zu einem Rohrverband, der sich geradewegs hinab zur Schwingenlagerung streckt. Ein weiterer Rohrverband nimmt das Motorgehäuse vorne auf, dazu noch ein Rahmenheck – fertig ist der unglaublich verwindungssteife Zentralrohrrahmen, den Fritz W. Egli vor nunmehr genau 40

Grazil: Die Frontansicht wird von der Halbschale dominiert. Der V2 verschwindet fast gänzlich hinter Gabel und Vorderrad.

Jahren, nämlich im Winter 1968/69, für seine damalige Vincent schuf. Auch die besaß bereits einen Vauzwo-Motor, und der Gewinn der Schweizerischen Bergmeisterschaft im darauf folgenden Jahr war der Beleg für die Richtigkeit von Eglis Überlegungen, den Lenkkopf und die Schwinge auf möglichst direktem und damit verwindungssteifem Weg miteinander zu verbinden.

Michael Berger reiste schließlich im Oktober 2005 in die Schweiz. Rasch wurden er und Fritz W. Egli handelseinig, und so sah die gemeinsame Planung vor,

Königsweg: Der Königswellen-V2 von Ducati ist bis heute eines der schönsten Motorrad-Triebwerke überhaupt.

quasi eine Synthese aus dem Egli-Chassis sowie der Motorentechnik und dem Design der 750er-Ducati zu schaffen. Wenige Wochen später wurden die allfälligen Fragen hinsichtlich Zulassung und TÜV-Prüfung geklärt. Grundvoraussetzung war ein ehemals zugelassenes Schrottexemplar aus dem Stuttgarter Raum inklusive KFZ-Brief aus dem Jahr 1974.

Im Frühjahr 2006 war der Fahrwerkskit im Rohbau fertig – Rahmen, Schwinge, Halteplatten – und Michael Berger lieferte die fehlenden Komponenten wie Motor, Vergaser, Auspuffanlage, Gabel, Stummellenker, Räder und Höcker in der Schweiz an. Keine vier Wochen später war sie dann erstmals komplett, die neue Fantome, und es begann die Feinarbeit. Halbschale, Höcker und Batteriekasten wurden angepasst, Halterungen gefertigt, et cetera.

Dann kam der Sommer 2006 und damit die Zeit, in der an der Fantome nicht viel passierte. Michael Berger und Fritz W. Egli hatten vereinbart, vor allem die Nebensaison für die gemeinsamen Arbeiten zu nutzen. Und so ging es erst im Winter wieder richtig rund. In allen Winkeln des Egli-Chassis herrschte Platznot, und so musste die Unterbringung der Elektrik ebenso minutiös ausgetüftelt werden, wie die Formgebung der Unterseite des Ducati-Imola-Tanks, die auf das mächtige Zentralrohr zugeschnitten werden musste. Mehrfach geändert wurde die Fußrastenanlage, bis endlich eine optimale Sitzposition gefunden war, und am Freitag, den 12. Januar 2007 brachte Egli-Techniker und Fantome-Projektleiter Jürg Lindenmann die Egli-Ducati erstmals zum Laufen.

Am 24. September 2007 war es schließlich so weit. Die Fantome wurde beim TÜV Bayern vorgeführt, wo am Schluss lediglich der GFK-Tank strittig war. Mit einem Materialgutachten samt Herstellernachweis wurde

Luftig arrangiert: Das Rahmendreieck beherbergt gerade mal den mächtigen 40er-Dell'Orto für den hinteren Zylinder.

aber auch diese Hürde genommen.
Dann folgte sozusagen der nächste Winterschlaf für die Fantome, und erst im Frühjahr 2008 rollte sie erstmals über deutsche Straßen. »Das Fahrwerk hat mich von Anfang an begeistert, aber die Marzocchi-Gabel rief mit ihrem schlechten Ansprechverhalten dann doch zur Nacharbeit. Auch die Unterbrecherzündung arbeitete nicht einwandfrei, gerade bei höheren Drehzahlen«, erinnert Michael Berger sich an die ersten Fahrten. Eine Elektronikzündung von Elektronik-Sachse schaffte hier Abhilfe, und die Gabel erhielt progressive Wilbers-Federn. Im Sommer 2008 benahm sich die Egli-Ducati schließlich so, wie Michael Berger es von ihr erwartete und er bot sie Klassik Motorrad für einen Fahrbericht an. Der Autor ließ sich nicht zweimal bitten, packte Cromwell samt Leder ein und reiste wenige Wochen später nach Bettwil.

Es ist der perfekte Tag heute. Knappe 20 Grad warm, nahezu wolkenloser Himmel. Zumindest das Motorrad hat dieses Wetter verdient. Nach zwei guten Tassen schweizerischen Kaffees und ausgiebigen Gesprächen mit Fritz W. Egli und Jürg Lindenmann ist es schließlich so weit.

Behutsam ertastet das rechte Bein via Kickstarter die Kompression des mit PR-Schmiedekolben und überarbeiteten Brennräumen ausgestatteten Vauzwo, der ursprünglich mal ein 750 GT-Triebwerk war und daher mit Federn und nicht mit Desmodromik ausgerüstet ist. Zündung an, dann nur einige wenige Millimeter Gas und ein beherzter Tritt, der die von Lantenhammer optimierte Kurbelwelle in Schwung bringt. Mit einem mächtigen Donnern aus den beiden Conti-Tüten erwacht der 750er zum Leben, und die folgenden rhythmischen Gasstöße beantwortet er mit gierigem

Wie gewohnt: Auch die Doppelscheibe vorn mit 278 mm Durchmesser sowie die hintere 230-mm-Anlage der 750 Super Sport finden sich an der Egli-Ducati Fantome wieder.

Schlürfen durch die beiden riesigen Ansaugtrichter der Dell'Ortos vom Typ PHM 40.
Viel Platz gewährt die kleine, dem so genannten Imola-Höcker des Originals nachempfundene Höckersitzbank nicht, aber es reicht, um es sich ausreichend bequem einzurichten, auch wenn der ellenlange Kraftstofftank den Oberkörper des Fahrers quasi in einem Bogen nach vorn zu den Lenkerstummeln spannt. So bekannt wie die Sitzposition kommt einem auch der Blick in die Verkleidungskanzel vor, wo wie bei Ducatis originaler 750 Supersport ein Smiths-Tachometer sowie als Berger-Extra ein Veglia-Competizione-Tourenzähler ständig über Geschwindigkeit und Drehzahl informieren.
Im Laufe der Zeit hatte sich das Projekt schließlich herumgesprochen und weitere Interessenten auf den Plan gerufen. Die Aussicht, ein spurstabiles und doch handliches Fahrwerk für den kostbaren Rundmotor, dazu noch exklusiv und wertig verpackt, zu bekommen hat mittlerweile vier weitere Ducatisti überzeugt, und so hat Fritz W. Egli praktisch zwangsläufig eine Kleinserie aufgelegt.
Das Interesse der Kundschaft scheint durchaus berechtigt, so unser Eindruck, als wir direkt am Ortsausgang die erste langgezogene Linkskurve von Bettwil aus zum Hallwiler See hinab nehmen. Überraschend willig, fast wie von selbst lenkt die Ducati ein, und der gemeinhin übliche weite Bogen ist ihr fremd. Schwupp – nimmt sie den Wechsel in die anschließende Rechtskurve förmlich in Eigenregie. Mit 1475 mm ist der Radstand um 55 mm geringer als bei der Serien-Ducati von 1974, doch nach wie vor beträgt der Lenkkopfwinkel flache 61 Grad. Auch in Punkto Gewicht keine erkleckliche Diskrepanzen. Die Egli Fantome wiegt vollgetankt 206 kg, die 750 SS brachte 207 auf die Waage. 20 mm längere hintere Federbeine und die modern konturierte Bereifung in den Dimensionen 120/70 ZR18 vorn und 140/60 ZR18 hinten dürften demnach als Hauptursache für die drastisch verbesserte Handlichkeit zu suchen sein.
Ansonsten verströmt die Egli Fantome genau jene Qualitäten, die bereits Ducatis Originalvorlage, noch mehr jedoch die erste und insgesamt nur zehn Mal gefertigte Egli Fantome von 1974 auszeichnete. Stoische Stabilität, hohe Zielgenauigkeit, kurzum – jede Menge Fahrspaß. Und daran hat auch der formidable Feder-Motor seinen Anteil. Im Trimm von Egli-Kunde Michael Berger aufgerüstet mit Lantenhammer-Kurbelwelle, 38er-Hubzapfen und Nadellagern, Doppelzündung sowie Getriebe und Ölpumpe von Unmüssig feuert der Vauzwo ab 2000/min lochfrei nach vorn, dass es die helle Freude ist. Kein Verschlucken, keine Gedenkpause – der 90-Grad-Zweizylinder ist

hellwach. Zumindest bis 6500/min. Darüber geht nicht mehr überragend viel, was aber kein Nachteil sein muss. Speziell dem Betrieb auf der Landstraße kommen die GT-Nockenwellen mit ihren zahmen Steuerzeiten entgegen, auch wenn sie gegenüber der SS einige PS an Spitzenleitung kosten. 67 PS, und damit sechs weniger als richtig gut gehende Exemplare der 750 SS einst leisteten, produziert der Rundmotor in dieser Konfiguration. Führwahr nicht schlecht, zumal er im so wichtigen mittleren Drehzahlbereich umso nachdrücklicher anschiebt.

»Unten und in der Mitte geht er wunderbar, mit richtig Druck. Das ist für die Landstraße optimal«, bestätigt Jürg Lindenmann.

Fritz W. Egli stellt mit der Neuauflage der Fantome doch einen erfrischenden Anachronismus zur allgegenwärtigen Umweltschutz-Hysterie dar. Und mehr noch, sie ist ein glücklicher Schuss mitten ins Motorradfahrer-Herz durch die sich immer schneller drehenden Windmühlenflügel der Bürokratie. Aber im gezielten Schießen waren die Schweizer ja schon immer Meister. Das bewies bereits der wie Fritz W. Egli so freiheitsliebende Tell. Im 14. Jahrhundert.

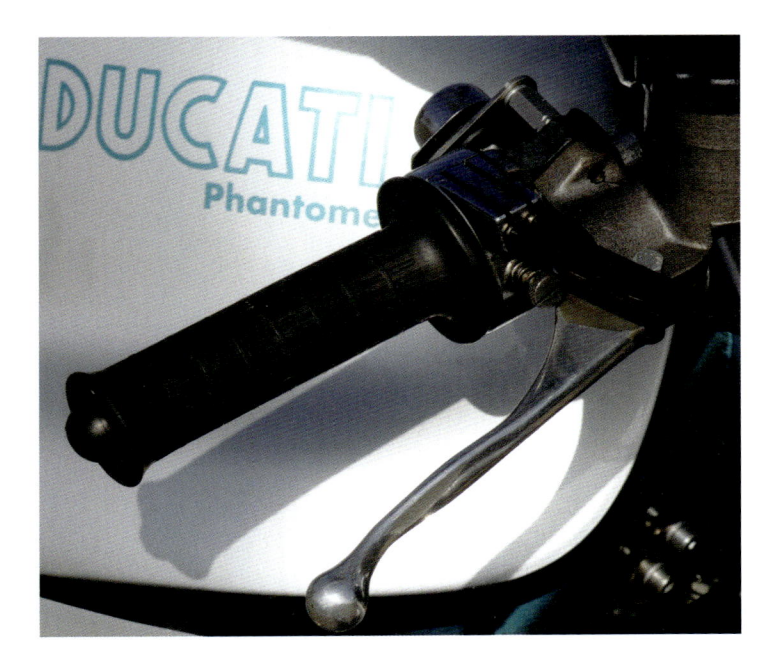

Gedoppelt: Die beiden Gaszüge werden vom Gasgriff direkt betätigt.

Egli-Ducati Fantome

Motor
Bauart	4-Takt/90 Grad-V
Zylinderzahl	2
Ventile je Brennraum	2
Ventiltrieb	OHC
Bohrung in mm	80
Hub in mm	74,4
Hubraum in cm^3	748
Verdichtung	10:1
Leistung in PS/Nenndrehzahl in 1/min	73/8000 (hier: GT-Federmotor mit 67 PS)

Gemischaufbereitung
Bauart/Anzahl	Rundschieber-Vergaser/2
Hersteller	Dell'Orto
Venturi-Durchmesser in mm	40

Kraftübertragung
Getriebe/Anzahl Gänge	Klauen/5
Primärübersetzung	2,19
1. Gang	2,24
2. Gang	1,56
3. Gang	1,20
4. Gang	1,00
5. Gang	0,89
Sekundärübersetzung	2,50
Sekundärantrieb	Rollenkette

Elektrische Anlage
Generatorleistung in Watt	150
Betriebsspannung in Volt	12
Zündung	Kontaktlose Elektronik-Sachse-Zündung

Fahrwerk
Rahmenbauart mit Motor als tragendem Element	Zentralrohrrahmen aus Stahl
Radführung vorne	Marzocchi-Telegabel
Federweg vorne in mm	140
Radführung hinten/Federbeine	Schwinge/2 Ceriani
Federweg hinten in mm	75
Radstand in mm	1475

Räder und Bremsen
Felgengröße vorne	3.50" x 18"
Felgengröße hinten	4.25" x 18"
Bereifung vorne	120/70 ZR 18
Bereifung hinten	140/60 ZR 18
Bremse vorne/Durchmesser in mm	Doppelscheibe/278
Bremse hinten/Durchmesser in mm	Einzelscheibe/230

Maße und Gewichte
Länge in mm	2190
Breite in mm	610
Höhe in mm	1170
Sitzhöhe in mm	775
Gewicht in kg	206 (vollgetankt)
Tankinhalt in Litern	17,3

Fahrleistungen
Höchstgeschwindigkeit langliegend	217 km/h (Messung)
Preis	38.500.- Euro (2008)

Honda CB 350 Four

FOTO-
FINISH

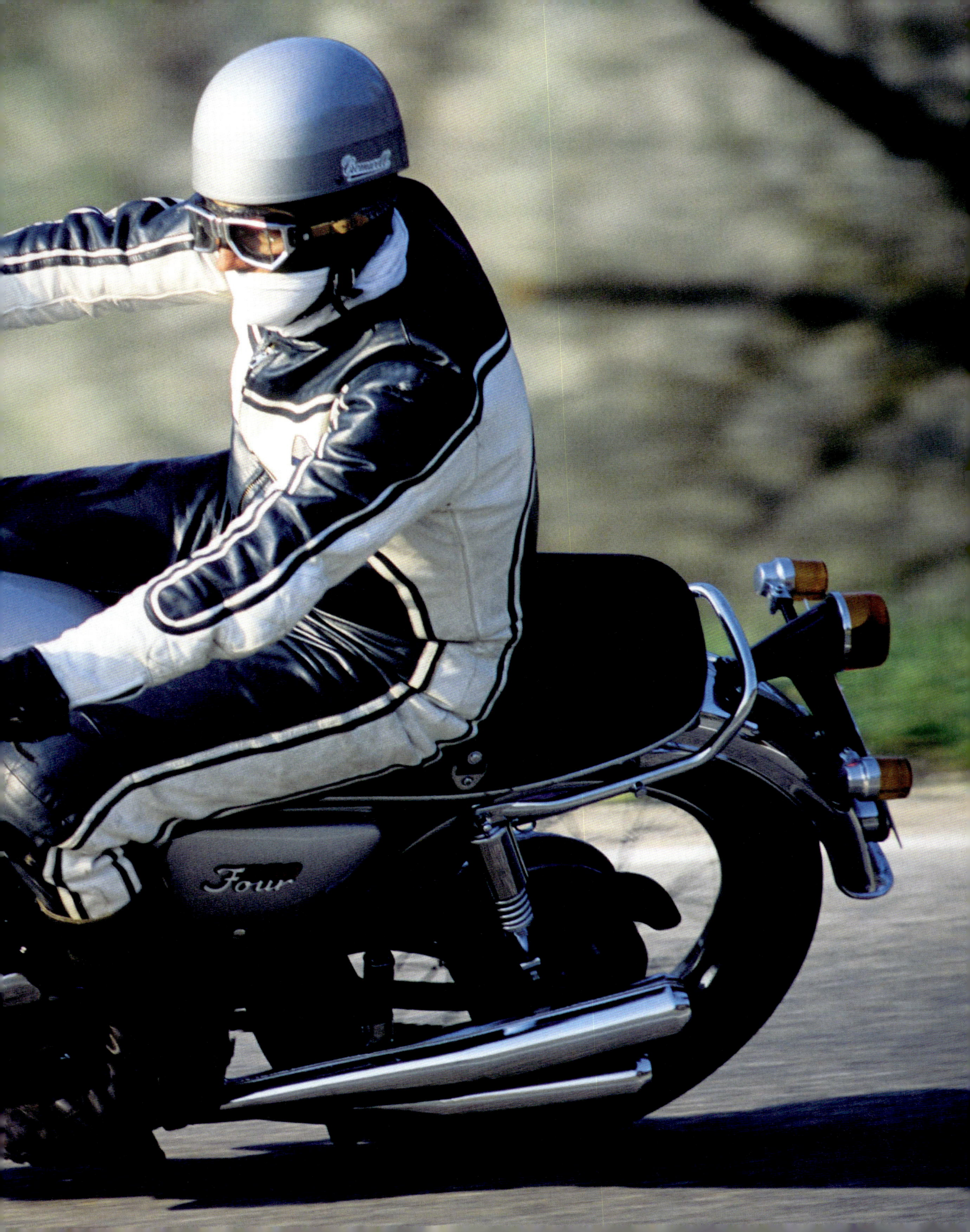
Four

FOTO-FINISH

Für Soichiro Honda war er »mein vielleicht gelungenster Vierzylinder« – auf jeden Fall aber war er 1973 der kleinste. Die Rede ist vom Motor der CB 350 Four, die in den frühen 70er-Jahren Hondas Vierzylinder-Palette nach unten abrundete.

Den Autor dieses Buches reizte Hondas kleinstes Vierzylinder-Modell schon immer. Filigrane Technik, fantastischer »Sound« - so etwas musste irgendwann noch in der Garage stehen.
Also wurde irgendwann eine gebrauchte CB 350 Four gekauft, um sie im Zuge einer Voll-Restaurierung in Punkto Funktionalität wie auch hinsichtlich der Optik in einen Best-Zustand zu versetzen. Nach mehr als 130 Arbeitsstunden erstrahlte die »little four«, wie sie von Honda seinerzeit in der Werbung tituliert wurde, wieder in neuwertigem Glanz, und die ganze Spannung galt den ersten hundert Kilometern, auf denen vor allem Vergleiche zu den

Harmonie auf zwei Rädern: Für viele Honda-Fans gilt die 350er als die schönste aller Vierzylinder-Honda aus den 70er-Jahren. Allein die 4-in-4-Auspuffan-lage ist wunderschön gezeichnet.

damaligen Testaussagen von Ernst »Klacks« Leverkus gezogen werden sollten.

Als er im Dezember 1972 die allererste CB 350 Four für einen Fahrbericht in die Hände bekam, resümierte er: »Die kleine Honda ist ein sicheres Verkaufsobejekt und wird unbedingt ein Schlager«. Denn: Der deutsche Importeur in Offenbach war sich dessen keineswegs sicher, hatte »Klacks« eine Testmaschine verweigert, und so musste er sich diese eben über Umwege aus Amerika beschaffen. »Klacks« aber wollte den kleinsten aller Vierzylinder unbedingt auf dem hiesigen Markt sehen - und brach deshalb eine Lanze für ihn.

Allerdings sparte er auch nicht an Kritik. Etwa bei den beiden hinteren Federbeinen, die er als »viel zu hart« einstufte. Heute können wir getrost sagen, dass die Federbeine viel zu weich sind und bereits im Einpersonen-Betrieb auf sehr welliger Piste durch-

Klein und fein: In Sachen Laufkultur schlägt Hondas kleinster Serien-Vierzylinder der ersten Generation seine größeren Brüder aus jenen Tagen um Längen. Betörend schön ist er obendrein.

schlagen, selbst mit maximaler Federvorspannung. Und von Dämpfung im Sinne des Wortes kann ebenfalls kaum die Rede sein.

Besser macht es die Teleskopgabel, deren Standrohre mit je einer lackierten Blechhülse verkleidet und damit hervorragend gegen Steinschläge geschützt sind. Sie spricht sehr sensibel an, glänzt mit einer nahezu perfekten Federrate und guter Zug- wie Druckstufendämpfung. Selbst beim harten Anbremsen mit der hervorragend zu dosierenden Scheibenbremse schlägt sie auf Bodenwellen so gut wie nie durch. Jedenfalls bei unserem Exemplar. Ein weiterer Punkt, den »Klacks« lobte, betraf die

FOTO-FINISH

Handlichkeit. Er berichtete von »spielerischem Umgang«, was nur bestätigt werden kann. Dass darunter die Fahrstabilität selbst bei hohen Tempi nicht leiden muss, bestätigt die kleine Honda damals wie heute. Selbst bei Höchstgeschwindigkeit (158 km/h) hält sie sauber ihre Spur, und Pendelerscheinungen sind ihr völlig fremd.
Bleibt das Herzstück zur Bewertung: der Vierzylinder-Motor. »Seidenweicher Lauf« rekapitulierte »Klacks«, und dem ist nichts hinzuzufügen. Kein Wunder frei-

Fein arrangiert: Instrumente und Kontrolllampen sind übersichtlich und bestens ablesbar arrangiert. Dass Hondas »Frauen-Motorrad« sogar fürs Gebirge taugt, bewies sie bei einer Tour nach Lech.

lich, bei Einzelhubräumen von noch nicht einmal 90 Kubikzentimetern. Über das gesamte Drehzahlband entwickelt der kleine Four nur ganz feine Schwingungen, von Vibrationen keine Spur. Wie eine Turbine dreht der Vierzylinder in allen Gängen bis zum roten Bereich, der bei 10.000/min beginnt, hoch und begeistert mit einer sportlichen Leist-ungs-Charakteristik. Bis 5000/min gibt's konstante Leistungszunahme, bis 8000/min weht ein stärkeres Lüftchen, und bis knapp 10000/min legt sich der Motor noch einmal mit einem Leistungs-«Kick» ins Zeug. Ein Charakter, der sehr gut zur Leichtfüßigkeit der kleinen Maschine passt.

Heutzutage gelten CB 350 Four übrigens schon als Seltenheit, denn im Gegensatz zu den 750ern oder 500ern von Honda kamen von diesem Modell gerade mal gut 1500 Exemplare nach Deutschland. Ein »Schlager«, wie »Klacks« prognostiziert hatte, wurde die 350 Four also nie. Und entsprechend gesucht sind die in rot, silber oder metallic-grün lackierten 350er heute. Ordentlich erhaltene Exemplare, aber meist mit ramponierter Auspuffanlage (der linke unter Topf rostet gerne durch), kosten bis 2500 Euro; gute Maschinen erzielen bis 3500 Euro, und für optische wie technische Sahnestückchen müssen bereits bis zu 5000 Euro locker gemacht werden. Und das ist mehr, als so manche 750er oder gar 500er erzielt.

Honda CB 350 Four

Motor
Bauart	4-Takt/Reihe
Zylinderzahl	4
Ventile je Brennraum	2
Ventiltrieb	OHC
Bohrung in mm	47
Hub in mm	50
Hubraum in cm³	347
Verdichtung	9,3:1
Leistung in PS	34 (25 kW) bei 9500/min

Gemischaufbereitung
Bauart/Anzahl	Rundschieber-Vergaser/4
Hersteller	Keihin
Venturi-Durchmesser in mm	22

Kraftübertragung
Getriebe/Anzahl Gänge	Klauen/5
Primärübersetzung	3,42
Gesamtübersetzungen	
1. Gang	2,73
2. Gang	1,85
3. Gang	1,42
4. Gang	1,15
5. Gang	0,97
Sekundärübersetzung	2,24
Sekundärantrieb	Rollenkette

Elektrische Anlage
Generatorleistung in Watt	156
Betriebsspannung in Volt	12
Zündung	Batterie-Spulen-Zündung

Fahrwerk
Rahmenbauart	Doppelschleifenrohr-Rahmen aus Stahl mit einfachem, gegabeltem Unterzug
Radführung vorne	Telegabel
Federweg vorne in mm	115
Radführung hinten/Federbeine	Schwinge/2
Federweg hinten in mm	91
Radstand in mm	1355

Räder und Bremsen
Felgengröße vorne	1.65" x 18"
Felgengröße hinten	1.85" x 18"
Bereifung vorne	3.00-18
Bereifung hinten	3.50-18
Bremse vorne/Durchmesser in mm	Einzelscheibe/260
Bremse hinten/Durchmesser in mm	Trommel/160

Maße und Gewichte
Länge in mm	2060
Breite in mm	780
Höhe in mm	1090
Gewicht in kg	188 (vollgetankt)
Tankinhalt in Litern	12

Fahrleistungen
Höchstgeschwindigkeit langliegend	158 km/h
Preis	4388 Mark (1973)

Honda CB 500 Four

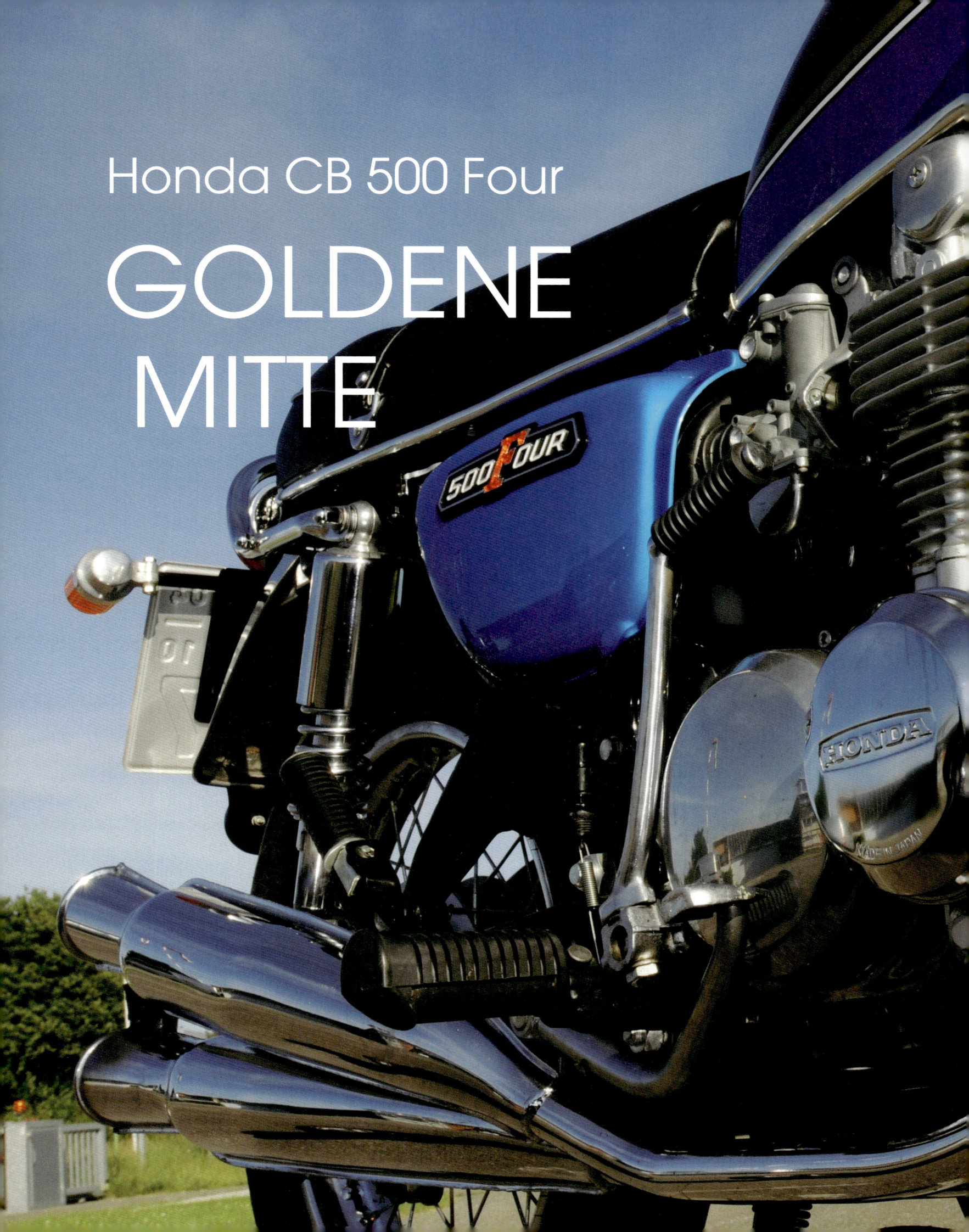

GOLDENE MITTE

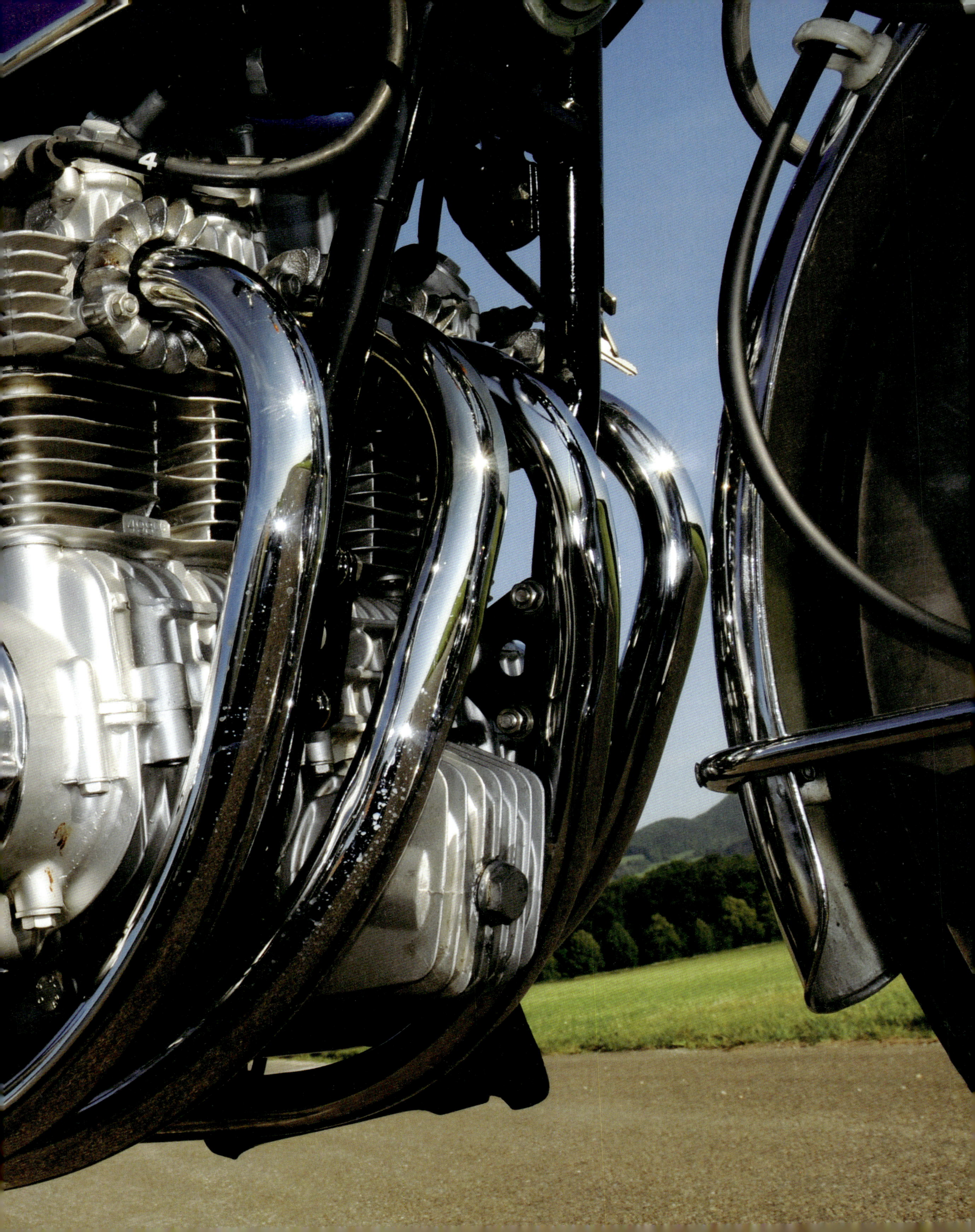

GOLDENE MITTE

Yamaha bastelte noch an seinem Zweitakt-Reihenvierzylinder, der dann doch nie serienreif wurde. Bei Suzuki verlor man kostbare Zeit durch die Entwicklung eines Wankelmotorrades, und bei Kawasaki lernte die 900er-Vierzylinder allmählich das Laufen, während Honda mit der CB 500 bereits die zweite Four in die Schaufenster brachte.

In den USA zunächst im März 1971 bei den 200 Meilen von Daytona vor- und auf der Motorshow in San Diego ausgestellt, erschien in der Mai-Ausgabe der amerikanischen Zeitschrift Cycle World ein erster Vorab-Bericht darüber zu lesen, während sich die MOTORRAD-Leser bereits in Heft 15 ganz genau informieren konnten.
Beide Vierzylinder-Baureihen von 500er und 750er waren optisch und technisch weitgehend gleich aufgebaut, so schien es zumindest auf den ersten Blick.

Wer allerdings etwas genauer hinschaute, konnte feststellen, dass die Fünfhunderter mit der Siebenhundertfünfziger nur wenig gemein hatte. Sie sahen zwar ähnlich aus, waren es aber nicht: Kolben, Ventile, Kurbelgehäuse – alles war unterschiedlich, und von einem Baukastenprinzip konnte kein Rede sein.

Traditionelle Linie: Tank, Seitendeckel und 4-in-4-Anlage der CB 500 Four folgten dem Muster der CB 750 Four.

Doppelt hält besser: Serienmäßig mit nur einer Bremsscheibe ausgestattet, bot Honda auch einen Umrüstkit zur Doppelscheiben-Anlage an. Die Bremsleistung bewegt sich damit auf solidem Niveau.

Der größte Unterschied bestand in der Triebwerks-Konfiguration. Die Auslegung der neuen Mittelklasse-Maschine unterschied sich mit einem Verhältnis von 56 mm Bohrung und 50,6 mm Hub deutlich von der CB 750. In Verbindung mit der anderen Vergaserbestückung (Keihin-Schiebervergaser mit einem Querschnitt von 22 Millimetern statt 28 mm wie bei der der CB 750) stemmte der 69 Kilogramm schwere Vierzylinder-Motor stramme 48 PS auf die fünffach gleitgelagerte Kurbelwelle.

Wie bei allen Honda wurde die Kraft per Kette an das schmale 3.50er-Hinterrad (CB 750: 4.00) weitergereicht. Unterschiede auch beim Fahrwerk; ein nicht ganz so massiv gefertigter Doppelschleifen-Rohrrahmen bildete das Rückgrat der leer 202 Kilogramm schweren 500er. Das Leergewicht lag damit um rund 30 Kilogramm unter dem der 750er, die Höchstgeschwindigkeit um etwa 20 km/h darunter. Unterschiede gab es darüber hinaus in der Fahrwerksgeometrie, im Lenkkopfwinkel ebenso wie im Radstand.

Dank der CB 750 waren Bedenken gegen die aufwendige Vierzylinder-Technik bereits ausgeräumt. In der Regel sprang die 48 PS starke Four zuverlässig an, längere Standzeiten liebte sie dagegen weniger. Typisch für die damaligen Vierzylinder-Modelle von Honda war auch die Schwachstelle der 500 Four. Einmal mehr waren es die hinteren Federbeine, die Umrüstung auf die bereits bei der CB 750 bewährten Koni-Federbeine nahelegten. Instrumente, Armaturen und Ausstattung entsprachen dem üblichen Standard, unterdimensioniert dagegen die 30/35-Watt-Birne im 170 Millimeter großen Scheinwerfer. Hier rüsteten die meisten Besitzer auf H4-Licht um. Außerdem empfeh-

GOLDENE MITTE

Kennzeichen Four: Die Vergaser der CB 500 Four wollen penibel eingestellt werden. Nichts zu kritteln gibt es am gut schaltbaren Fünfganggetriebe.

lenswert: Motorschutzbügel von Fehling (schützen den auf der linken Seite gelegenen Unterbrecher) sowie Metzeler-Reifen.

Im Fahrbetrieb machten sich die 19 PS Leistungsunterschied zur 750er freilich weit weniger negativ bemerkbar, als man es vermuten möchte. Das geringere Gewicht macht hier zumindest im Landstraßenbetrieb einiges wett. Hinzu kommt, dass die CB 500 Four mit deutlich mehr Schräglagenfreiheit als die CB 750 gesegnet ist. Ein Vorteil, den sich in den 70er-Jahren viele Hobbyrennfahrer bei den Zuverlässigkeitsfahrten, den so genannten Zuvis zunutze machten und die Konkurrenz auf den 750ern manchmal gleich reihenweise verbliesen.

Dass die 500er in Punkto Verbreitung und Image nie den Stand der CB 750 erreichte, ist dennoch schnell erklärt. Wer damals ein großes Motorrad für die Straße wollte, griff meist doch gleich lieber zum Top-Modell, von dem zumindest vereinzelt gut gehende Exemplaren die 200-km/h-Grenze erreichten.

Heute ist die CB 500 Four mehr und mehr ein gesuchtes Liebhaberfahrzeug. Erstaunlich dabei ist aber, dass sich das Preisgefüge nicht etwa mit zunehmendem Fahrzeughalter signifikant erhöht. Sowohl für die allerersten Modelle wie auch für die zuletzt gebauten, wie die im Bild gezeigte CB 500 Four von 1977 erzielen zunehmend stattliche Preise, die bei rund 2000 Euro für ein fahrtüchtiges Exemplar bis hin zu 7000 Euro für eine perfekt restaurierte CB 500 Four reichen.

Damit liegen sie preislich unter der CB 750, bei der sich insbesondere die CB 750 K0, K1 und mittlerweile auch die K2-Modelle in hohe vierstellige beziehungsweise sogar fünfstellige Dimensionen vorgearbeitet haben. Eine ähnliche Entwicklung, auf etwas bescheidenerem Niveau allerdings, nimmt zukünftig auch die CB 500 Four-Baureihe, deren größter Vorteil es damals war, nahezu das Handling der CB 350 Four zu bieten, jedoch bei deutlich höherer Motorleistung.

Honda CB 500 Four

Motor
Bauart	4-Takt/ Reihe
Zylinderzahl	4
Ventile je Brennraum	2
Ventiltrieb	OHC
Bohrung in mm	56
Hub in mm	50,6
Hubraum in cm^3	499
Verdichtung	9,0:1
Leistung in PS	35 kW (48 PS) bei 9000/min

Gemischaufbereitung
Bauart/Anzahl	Rundschieber-Vergaser/ 4
Hersteller	Keihin
Venturi-Durchmesser in mm	22

Kraftübertragung
Getriebe/Anzahl Gänge	Klauen/5
Primärübersetzung	k.A.
Gesamtübersetzungen	
1. Gang	2,535
2. Gang	1,636
3. Gang	1,269
4. Gang	1,036
5. Gang	0,900
Sekundärübersetzung	k.A.
Sekundärantrieb	Rollenkette

Elektrische Anlage
Generatorleistung in Watt	130
Betriebsspannung in Volt	12
Zündung	Batterie-Spulenzündung

Fahrwerk
Rahmenbauart	Doppelschleifenrohrrahmen
aus Stahl	
Radführung vorne	Telegabel
Federweg vorne in mm	120
Radführung hinten/Federbeine	Schwinge/2
Federweg hinten in mm	75
Radstand in mm	1405

Räder und Bremsen
Felgengröße vorne	1.85-19
Felgengröße hinten	2.15-18
Bereifung vorne	3.25-19
Bereifung hinten	3.50-18
Bremse vorne/Durchmesser in mm	Doppelscheibe/ 276
Bremse hinten/Durchmesser in mm	Simplex/ 180

Maße und Gewichte
Länge in mm	2145
Breite in mm	875
Höhe in mm	1105
Gewicht in kg	216 (vollgetankt)
Tankinhalt in Litern	17

Fahrleistungen
Höchstgeschwindigkeit langliegend	178 km/h
Preis	5998 Mark (1976)

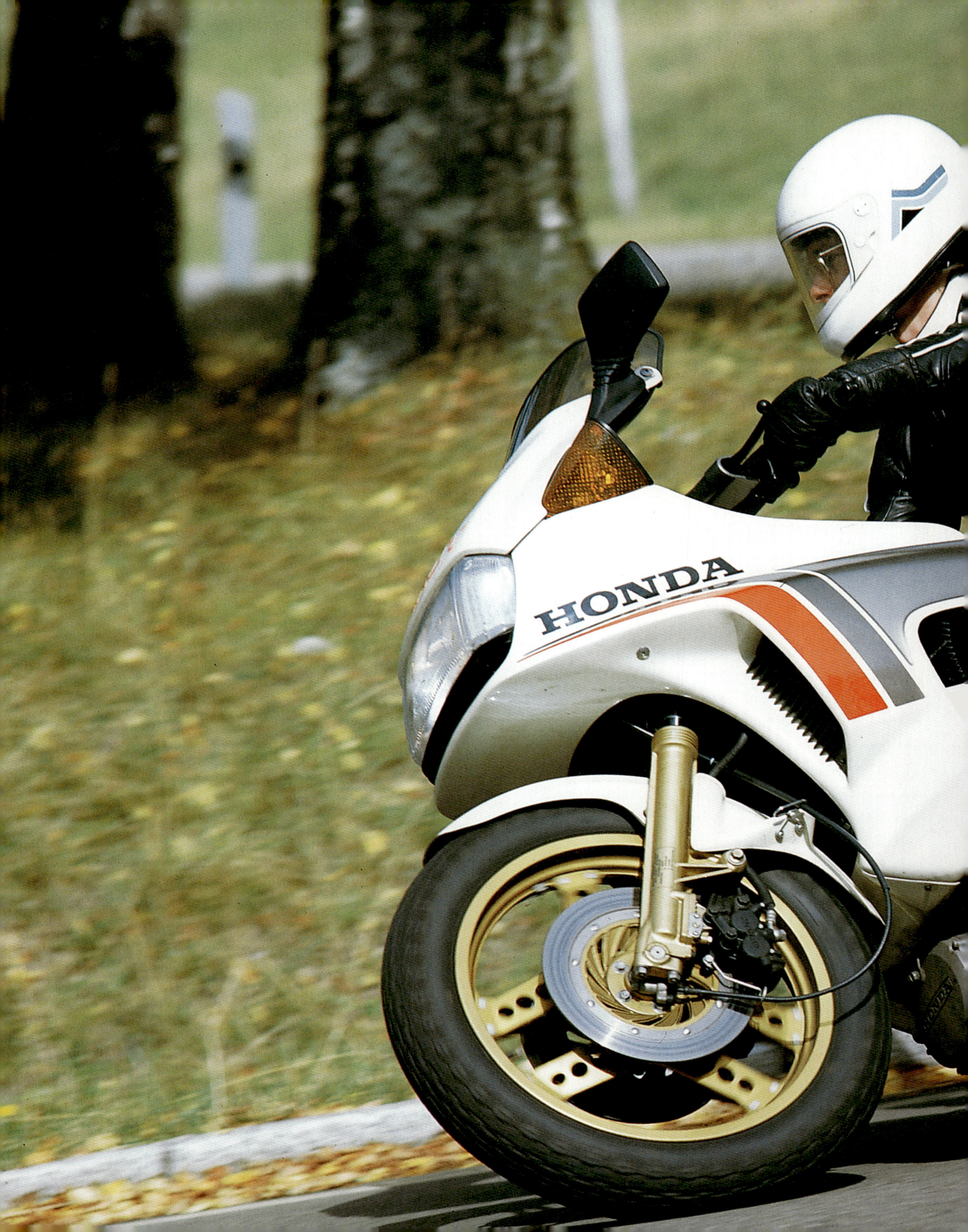
HONDA

Honda CX Turbo

ERFOLGREICHES KONZEPT

ERFOLGREICHES KONZEPT

Die »Güllepumpe« avancierte zum Kultmotorrad. Das anfangs belächelte hässliche Entlein entwickelte sich, dank wassergekühltem V2 und Kardantrieb, zu einem außerordentlich erfolgreichen Schwan. Von den verschiedenen CX-Modellreihen wurden weltweit rund 400 000 Stück verkauft, hier in Deutschland entschieden sich rund 40 000 Käufer für die verschiedenen 500er und 650er-Modellreihen.

Die Ur-CX 500 gab ihr Debüt auf der IFMA 1976 und lieferte Stoff für endlose Debatten. Das Motorkonzept überzeugte mit flüssigkeitsgekühltem V-2-Motor mit vier Ventilen pro Zylinder auf Anhieb, die Optik weniger. Sie spaltete die Biker-Gemeinde: Die einen fanden sie abgrundtief scheußlich, die anderen benötigten eine gewisse Gewöhnungszeit, um sie toll zu finden. Herzstück dieser späteren Ikone der Tourenfahrergemeinde war der bullige Vau Zwo, der angeblich zunächst einen Kleinwagen hätte antreiben sollen. Hondas Entwicklungschef Hiroshi Kameyama wählte für seine Neuentwicklung den ungewöhnlichen Zylinderwinkel von 80 Grad und schuf einen kompakten, kurzen Triebwerksblock. Eine zentrale, halbhoch lie-

Kult, nicht nur dank Werner: Die CX 500 machte als »Güllepumpe« Comic-Karriere, doch in Wirklichkeit war sie ein formidables, höchst zuverlässiges Motorrad.

gende Nockenwelle betätigte über Stößelstangen und gegabelte Kipphebel die vier Ventile pro Zylinder. Um Baubreite zu sparen, drehte Honda die Zylinderköpfe um 22 Grad nach außen. Die Motorleistung betrug 50 PS bei 9000 Umdrehungen, hierzulande war die »Güllepumpe« (der Spitzname geht auf die Comic-Kultfigur »Werner« zurück) auch mit 27 PS bei 6500 Touren zu haben. Die Theorie vom Kleinwagenmotor würde auch erklären, warum Honda seine neuen Halbliter-Tourer mit einer Wasserkühlung versah – drei der 220 CX-Kilogramm gingen auf ihr Konto. Die Kraftstoffversorgung übernahmen zwei 35-mm-Keihin-Gleichdruckvergaser, ein Fünfgang-Klauengetriebe reichte das Drehmoment über eine in der Schwinge laufende Welle und Winkeltrieb an das Hinterrad weiter. Verzögert wurde vorn über zwei Scheibenbremsen mit 233 Millimeter Durchmesser, hinten verzögerte eine Trommelbremse mit 160 Millimetern. Die Federbeine waren fünffach verstellbar und hatten einen Arbeitsweg von 85 Millimetern, die Teleskopgabel vorn mit den 33er-Standrohren bot 139,5 Millimeter Federweg.

Auch wenn sich die Optik polarisierte: Die Halbliter-Vau galt als außergewöhnlich gutes Motorrad, das sich trotz seiner fast viereinhalb Zentner Lebendgewicht spielerisch leicht fahren ließ: »Die Güllepumpe war für viele BMW-Fahrer eine Offenbarung«, erinnert sich der schwedische Motorrad-Journalist Jan Leek, »so viel Drehmoment hatte man einem Motorrad dieser Größe nicht zugetraut. Außerdem hatte sie ein sehr gutes H4-Licht, gute Bremsen und eine hohe Zuverlässigkeit.« Kein Wunder also, dass die englischen Motorradkuriere, denen man gemeinhin nachsagt, sie hätten den härtesten Job, den man auf zwei Rädern haben kann, gleich scharenweise umsattelten und auf astronomische Laufleistungen kamen. Probleme bereitete zu Anfang der schwache Steuerkettenspanner, der zum Modelljahr 1982 gegen einen automatischen Kettenspanner ausgetauscht wurde. Dennoch rasselten viele Twins wie Schlossgespenster.

Lademeister: Innovativ war Honda schon immer, und so verwunderte es kaum, dass der japanische Gigant 1982 die CX 500 Turbo auf den Markt brachte.

Eine Schwachstelle waren auch die Comstar-Räder der ersten Serie, bei denen sich allzu gern die Nieten lockerten, und nach höheren Laufleistungen zeigte auch die Wasserpumpen-Dichtung Ermüdungserscheinungen. Ebenso typisch für die ersten CX-Modelle war die Tatsache, dass der schlauchlose Hinterradpneu mit seinen exotischen Dimensionen (3.75-S 18) so schwer erhältlich war.

Nach einer unüblich langen Laufzeit von sechs Jahren stellte Honda dann die zweite CX-Generation vor. Bei dieser CX im »Euro-Styling« handelte es sich dann um weit mehr als »nur« eine Modellpflege: Im Grunde genommen handelte es sich dabei um ein neues Motorrad, das mit dem Vormodell nur noch den Motor gemeinsam hatte.

Ganz anderen Charakter bewies die bei weitem interessanteste Vertreterin des CX-Konzeptes des Jahres 1982: die CX 500 Turbo. Aufgeladene Motoren lagen damals im Trend. Das Prinzip selbst war schon seit

Schwer, aber stark: 256 Kilogramm Lebendgewicht trafen bei der CX 500 Turbo auf 82 PS.

Jahrzehnten bekannt. Der Schweizer Ingenieur Alfred Büchi verbesserte 1905 als erster den Wirkungsgrad eines Motors, indem er zusätzlich Luft zuführte – womit er das Turbo-Prinzip entdeckte. Seitdem hat sich daran nicht viel geändert, noch immer besteht eine Turbolader aus zwei Schaufelrädern, die über eine Welle verbunden sind.

Das eine Rad im Auspuffkrümmer, die Turbine, wird über das ausgestoßene Gas in Bewegung gesetzt, was über die starre Welle ein zweites Rad in Drehung setzt. Diese abgasgetriebene »Luftpumpe« saugt Frischluft an und presst sie in die Verbrennungskammer, was die Füllung und damit die Leistungsausbeute verbessert. Knapp 75 Jahre später packte Honda die Büchi-Entwicklung in ein Halbliter-Motorrad und bewies einmal mehr, wo der Hammer hing.

Technische Kompetenz demonstrierte Honda am Beispiel der CX 500, dem modernsten Halbliter-Triebwerk, das im Moment zur Verfügung stand. Und eine Mittelklassemaschine sollte es schon sein, denn die Honda-Ingenieure (zeitweise war eine halbe Hundertschaft mit dem Turbo-Projekt beschäftigt) gingen davon aus, dass dieser effektiver arbeite als eine größerer Motor. Außerdem sei diese Technik umweltfreundlich und energiesparend. Und damit lag man durchaus im Trend, Ende der siebziger Jahre litt die Weltwirtschaft gerade unter dem zweiten Ölschock. Bei dem mit so viel Vorschusslorbeeren bedachten Triebwerk handelte es sich um eine völlige Neukonstruktion, der außer dem Verhältnis von Bohrung und Hub und der Tatsache, ein V-Motor zu sein, nur noch wenig mit der Güllepumpe zu tun hatte. Das Turbo-Doping erforderte tiefgehende Eingriffe, die ganze Maschine musste auf die höhere Belastung ausgelegt werden.

Von den über einen Ölstrahl gekühlten neuen Kolben bis zur neuen Ölwanne unter dem Motorblock blieb nichts so, wie man es von der zivilen CX her kannte. Der Turbolader saß vor dem Kurbelgehäuse, verfügte über ein Bypass-Ventil und baute einen maximalen Ladedruck von 1,2 bar auf.

Der V-Zweizylinder mit seinen acht Ventilen setzte

82 PS bei 8000/min frei und bewegte sich damit in 750er-Regionen. Leise laufend und ohne aufdringliche mechanische Geräusche verrichtete er seinen Dienst, agierte eher lasch im unteren Drehzahlbereich und nervte durch lästige Turbo-Gedenksekunden, um dann oberhalb von 6000 Touren mit der Gewalt eines mittleren Erdbebens loszubrechen. Erst danach beschleunigte die Turbo sauber und lochfrei bis in den roten Bereich hinein. Bei dieser Motorcharakteristik waren gute Durchzugs- und Beschleunigungswerte Glücksache. MOTORRAD benötigte einige Gewöhnungszeit, um zu einigermaßen anständigen 4,7 Sekunden für den Sprint von null auf 100 zu gelangen. In dieser Beziehung war das High-Tech-Krad eine glatte Enttäuschung, Hubraum ist auch nicht durch Turbo-Kraft zu ersetzen. Allerdings fiel die Höchstgeschwindigkeit der immerhin 260 Kilogramm schweren Maschine mit 212 km/h recht stattlich aus: Von einem Motorrad, das 13 000 Mark kostete, durfte man dies allerdings auch erwarten. Dennoch gilt: Die Flops von damals sind der Kult von heute.

Knapp ein halbes Jahr nachdem die 500er Turbo endlich zu haben war, präsentierte Honda dann auf der IFMA 1982 schon die Ablösung, die nur durch die Schriftzüge auf den Seitendeckeln als hubraumgrößeres Modell identifiziert werden konnte.

Bei der Überarbeitung war es den Techniker in erster Linie darum gegangen, das Ansprechverhalten des Turboladers zu verbessern, das Turbo-Loch sollte möglichst vollständig verschwinden. An den Grundzügen der Konstruktion hatte man wenig geändert, wie zuvor vertrauten die Ingenieure (die angeblich 216 Patente bei der Turbo-Maschine verbauten) auf ein chipgesteuertes Motormanagement CFI (Computerized Fuel Injection). Insgesamt harmonierte die Turbo-Technik mit dem hubraumstärkeren Motor viel besser. Neben einem besseren Drehmoment- und Ansprechverhalten lieferte die 650er sogar mehr Leistung, was aber nicht genügte, um der Turbo-Technik im Motorradbau zum Durchbruch zu verhelfen.

Honda CX 500 / Turbo

Motor
Bauart	4-Takt/80-Grad-V2
Zylinderzahl	2
Ventile je Brennraum	4
Ventiltrieb	OHV
Bohrung in mm	78
Hub in mm	52
Hubraum in cm³	497
Verdichtung	10,0:1. Turbo: 7,2:1
Leistung in PS	50 (37 kW) bei 9000/min Turbo: 82 (60 kW) bei 8000/min

Gemischaufbereitung
Bauart/Anzahl	Gleichdruck-Vergaser/4 Turbo: Computergesteuerte Kraftstoffeinspritzung
Hersteller	Keihin
Venturi-Durchmesser in mm	35

Kraftübertragung
Getriebe/Anzahl Gänge	Klauen/5
Primärübersetzung	2,242 (Turbo: 2,055)
Gesamtübersetzungen	
1. Gang	2,733 (Turbo: 2,500)
2. Gang	1,850 (Turbo: 1,714)
3. Gang	1,416 (Turbo: 1,280)
4. Gang	1,148 (Turbo: 1,035)
5. Gang	0,931 (Turbo: 0,838)
Sekundärübersetzung	3,091
Sekundärantrieb	Kardanantrieb

Elektrische Anlage
Generatorleistung in Watt	170 (Turbo: 340)
Betriebsspannung in Volt	12
Zündung	Batterie-Spulen-Zündung

Fahrwerk
Rahmenbauart	Rückgratrohr-Rahmen aus Stahl
Radführung vorne	Telegabel
Federweg vorne in mm	139,5 (Turbo: 130)
Radführung hinten/Federbeine	Schwinge/2. Turbo: Zentralfederbein mit Hebelumlenkung
Federweg hinten in mm	85 (Turbo: 105)
Radstand in mm	1455 (Turbo: 1495)

Räder und Bremsen
Felgengröße vorne	1,85 x 19 (ab 1981: 2,15 x 19)
Felgengröße hinten	1,85 x 18 (ab 1979: 2,15 x 18)
Bereifung vorne	3,25 S-19 (schlauchlos). Turbo: 100/90 (3.50) V 18
Bereifung hinten	3,75 S-18 (ab 1979: auch 4,00 S-18) (schlauchlos). Turbo: 120/90 V 17
Bremse vorne/Durchmesser in mm	Doppelscheibe/233
Bremse hinten/Durchmesser in mm	Trommel/160

Maße und Gewichte
Länge in mm	2205
Breite in mm	770
Höhe in mm	1205
Gewicht in kg	217 (vollgetankt) (Turbo: 256)
Tankinhalt in Litern	17 (Turbo: 20)

Fahrleistungen
Höchstgeschwindigkeit langliegend	175 km/h (Turbo: 212 km/h)
Preis	5620 Mark (1977) 13153 Mark (Turbo 1981)

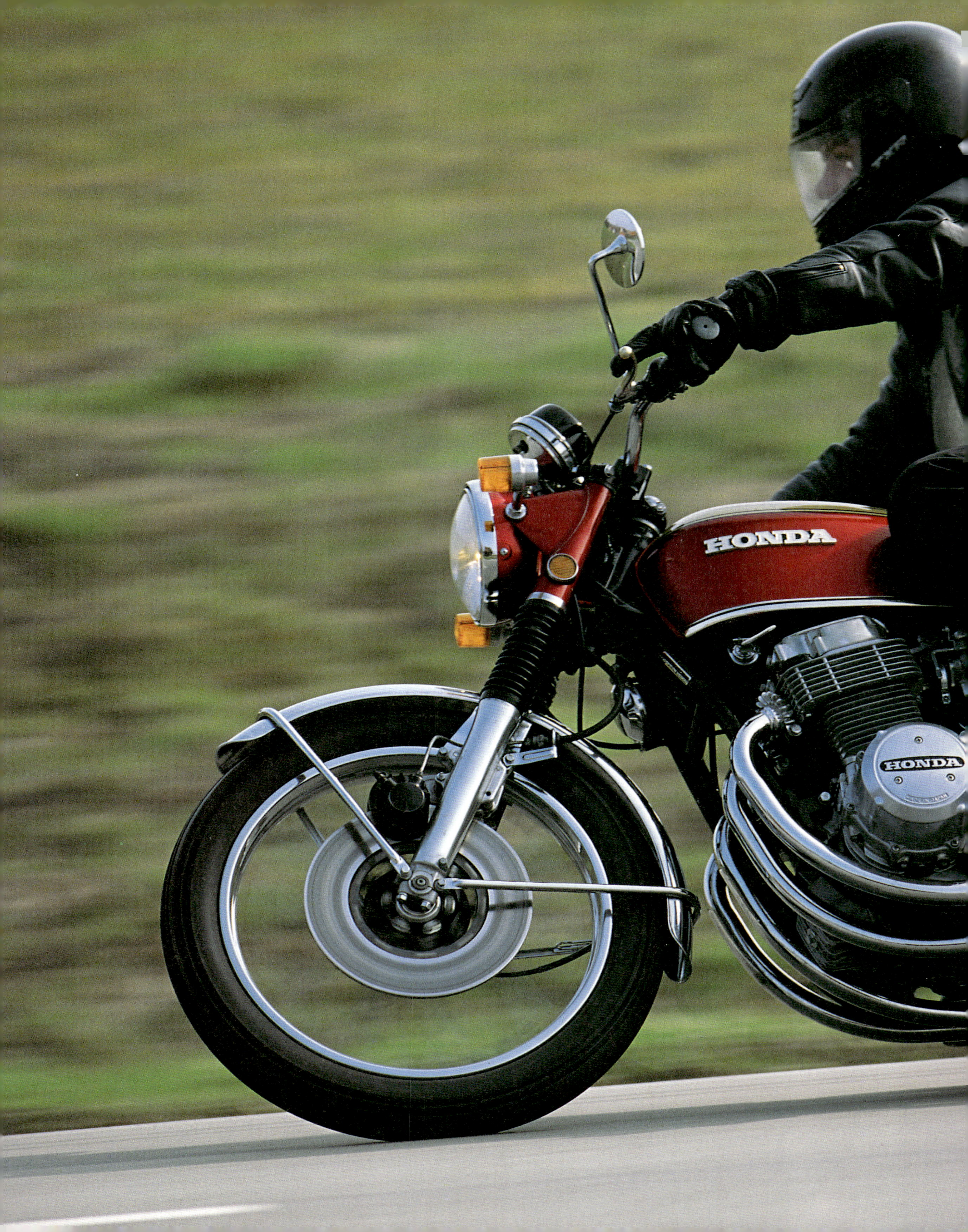
HONDA
HONDA

Honda CB 750 K1

FOUR-MARSCH

FOUR-MARSCH

Mit der CB 750 läutete der japanische Motorrad-Gigant Honda 1969 eine neue Epoche im Motorradbau ein. Heute gilt die 750er Honda als Vorreiter für Generationen von Vierzylinder-Maschinen.

Einer der Tests von »Klacks« Ernst Leverkus, auf die die Motorradfans wohl am meisten gewartet hatten, war zweifellos derjenige über die Honda CB 750 K0 von 1969. 736 Kubikzentimeter Hubraum, verteilt auf vier Zylinder und annähernd 200 km/h Höchstgeschwindigkeit zum Preis von circa 6500 Mark – das stellte zweifellos einen Meilenstein in der Motorradgeschichte dar, der Appetit machte.

Das Herzstück, nämlich der Motor der Honda CB 750, leistete 67 PS bei 8000 Umdrehungen pro Minute und sollte später in seinen Grundfesten noch für zahlreiche weiterentwickelte CB 750-Modelle gut sein. Bis zum Jahr 1978 folgten etliche modellgepflegte Varianten, und die 67 beziehungsweise 73 PS starke CB 750 K7 beziehungsweise CB 750 F2 markierten schließlich den Schlusspunkt dieser grandiosen Entwicklung.

CB 750, die Zweite: Mit der CB 750 K1 setzte Honda die neue Ära im Motorradbau fort. Vier Zylinder, 67 PS und fast 200 km/h Höchstgeschwindigkeit waren seinerzeit wahre Superlative.

Zehn Jahre diente der 750er-Vierzylinder also als Basis für allesamt populäre Maschinen, und gleichsam läutete er als erste japanische Großserienmaschine mit Vierzylinder-Triebwerk eine völlig neue Ära im Motorradbau ein. Kawasaki, Suzuki, Yamaha – alle folgten sie Jahre später dem Vorbild von Honda und brachten eigene Konstruktionen auf den Markt, die sich aber allesamt an der CB 750 orientierten und sich schließlich auch an ihr zu messen hatten.

Was Jahre später aus der Motorradwelt nicht mehr wegzudenken war, sorgte 1969 freilich für eine Woge der Begeisterung. Schnell war die Honda und zudem beschleunigte sie gewaltig, ohne jedoch fahrwerksseitig völlig hinterherzuhinken. Mit sauber abgestimmten Federelementen, einer Teleskopgabel vorne sowie zwei Federbeinen hinten, vermochte sie auch auf welliger Fahrbahn die Speichenräder

Sauber restauriert: Auch diese Maschine stammt aus der Privat-Sammlung von Roland Eckert und präsentiert sich technisch wie optisch in absolut makellosem Zustand.

sicher am Boden zu halten. Lediglich der geringe Federweg hinten gab in Punkto Komfort etwas Anlass zur Kritik. Den 67 PS weitgehend gewachsen zeigte sich auch der kräftig dimensionierte Doppelschleifen-Rohrrahmen aus Stahl.

Was seinerzeit als grosses, mächtiges Motorrad empfunden wurde, wirkt heute, im Zeitalter vollverkleideter Supersportler, hingegen eher als sehr kleines, zierliches Motorrad. Ein kurzer, schmaler Tank und die ebenfalls schmale Zylinderbank lassen die 750er fast schon filigran wirken.

Der Fahreindruck vermittelt hingegen ein zwie-

Asymmetrisch: Auf der linken Seite (im Bild rechts) baut der OHC-Vierzylinder ausnehmend breit, bedingt durch die weit ausladende Lichtmaschine.

spältiges Erlebnis. Mit sanftem Nachdruck und weitgehend vibrationsarm dreht der Vierzylinder schon knapp oberhalb der Standgasdrehzahl hoch, ohne jedoch bis zum Erreichen des roten Bereiches auf dem Drehzahlmesser besonders deftigen Schub zu erzeugen. Seine Stärke liegt zweifellos in der sauberen Abstimmung, die ein sensibles Dosieren der Leistung erlaubt, sowie in den hervorragenden Durchzugsqualitäten, die auch schaltfaules Fahren im großen Gang erlaubt.

Für sportliche Umtriebe will der Vierzylinder freilich schon im Bereich zwischen 5000 und 8500/min bewegt werden, soll es schnell vorangehen. Dabei schränkt die in Kurven aufsetzende Vier-in-Vier-Auspuffanlage allzu flottes Treiben allerdings ein. Noch früher begrenzen im Zwei-Personen-Betrieb die weit aussen an den Endschalldämpfern angebrachten Sozius-Fußrasten die mögliche Schräglage.

Was seinerzeit – wie die Bremsanlage – als Steigerung gegenüber dem bisherigen Standard empfunden wurde, kann in unseren Tagen freilich kaum mehr befriedigen. Besonders die vordere Einzelscheibenbremse vermag der gebotenen Fahrdynamik nur bei vorausschauender Fahrweise adäquat Einhalt zu gebieten, und deshalb erscheint es auch nur einleuchtend, dass Honda selbst den Kunden für die CB 750 eine zweite Scheibenbremse zur Nachrüstung anbot.

Wenngleich Schwachpunkte wie dieser auch die Freude mit der CB 750 minimal trübten, so begeisterte die Vierzylindermaschine aber vor allem mit einem: Zuverlässigkeit. 100.000 Kilometer und mehr spulte so mancher CB 750-Fahrer ab, ohne in dieser Zeit irgendwelche außerplanmäßigen Reparaturen vornehmen zu müssen. Auch den Autor dieses Buches zog die CB 750 in ihren Bann – sie war sein erstes »richtiges« Motorrad, und im Verlauf der Jahre nahm er zahlreiche Kilometer auf einer CB 750 K2 sowie einer CB 750 F2 unter die Räder. Schmuckstück seiner privaten Sammlung ist eine Honda CB

750 des Baujahres 1971 in sportlichem Trimm – für forsche Rennstreckenfahrten von keinem Geringeren als Roland Eckert präpariert. Das zeigt, dass die CB 750 auch über Sporttalente verfügte, die nur hervorgelockt zu werden brauchten. Schon kurz nach ihrem Erscheinen machten sich deshalb nicht nur findige Spezialisten ans Tuning der CB 750, sondern sogar das Werk selbst. Mit einem Production Racer namens CR 750 startete Honda gar beim 200 Meilen-Rennen in Daytona – und gewann. In der Folge diente das 750er Triebwerk außerdem als vortreffliche Basis für mehr als 100 PS starke Langstrecken-Rennmaschinen, die zahlreiche Sport-Erfolge einfuhren, und 1976 diente der Vierzylinder gar als technische Grundlage für die Honda-Werksmaschine RCB, mit der der japanische Gigant nach jahrelanger Abstinenz wieder werksseitig in die Arenen des Motorradrennsports zurückkehrte. Doch das ist eine eigene Geschichte.

Tonangebend: Die Schalldämpfer der Vier-in-Vier-Anlage entlassen einen überaus sonoren Klang ins Freie. Die Montage der Sozius-Fußrasten steht großen Schräglagen im Wege.

Honda CB 750 K1

Motor
Bauart	4-Takt/Reihe
Zylinderzahl	4
Ventile je Brennraum	2
Ventiltrieb	OHC
Bohrung in mm	61
Hub in mm	63
Hubraum in cm3	736
Verdichtung	9,0:1
Leistung in PS/Nenndrehzahl in 1/min	67/8000

Gemischaufbereitung
Bauart/Anzahl	Rundschieber-Vergaser/4
Hersteller	Keihin
Venturi-Durchmesser in mm	28

Kraftübertragung
Getriebe/Anzahl Gänge	Klauen/5
Gesamtübersetzungen	
1. Gang	14,0
2. Gang	9,75
3. Gang	7,47
4. Gang	6,25
5. Gang	5,26
Sekundärantrieb	Rollenkette

Elektrische Anlage
Generatorleistung in Watt	210
Betriebsspannung in Volt	12
Zündung	Batterie-Spulen-Zündung

Fahrwerk
Rahmenbauart	Doppelschleifen-Rohrrahmen aus Stahl
Radführung vorne	Telegabel
Federweg vorne in mm	143
Radführung hinten/Federbeine	Schwinge/2
Federweg hinten in mm	85
Radstand in mm	1455

Räder und Bremsen
Felgengröße vorne	1.85" x 19"
Felgengröße hinten	2.15" x 18"
Bereifung vorne	3.25-19
Bereifung hinten	4.00-18
Bremse vorne/Durchmesser in mm	Einzelscheibe/260
Bremse hinten/Durchmesser in mm	Trommel/180

Maße und Gewichte
Länge in mm	2160
Breite in mm	885
Höhe in mm	1155
Sitzhöhe in mm	795
Gewicht in kg	218 (vollgetankt)
Tankinhalt in Litern	19

Fahrleistungen
Höchstgeschwindigkeit langliegend in km/h	197 (Messung)
Preis	6.500.- Mark (1969)

Honda CBX
Super Sport

SECHS AUF RÄDERN

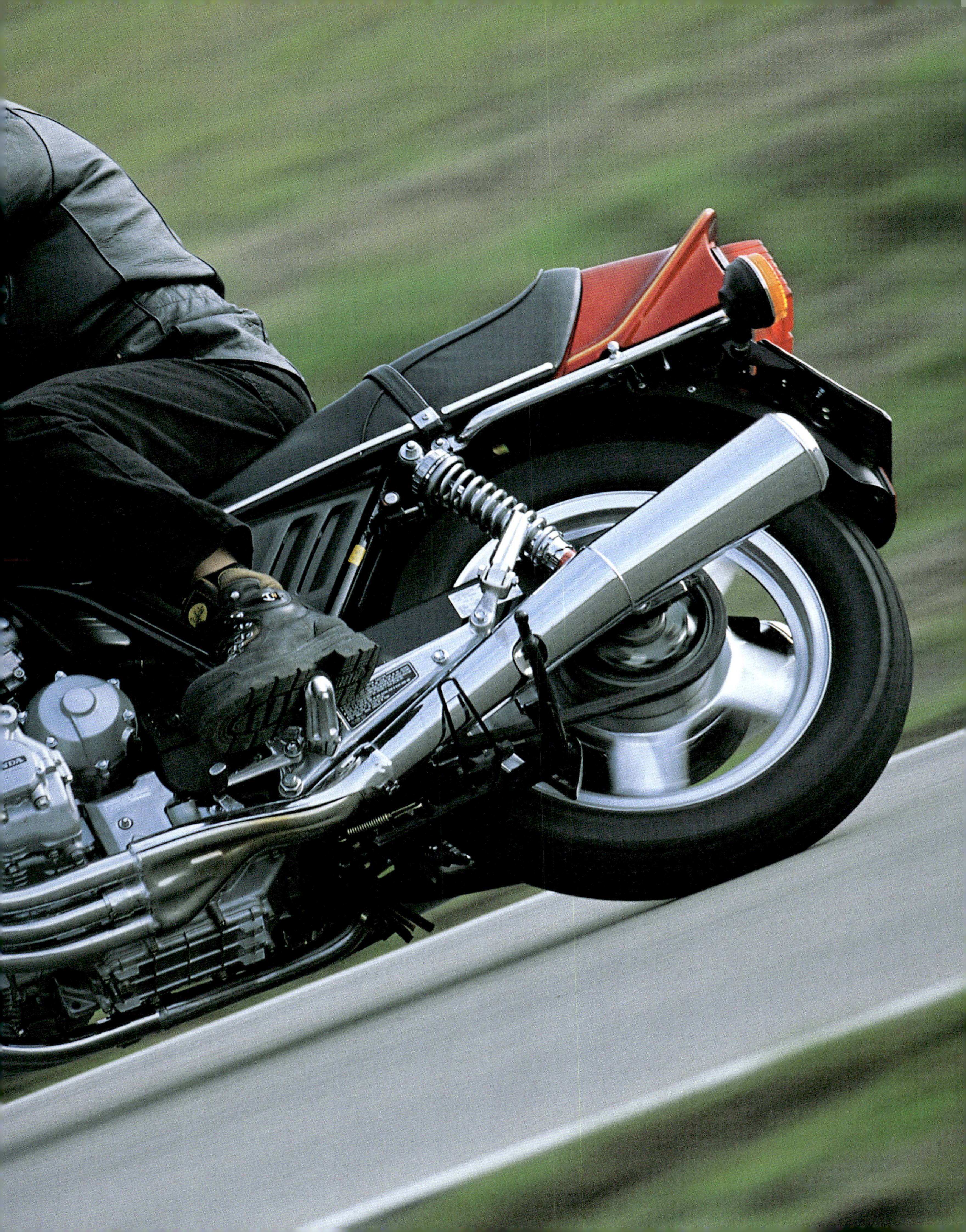

SECHS AUF RÄDERN

Mit 1000 Kubikzentimeter Hubraum, sechs Zylindern und 105 PS wurde die Honda CBX 1978 zum Traum leistungssüchtiger Motorradfahrer.

Wir wollten ein Motorrad bauen wie eine Rennmaschine; dazu komfortabel und leicht kontrollierbar.« So äußerte sich Honda-Chefkonstrukteur Hiroshi Kameyama Anfang 1978 über die Ziele bei der Entwicklung der Honda CBX Super Sport. »Für mich ist sie eher ein Motor mit zwei Transporträdern«, äußert sich hingegen Roland Eckert, Honda-Experte und Besitzer einer der allererten CBX mit sage und schreibe erst 789 Kilometern auf der Uhr. Die ersten Fahreindrücke der Motorradtester offenbarten vor mehr als 20 Jahren in der Tat einen eher mäßigen Zielerreichungsgrad der brandneuen Wunderwaffe, und daran hat sich auch heute nichts geändert. Mit 595 Millimetern Baubreite und der einteiligen geschmiedeten Kurbelwelle besticht die CBX durch ein ausgeprägtes Beharrungsvermögen in Wechselkurven. Einmal in Schräglage eingelenkt, was erstaunlich leicht vonstatten geht, braucht die vollgetankt 274 Kilogramm schwere Honda CBX

Groß und mächtig: Der gewaltige Motor erforderte in der Gesamtheit ein sehr großes Motorrad. 274 Kilogramm Gewicht, vollgetankt, treffen schliesslich auf 105 PS Leistung.

durchaus eine starke Hand, um wieder aufgerichtet zu werden.

In schnellen Kurven und im Bereich der Höchstgeschwindigkeit von knapp 220 km/h offenbart die CBX obendrein gewisse Stabilitätsprobleme und ärgert den Fahrer mit leichtem Pendeln. Abhilfe schafft es, den Oberkörper möglichst weit nach vorne zu verlagern, mit den Oberschenkeln festen Knieschluß am 24 Liter-Tank zu suchen und den Lenker dabei möglichst locker zu halten.

Wenngleich das Resümee zum Thema Fahrstabilität eher ernüchternd ausfällt, weiß die CBX in anderen Punkten nicht nur zu gefallen, sondern wie kaum ein anderes Motorrad sogar zu begeistern.

So weist der Motor beispielsweise verwandtschaftliche Merkmale mit dem legendären Rennsechszylinder der RC 166 auf. Wie beim Grand Prix-Renner aus den sechziger Jahren übernehmen auch hier vier Ventile – von zwei obenliegenden Nockenwellen betätigt – den Gaswechsel pro Brennraum.

Mit sechs 28 Millimeter-Vergasern mit Frischgas versorgt, entwickelt die CBX schließlich 105 PS Spitzenleistung bei 9000 Umdrehungen pro Minute, verwöhnt mit vibrationsfreiem Lauf und umschmeichelt

Schmuckstück:
Der wunderschön gezeichnete Sechszylinder-Motor mit seinen beiden obenliegenden Nockenwellen dominiert das Äussere der CBX ganz und gar. Bei seiner Konstruktion nahm Honda Anleihen an den berühmten Rennmaschinen vergangener Tage.

Moderne Zeiten:
Verglichen mit der CB 750 dokumentiert sich der Fortschritt im Design auch in den neu gestalteten Instrumenten.

SECHS AUF RÄDERN

das Ohr des Fahrers mit einem Sound, wie
ihn eben nur ein Reihensechszylinder liefern kann.
Heiser brabbelt er im Standgas vor sich hin, und beherzte Drehs am Gasgriff beantwortet er sofort mit einem aggressiven jedoch nie aufdringlichen Fauchen. Kurzum: Der Ton der Honda CBX ist feine Musik und macht Lust auf mehr.

So überstrahlt denn der sämige Sechszylinder im Fahrbetrieb auch völlig die fahrwerksseitigen Unzulänglichkeiten. Bereits ab 2000/min können die Drosselklappen voll aufgezogen werden, und gleichmäßig beschleunigt die CBX. Ab 5000/min weht dann ein kräftigerer Wind, und im Bereich von 6500 bis 9500/min, wo der rote Bereich beginnt, brennt das 1047 cm³ große Sahnestück japanischer Motorenbaukunst ein Leistungsfeuerwerk ab, wie es

»Motor mit zwei Transporträdern«:
So nennt Roland Eckert seine CBX gerne.
Aus dieser Perspektive erschließt sich in etwa,
warum. Der Sechszylinder dominiert.

Power-orientierte Motorradfahrer 1978 sonst im Markt der Großserienmaschinen weitgehend vergeblich suchten.

Selbst unter heutigen Maßstäben betrachtet, findet die CBX damit einen wie damals konkurrenzlosen Platz in der Motorradlandschaft. Wer sich nämlich mit den Unzulänglichkeiten des Chassis bei vehementer Gangart abfindet, fährt mit der CBX auf einem ganz besonderen Genießer-Trip.
Sonntagmorgens, wenn die Welt angeblich noch in Ordnung ist, klappen wir das Garagentor hoch,

montieren den Tankrucksack für's Allernötigste, und zu zweit geht's auf eine Tagestour – über Landstraßen, selbstverständlich.

Dortselbst verwöhnt die dicke Honda auch den Hinterbänkler mit sehr gutem Komfort, und längere Etappen geraten beileibe nicht zum Stress. Aufrecht und bequem ist die Besatzung untergebracht, der Sechszylinder schnurrt wie ein artig dressiertes Raubkätzchen, und bei Bedarf schnupft die CBX auch längere Geraden mit respektabler Beschleunigung im Nu auf.

Wenngleich die extrem sportliche Gangart einen versierten Piloten voraussetzt, gibt sich die CBX bei der Qualität der Fahrwerks- und Bremsenelemente keine Blöße. Feinfühlig sprechen Telegabel und Federbeine an, und die aus der Honda CB 750 F2 übernommenen Verzögerer gebieten der möglichen Fahrdynamik zuverlässig und ohne allzu starkes Nachlassen Einhalt.

Ein kostengünstiger Spaß hingegen war und ist CBX-Fahren nie. Wird der volle Bumms des Reihensechszylinders gefordert, fließen schon mal 12 Liter oder auch etwas mehr durch die sechs Gleichdruckvergaser, und die 24 via Tassenstößel betätigten Ventile verlangen alle 6 000 Kilometer nach einer minutiösen Spiel-Korrektur.

Doch was soll's. CBX-Fahren hatte stets etwas besonderes – und das darf bekanntlich auch etwas teurer sein. Aus diesem Grund werden gebrauchte CBX der ersten Jahrgänge heutzutage auch nicht zu Schleuderpreisen feilgeboten. Gepflegte Exemplare liegen in aller Regel jenseits der 5.000 Euro-Grenze. Und eine Kaufüberlegung ist die CBX nicht nur aus Sammlergründen wert. Irgendwie erinnert sie – nicht nur ihres Motorsounds wegen – an den Porsche 911. Auch der lebt vom Flair seines charakterstarken Sechszylinders – und benimmt sich im Grenzbereich ebenfalls kapriziös. Und dennoch ist er der Traum von vielen – wie die CBX.

Honda CBX 1000

Motor
Bauart	4-Takt/Reihe
Zylinderzahl	6
Ventile je Brennraum	4
Ventiltrieb	DOHC
Bohrung in mm	64,5
Hub in mm	53,4
Hubraum in cm3	1047
Verdichtung	9,3:1
Leistung in PS/Nenndrehzahl in 1/min	105/9000

Gemischaufbereitung
Bauart/Anzahl	Gleichdruck-Vergaser/6
Hersteller	Keihin
Venturi-Durchmesser in mm	28

Kraftübertragung
Getriebe/Anzahl Gänge	Klauen/5
Primärübersetzung	2,269
1. Gang	2,438
2. Gang	1,750
3. Gang	1,391
4. Gang	1,200
5. Gang	1,037
Sekundärübersetzung	2,333
Sekundärantrieb	Kette

Elektrische Anlage
Generatorleistung in Watt	230
Betriebsspannung in Volt	12
Zündung	Batterie-Spulen-Zündung

Fahrwerk
Rahmenbauart	Unten offener Stahlrohrrahmen mit Motor als tragendem Element
Radführung vorne	Showa-Telegabel
Federweg vorne in mm	160
Radführung hinten/Federbeine	Schwinge/2 Showa
Federweg hinten in mm	100
Radstand in mm	1495

Räder und Bremsen
Felgengröße vorne	2.15" x 19"
Felgengröße hinten	2.50" x 18"
Bereifung vorne	3.50-19
Bereifung hinten	4.25-18
Bremse vorne/Durchmesser in mm	Doppelscheibe/280
Bremse hinten/Durchmesser in mm	Einzelscheibe/300

Maße und Gewichte
Länge in mm	2240
Breite in mm	740
Höhe in mm	1380
Sitzhöhe in mm	780
Gewicht in kg	274 (vollgetankt)
Tankinhalt in Litern	23,8

Fahrleistungen
Höchstgeschwindigkeit langliegend in km/h	219,1 (Messung)
Preis	10.300 Mark (1978)

Kawasaki Z 900

LADY FRANKENSTEIN

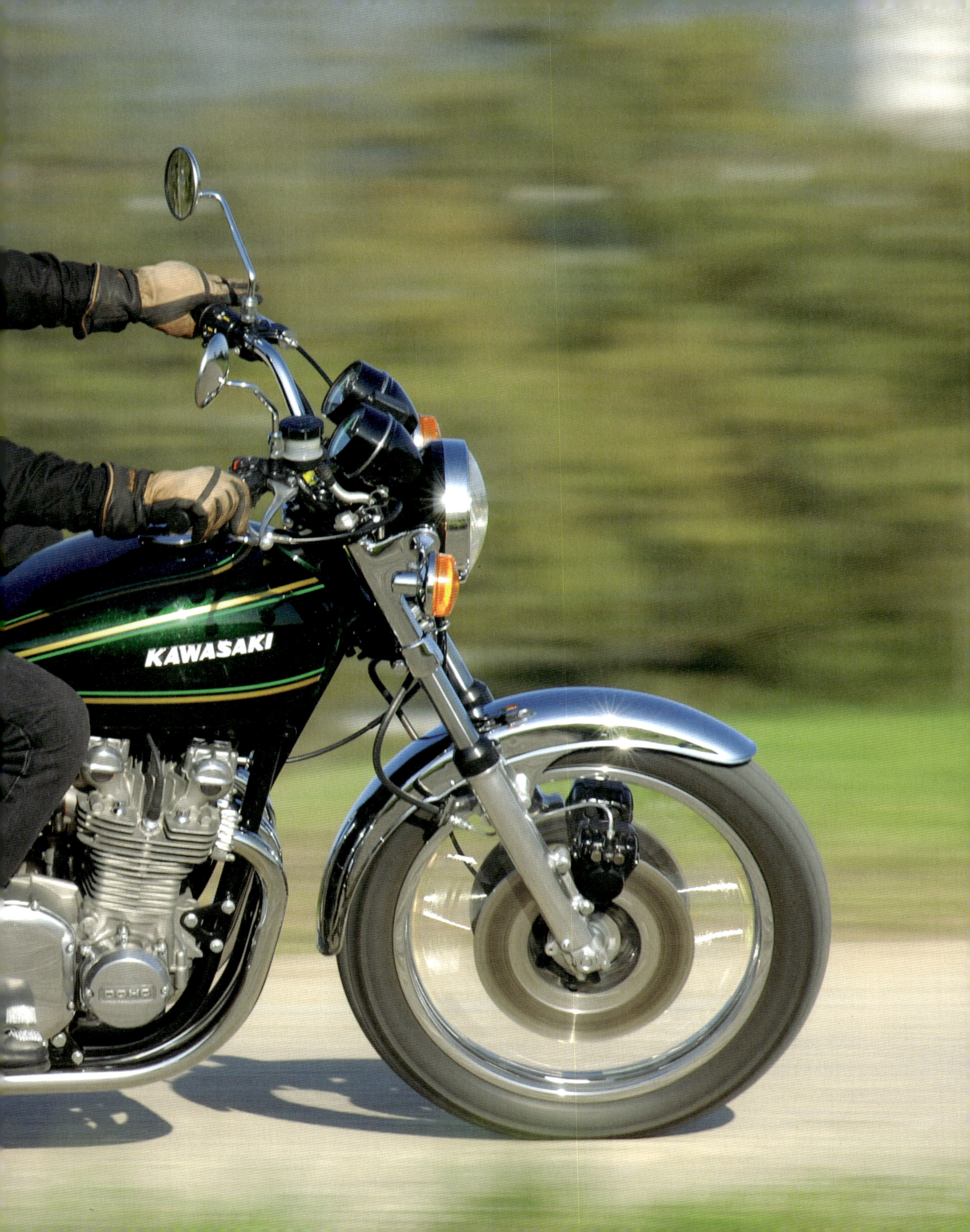
KAWASAKI

LADY FRANKENSTEIN

Die 70er-Jahre brachten bisweilen nicht nur Kritik einheimsende Motorräder, sondern auch fragwürdige Kinostreifen hervor. In jener Zeit zementierte ein in Anlehnung an den Film um »Frankensteins Tochter« betitelter Testbericht den Ruf der Kawasaki Z 900 als schwer zu bändigendes Monster auf zwei Rädern. Horror-Fiktion oder Tatsache? Der Autor ging dem Spuk auf den Grund.

Unter der Bezeichnung Z1 präsentiert Kawasaki, der kleinste der vier japanischen und zu dieser Zeit noch als Zweitaktspezialist geltende Hersteller, auf der IFMA 1972 in Köln ein Motorrad mit luftgekühltem Reihenvierzylinder, zwei oben liegenden Nockenwellen und sagenhaften 79 PS Leistung. Hondas CB 750 wird quasi über Nacht in den Schatten gestellt – nicht zuletzt deshalb, weil Kawasaki vollmundig eine Höchstgeschwindigkeit von mehr als 200 km/h verspricht und die Maschine zum günstigen Preis von 7200 Mark anbietet.

In den folgenden Monaten nach diesem Paukenschlag überschlagen sich die Ereignisse – vor allem in der Fachpresse. Von unbändiger Leistung, aber auch einem grauenvollen Fahrverhalten ist die Rede. Will-

Saubere Arbeit: Wolfgang Münzing widmete sich akribisch der Restaurierung seiner Z 900. Das Ergebnis verdient das Prädikat »besser als neu«.

kommener Anlass für Fahrwerksspezialisten wie den Schweizer Fritz W. Egli, dem bärenstarken Vierzylinder-Triebwerk mittels adäquatem Chassis die Umsetzung der reichlich vorhandenen Leistung in entsprechende Fahrdynamik zu ermöglichen. Doch nicht nur die Tuningszene, sondern auch Kawasaki selbst erkennt die Schwachpunkte der Z1 und bessert vier Jahre später massiv nach.

Als 1976 mit der Z 900 das Nachfolgemodell der Z1 auf den Markt kommt, titelt der damalige MOTORAD-Redakteur Franz-Josef Schermer in bester Boulevard-Manier mit »Frankensteins Tochter« – in Anlehnung an den Horrorstreifen „Lady Frankenstein" aus dem Jahr 1971. Die Handlung des mit kleinem Budget produzierten italienischen Films von Regisseur Mel Welles ist einfach gestrickt und bedient sich üblicher Strickmuster des Genres. Der Wissenschaftler Baron von Frankenstein forscht seit rund 20 Jahren an der Erschaffung künstlicher Wesen, die er aus Leichenteilen zusammensetzt. Doch bei der Verpflanzung des Gehirns wird der Hypothalamus und damit das Steuerzentrum des vegetativen Nervensystems beschädigt, und die animierte Kreatur wird zum mordenden Monster, dem schließlich sein Schöpfer, Baron von Frankenstein, selbst zum Opfer fällt. Dessen Tochter Lady Tania von Frankenstein, eine frisch examinierte Chirurgin, will den Tod des Vaters rächen und erschafft selbst ein Monster. Der Plan gelingt zwar, und Lady Frankensteins Kreatur bringt die mordende Bestie um, aber am Ende fällt die junge Ärztin dann ihrer eigenen Schöpfung zum Opfer.

Sie merken schon, ganz so einfach lässt sich die Handlung des Streifens nicht auf die Kawasaki Z 900 und ihre Vorgängerin Z1 übertragen, und wohl auch deshalb findet sich in Schermers damaligem Testbericht keinerlei weiterer Bezug zum Film.

Dass die vom damals zuständigen Grafiker kreierte Überschrift dennoch eine gewisse Berechtigung erfährt, untermauert der Autor mit den Testerfahrungen, die er mit der neuen Kawasaki sammelt.

Mit einem deutlich verbesserten Fahrverhalten rächt die Z 900 (Frankensteins Tochter) die zu Grabe getragene Z1 (Baron Frankenstein) in der Tat, und jede Menge kleine und große technische Eingriffe sind dabei behilflich. So sorgen Rahmenrohre mit nun 2,3 anstatt bisher 1,8 Millimetern Wandstärke für einen insgesamt steiferen Rahmen, und ein üppiger bemessenes Knotenblech am Lenkkopf soll den Verwindungen ebenfalls entgegenwirken. Im Dauerbetrieb bei der Z1 häufig aufgetretene Risse an den Schweißnähten des Knotenblechs im Bereich des unteren Steuerkopflagers sollten mit dieser Modifikation nun außerdem der Vergangenheit angehören. Eine augenfällige Änderung betrifft dagegen die vordere Bremsan-

Druckvoll: Stramme 81 PS kredenzt der 903 ccm große, mit zwei obenliegenden Nockenwellen ausgestattete Vierzylinder.

lage. Verfügte die Z1 bisher nur über eine Einzelscheibenbremse, die sich von 1974 an zur Doppelscheibe aufrüsten ließ, setzt die neue Z 900 nun von Hause aus auf zwei 296 Millimeter durchmessende Bremsscheiben. Die Anlage gefällt im Fahrbetrieb mit guter Dosierbarkeit und einer für ein derart starkes Motorrad angemessenen Bremsleistung. Gleichfalls auf den ersten Blick erkennbar ist auch die neue Teleskopgabel mit 140 Millimetern Federweg, die ihren Dienst ordentlich, jedoch immer noch nicht perfekt verrichtet. Bügelt sie wellige Pisten einigermaßen souverän glatt, hapert es hingegen mit der Absorption kurzer Stöße, wie sie etwa von Querfugen auf der Autobahn produziert werden.

Nichts hat sich gegenüber der Z1 indes bei den hinteren Federbeinen geändert. Nach wie vor ist deren Federrate zu hart und sie sind viel zu lasch gedämpft, und so macht auch diesmal schnell die Empfehlung die Runde, doch lieber gleich auf die bewährten Konis umzurüsten. Ein guter Tipp, auch heute noch.

Unterm Strich zeigen der verstärkte Rahmen, die neue Gabel sowie die aufgerüstete Bremsanlage aber dennoch deutliche Wirkung. Geriet die Z1 auf Bodenwellen oder unter provozierten Lastwechseln in Schräglage mitunter gewaltig ins Schlingern, zeigt sich die Z 900 diesbezüglich deutlich manierlicher. Lediglich heftige Bremsmanöver in Schräglage bei rund 160 km/h quittiert auch die Z 900 mit Verwindungen, doch längst nicht in solchem Maße, wie sie von der Z1 bekannt waren.

Doch nicht nur am Chassis legten die Kawasaki-Ingenieure kräftig Hand an. Auch der Antriebsstrang der Z 900 präsentiert sich überarbeitet. So verfügt der rollengelagerte Vierzylinder nun über eine verbesserte Zylinderkopfdichtung. Zudem übernehmen nun vier Keihin-Schiebervergaser mit 26 anstatt bisher 28 Millimeter Durchlass die Gemischaufbereitung, und die Verbindung zwischen Vergasern und Luftfilterkasten stellen nun trichterförmige Ansauggummis her.

Weitere Modifikationen gegenüber der Z1 betreffen den Auslasstrakt. So kommen an der traumhaft schönen 4-in-4-Anlage nun andere Dämpfereinsätze zum Einsatz, die einerseits das Geräuschniveau etwas absenken und durch den höheren Abgasgegendruck andererseits dem Drehmoment zu Gute kommen.

Lieferte die Z1 bisher 79 PS Spitzenleistung, sind es – zumindest im Falle der aus England stammenden Testmaschine – nun 81 PS, die nicht nur laut KFZ-Schein, sondern auch laut Prüfstandsprotokoll generiert werden.

Im Fahrbetrieb gefällt der so überarbeitete Antrieb in der Tat mit noch nachdrücklicherem Antritt im unteren und mittleren Drehzahlbereich, und mit einer Beschleunigungszeit von gemessenen 3,5 Sekunden für den Sprint von null auf 100 km/h markiert die Z 900 einen bisher nicht gekannten Wert. Gewaltige 217,2 km/h Höchstgeschwindigkeit sind zudem nicht nur ein Wort, sondern machen die Z 900 gleichzeitig zum schnellsten Großserienmotorrad ihrer Zeit.

Bei aller Faszination und Qualität, welche die neue Z 900 1976 bietet, bleiben aber doch einige bereits von der Z1 bekannte Kritikpunkte bestehen. So kreiden die Tester der 900er eine zu kurz geratene Sitzbank, den mit 16,5 Litern zu kleinen Tank sowie das schwache Licht und schlechtes Kaltlaufverhalten an. Ist der Motor noch nicht warm, vermag das Gemisch und damit die Leerlaufdrehzahl über den kleinen Chokehebel nur unzureichend justiert zu werden. Außerdem missfällt das Z 900-Triebwerk auch in warm gefahrenem Zustand durch ein wenig stabiles Leerlaufverhalten, weshalb manche Z 900-Besitzer ihre Maschine später auf die ebenfalls 26 Millimeter großen, jedoch besser funktionierenden Vergaser der Z 1000 umrüsten.

Einhellig gelobt werden dagegen die antriebsseitigen Änderungen. Der Z 900-Motor besticht mit noch besserer Gasannahme, und der Tester nimmt gar das Wort »Rennmotor« in den Mund. Mit viel Dampf tritt er bereits im Drehzahlkeller an, wird in der Mitte richtig kräftig, um dann, bis hinauf zur 9000/min-Markierung des Drehzahlmessers ein fulminantes Leistungsfeuerwerk abzubrennen. Als »zweiten Hauch des Gruselns« benennt es der offenbar tief beeindruckte Autor vor dem Hintergrund seiner damaligen Erfahrungen.

Die verbesserte Nutzung im alltäglichen Betrieb stand seinerzeit ganz oben im Lastenheft der Kawasaki-Ingenieure, und so nahm es nicht Wunder, dass gerade auch der in jener Zeit pflegeintensive Sekundärantrieb eine umfangreiche Überarbeitung erfuhr. Wie bereits beim 1975er-Baujahr der Z1 kommt im Falle der Z 900 nun aber eine neue Technik zum Einsatz. Zwar wird die große Kettenteilung beibehalten, doch »zwischen Außen- und Innenlasche liegt nun ein Gummiring, der die Reibung von Stahl auf Stahl unterbinden und den Austritt des Schmiermittels verhindern soll«, wie es der Autor bedeutungsvoll beschreibt. Während wir diesen kleinen technischen Exkurs heute eher achselzuckend kommentieren, kommt besagter Konstruktion von 1976 indes tatsächlich weitreichende Bedeutung zu, denn die heute nicht mehr wegzudenkende O-Ring-Kette war geboren.

Doch trotz dieser und der vielen anderen Änderungen ist der 8500 Mark teuren Z 900 nur ein kurzes Gastspiel auf dem Motorradmarkt beschieden. Bereits im Herbst 1976 wird auf der IFMA die neue Kawasaki Z 1000 vorgestellt und mit ihr eine Maschine, die alles nochmals etwas besser kann. Spätestens bei ihr haben sich die Tester dann an 80 und mehr PS Leistung gewöhnt und verzichten bei ihrer journalistischen Arbeit auf die bis dahin beliebten Horrorszenarien à la Frankenstein.

Tonangebend: Der 4-in-4-Anlage der Z 900 entweicht ein bassiger, kraftvoller Sound.

Kawasaki Z 900

Motor
Bauart	4-Takt/ Reihe
Zylinderzahl	4
Ventile je Brennraum	2
Ventiltrieb	DOHC
Bohrung in mm	66
Hub in mm	66
Hubraum in cm³	903
Verdichtung	8,5:1
Leistung in PS	60 kW (81 PS) bei 8000/min

Gemischaufbereitung
Bauart/Anzahl	Rundschieber-Vergaser/ 4
Hersteller	Keihin
Venturi-Durchmesser in mm	26

Kraftübertragung
Getriebe/Anzahl Gänge	Klauen/5
Primärübersetzung	1,73
Gesamtübersetzungen	
1. Gang	3,17
2. Gang	2,19
3. Gang	1,67
4. Gang	1,38
5. Gang	1,22
Sekundärübersetzung	2,33
Sekundärantrieb	Rollenkette

Elektrische Anlage
Generatorleistung in Watt	k.A.
Betriebsspannung in Volt	12
Zündung	Batterie-Spulenzündung

Fahrwerk
Rahmenbauart	Doppelschleifenrohrrahmen aus Stahl
Radführung vorne	Telegabel
Federweg vorne in mm	140
Radführung hinten/Federbeine	Schwinge/2
Federweg hinten in mm	80
Radstand in mm	1505

Räder und Bremsen
Felgengröße vorne	1.85-19
Felgengröße hinten	2.15-18
Bereifung vorne	3.25-19
Bereifung hinten	4.00-18
Bremse vorne/Durchmesser in mm	Doppelscheibe/ 296
Bremse hinten/Durchmesser in mm	Simplex/ 200

Maße und Gewichte
Länge in mm	2250
Breite in mm	670
Höhe in mm	1120
Gewicht in kg	256 (vollgetankt)
Tankinhalt in Litern	16,5

Fahrleistungen
Höchstgeschwindigkeit langliegend	217,2 km/h
Preis	8500 Mark (1976)

Laverda 750 SFC

TAGE DES DONNERS

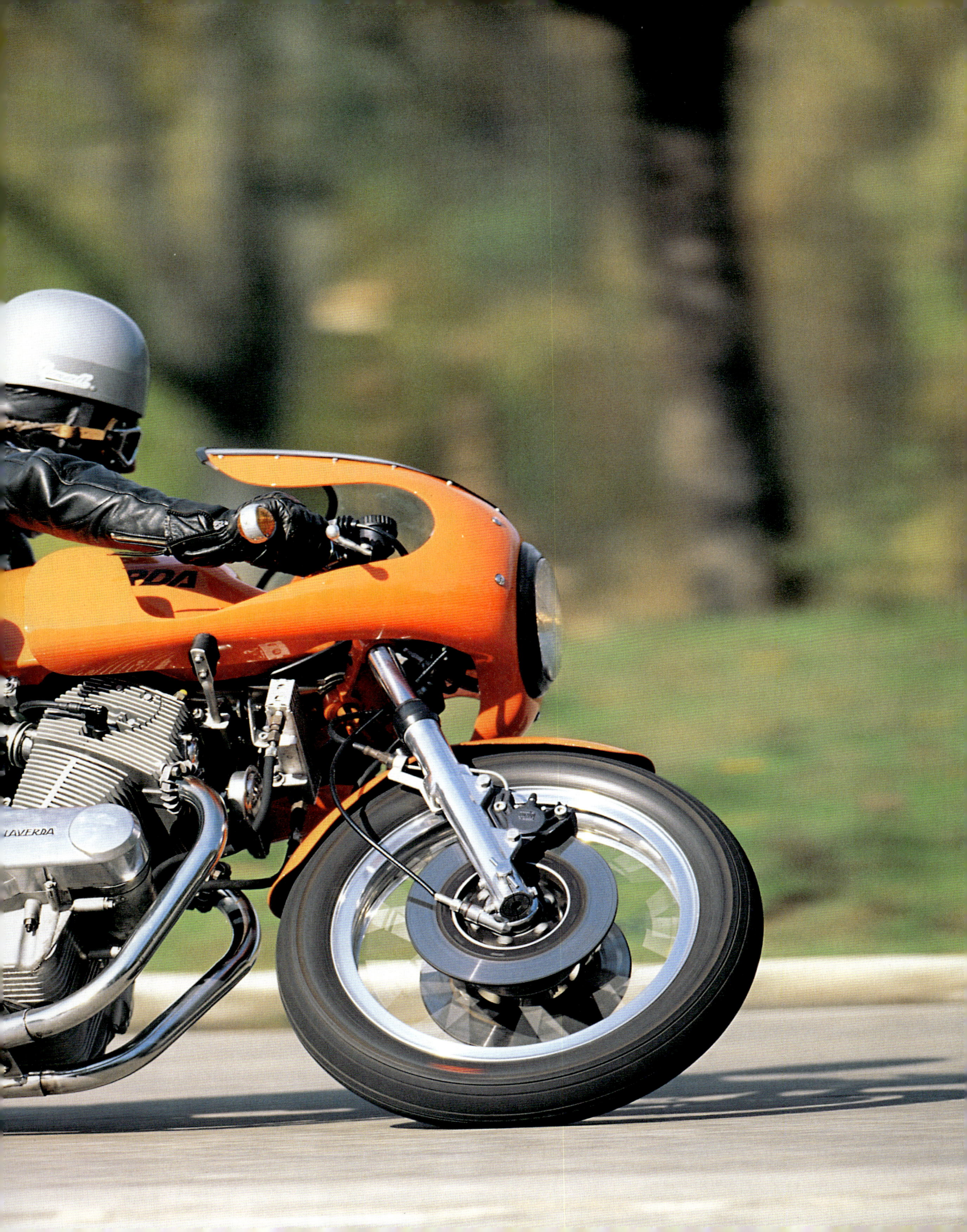
LAVERDA

TAGE DES DONNERS

Mit ihrem Renn-Megaphon ist sie heute der Schrecken jedes Phonmessgerätes – und war vor rund 30 Jahren die Mehrzweckwaffe gegen starke japanische Vierzylinder: Laverdas 750 SFC.

Im Hinblick auf die Fahrdynamik mußten Vierzylinderpiloten Mitte der 70er Jahre so manche Schmach erdulden. Denn obwohl die Kawasaki Z1 mit 79 und wenig später die Z 900 mit 82 PS leistungsmäßig das Maß der Dinge darstellten, war weder in Sachen Topspeed noch beim Kurvenräubern auf der Landstraße irgendein Kraut gegen einen supersportlichen italienischen Zweizylinder vom Schlage einer Laverda 750 SFC gewachsen.
Mit 75 PS Leistung bei 7500/min angegeben, schaffte die in 549 Exemplaren von 1971 bis 1976 gebaute Laverda 750 SFC auf den Papieren stolze 220 km/h und bewegte sich auch in der Realität durchaus im Bereich von 215 bis 220 km/h. Weitaus weniger Gewicht – die Laverda brachte trocken 185 Kilogramm

Rennmaschine mit Straßenzulassung: Die Laverda 750 SFC ist nur notdürftig für den Strassenverkehr zurechtgemacht. Im Grunde ist sie ganz und gar eine Maschine für die Rennstrecke.

auf die Waage – sorgte überdies für spürbar mehr Agilität auf kurvenreichen Landstraßen, als es die dicken japanischen Vierzylinder zu vermitteln vermochten. Last but not least setzte der italienische Twin zu dieser Zeit mit seinem steifen und spurstabilen Fahrwerk auch im Bereich der Höchstgeschwindigkeit eine klare Referenzmarke. Kaum verwunderlich also, daß so gut wie jeder sportlich enthusiasmierte Motorradfahrer ein Auge auf das Kult-Bike aus Breganze warf – und heute noch gerne wirft.

Eine Bereicherung für jedes gepflegte Zweirad-Museum wäre zweifellos das Exemplar von Ulrich Kolb aus dem schwäbischen Oberwälden (bei Göppingen), der die »Electronica«-Version von 1975 mit der elektronischen Bosch-Zündanlage und dem kleineren Zündungsdeckel links am Motorgehäuse seit

Spartanisch:
Ein großer Veglia-Drehzahlmesser und ein kleiner, verschämt angebauter Tachometer. Mehr braucht's im Cockpit der Laverda 750 SFC nicht.

Mega-Sound:
Das Renn-Megaphon ist eines der Erkennungsmerkmale der 750 SFC und vermag die Lebensäusserungen des Zweizylinders nur marginal zu dämpfen.

neun Jahren hegt, pflegt und vor allen Dingen artgerecht bewegt. Davon kann so mancher Fahrer eines neumodischen Plastik-Sportlers ein Lied singen, denn Kolb betrachtet seine SFC als ausgesprochene Fahrmaschine und nicht als heilige Kuh, die es ausgesprochen behutsam über kurvenreiche Landstraßen zu führen gilt. »Wichtig ist mir schon, daß sie auch optisch einwandfrei dasteht, aber die Funktionalität ist doch oberstes Gebot«, stellt der Diplomingenieur fest, der sich beruflich mit Klimaanlagen befasst. Die ursprünglich verbaute Bosch-Zündung ersetzte Kolb übrigens durch eine moderne Digital-Einheit, die Eingriffe in die Zündverstellkurve und damit die optimale Anpassung an das Zweizylinder-Triebwerk erlaubt.

»Geboren« wurde die Laverda 750 SFC 1971. Ange-

TAGE DES DONNERS

sichts zahlreicher Sporterfolge mit dem SF-Zweizylinder – die Breganzesi gewannen ein 24 Stunden-Rennen im holländischen Oss und belegten bei den 24 Stunden-Klassikern Bol d`Or sowie Montjuich jeweils Platz zwei – entschloss sich das Werk, den Laverda-Fans eine Renn-Replica anzubieten, und folgerichtig stand das »C« hinter »SF« für nichts anderes als »Competizione«, also für »Wettbewerb«.

Nach dem Motto »der Ton macht die Musik« verwöhnt die Laverda 750 SFC mit einem bärigen Donnern aus dem Megaphon des nur spärlich schallgedämpften Paralleltwins und flott unterwegs bestätigt sie, was die Tester ihr schon vor rund einem Vierteljahrhundert bescheinigten. Spurstabil und ohne Pendelneigung zieht das italienische Chassis seine Bahn, und es leuchtet postum ein, dass die 750 SFC für Sportfahrer in der damaligen Zeit schon eine gewisse Offenbarung darstellte.

In den Abschnitten mit langsameren Kurven spielt die Laverda ihre guten Handlingqualitäten aus und weiß auch beim Thema Bremsen zu gefallen. »Ich verwende bei der Brembo-Doppelscheibenanlage

Einfach schön:
Die Linienführung der 750 SFC wird vom langen Tank, der kurzen Sitzbank und der winzigen Halbverkleidung dominiert. Das Arrangement gibt aufregende Blicke auf die Technik frei.

die weichen Rennbremsbeläge«, weiß Uli Kolb, und in der Tat brauchen sich die Stopper seiner Italienerin selbst vor heute verbautem Anlagen nicht zu verstecken. Klar definiert der Druckpunkt, fein zu dosieren und kräftig und ohne Nachlassen in der Wirkung – so soll es bei diesem Motorrad sein.

Uli Kolb, die Originalitätsfetischisten mögen es ihm verzeihen, ersetzte in seiner Laverda die 2.15 Zoll breite Hinterradfelge durch ein drei Zoll messendes Akront-Exemplar. »Allerdings in der klassischen Borrani-Form. So fällt`s nicht so arg auf«, wie er betont. Hintergrund ist einfach die bevorzugte Bereifung des Schwaben - er schwört auf den Metzeler ME1, einen Sportreifen, der gerade in der weichen Mischung prächtig für flotte Umtriebe taugt. Überdies widmete Kolb auch den Federelementen viel Aufmerksamkeit. »Ich spiele gerne mit Federn und Ölen, achte auf möglichst geringe Losbrechmomente und suche so nach der perfekten Abstimmung« erzählt er und kann dabei auf einen reichen Erfahrungsschatz bauen. Früher bewegte er die Laverda nämlich hin und wieder erfolgreich bei Clubrennen.

Für die Rennstrecke wurde die Laverda 750 SFC ursprünglich auch gebaut, denn mit ihr kommt der versierte Fahrer recht hurtig durch`s Kurvengeschlängel – auch wenn sich der Fahrer etwa mit einer schwergängigen Kupplung und starken Motor-Vibrationen abfinden muss.

Wer nun Appetit auf diesen raren italienischen Leckerbissen bekommen hat, braucht viel Glück, eine wirkliche Gute zu finden und reichlich Geld, um sie zu bezahlen. Unter 15.000 Euro ist eine 750 SFC im Topzustand heute kaum mehr zu haben.

Laverda 750 SFC

Motor
Bauart	4-Takt/Reihe
Zylinderzahl	2
Ventile je Brennraum	2
Ventiltrieb	OHC
Bohrung in mm	80
Hub in mm	74
Hubraum in cm³	744
Verdichtung	9,8:1
Leistung in PS/Nenndrehzahl in 1/min	75/7500

Gemischaufbereitung
Bauart/Anzahl	Rundschieber-Vergaser/2
Hersteller	Dell'Orto
Venturi-Durchmesser in mm	36

Kraftübertragung
Getriebe/Anzahl Gänge	Klauen/5
Primärübersetzung	2,20
1. Gang	2,214
2. Gang	1,607
3. Gang	1,269
4. Gang	1,083
5. Gang	1,0
Sekundärübersetzung	2,20
Sekundärantrieb	Rollenkette

Elektrische Anlage
Generatorleistung in Watt	150
Betriebsspannung in Volt	12
Zündung	Bosch-HKZ-Thyristor-Zündanlage

Fahrwerk
Rahmenbauart	Doppelrohrrahmen aus Stahl ohne Unterzüge mit Motor als tragendem Element
Radführung vorne	Ceriani-Telegabel
Federweg vorne in mm	140 mm
Radführung hinten/Federbeine	Schwinge/2
Federweg hinten in mm	90
Radstand in mm	1460

Räder und Bremsen
Felgengröße vorne	2.15" x 18"
Felgengröße hinten	3.00" x 18" (2.15" x 18" Serie)
Bereifung vorne	100/90-18
Bereifung hinten	120/80-18
Bremse vorne/Durchmesser in mm	Doppelscheibe/280
Bremse hinten/Durchmesser in mm	Einzelscheibe/280

Maße und Gewichte
Länge in mm	2100
Breite in mm	680
Höhe in mm	1125
Sitzhöhe in mm	750
Gewicht in kg	185 (trocken)
Tankinhalt in Litern	25

Fahrleistungen
Höchstgeschwindigkeit langliegend	215 km/h (Werksangabe)
Preis	1.687.400 Lire (1975)

Morini 3 ½ und 500 V

LEICHT UND SPORTLICH

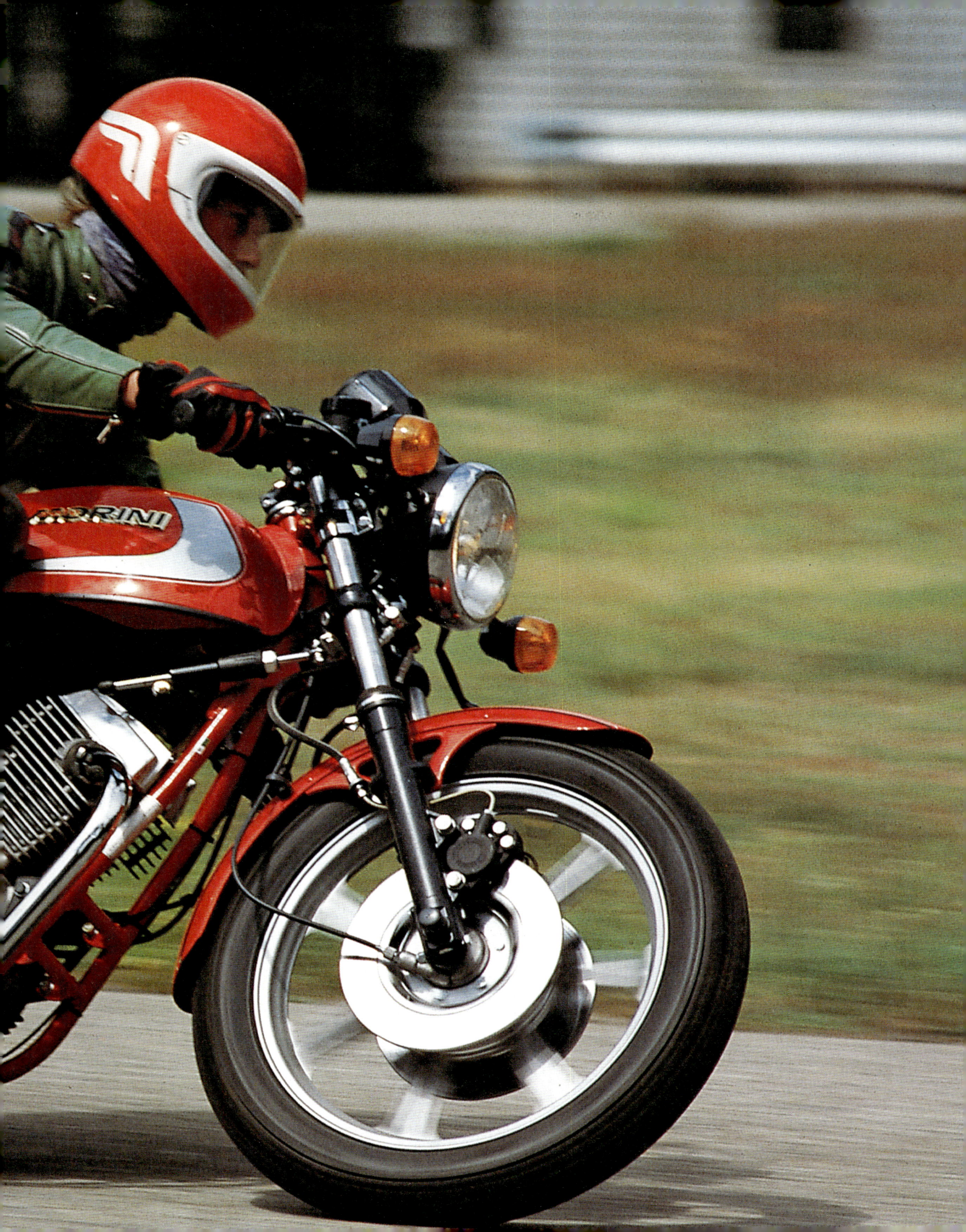

LEICHT UND SPORTLICH

Alberto Morini hatte vor dem Krieg erstklassige Renn-Einzylinder gebaut und mit seinen Production Racern in den 50ern und 60ern zahlreichen Enthusiasten den Weg in den Motorsport geebnet. Die Morini-Modellreihe umfasste zunächst Motorräder bis 250 Kubik, erst zu Beginn der 70er wagte sich in die Marke mit dem neuen V2 in größeren Hubraumklassen vor. In Deutschland stellten sie eine der wenigen Möglichkeiten dar, in der Mittelklasse kein japanisches Produkt zu fahren.

Wie bei den meisten anderen italienischen Marken fehlte es Morini entweder am Geld oder an der notwendigen Professionalität, um ein flächendeckendes Händlernetz aufzubauen. Nach dem Tod von Firmengründer Alberto Morini im Jahr 1969 keimte allerdings Hoffnung auf. Seine Tochter Gabriella übernahm die Leitung und stellte die Weichen für das neue Jahrzehnt: Der traditionsreiche Hersteller stellte Ende 1973 mit der 3 ½ eine 350er vor, die genau in Italiens Zulassungsschema passte: Fahrer, die noch keine 21 Jahre alt waren, durften dort maximal eine 350er bewegen. Ein junger Ingenieur, der bei Ferrari und einem Rennteam in der Motorenentwicklung gewesen war, konstruierte für die neue Morini einen exotischen V2 mit 72 Grad Zylinderwinkel, Heron-Brennräumen (die Brennraummulde im Kolbenbogen sollten für eine bessere Verwirbelung sorgen) und parallel angeordnete Ventile. Der Morini-Twin überzeugte durch Drehmoment und Temperament, zumal die Leistungsangabe von 39 PS (später wurden 35 PS homologiert) ebenso sensationell erschien wie das Trockengewicht von noch nicht einmal 160 Kilo. In Deutschland wurde die Morini ab 1975 vom damaligen Ducati-Importeur Alexander importiert.

Im ersten großen 27-PS-Vergleichstest, den die Zeitschrift MOTORRAD durchführte belegte die Morini einen hervorragenden dritten Platz. Den Verkaufszahlen half das letztlich aber nicht auf die Sprünge, denn eine Morini war mit 5200 Mark (1975) stets eine ganze Stange teurer als die japanische Konkurrenz. In Italien liefen die Geschäfte aber ganz anständig, so dass Morini 1975 beim Heimspiel auf der Mailänder Messe zwei weitere Modelle auf Grundlage der 3 ½ vorstellte. Bei der neuen 250er handelte es sich um eine Einzylinder-Konstruktion, bei der 500er um einen V-Zweizylinder. Insbesondere der Halbliter-Twin fand viel Anklang und wurde von einem Fachblatt als die schönste Maschine der Ausstellung bezeichnet. Der Hubraum betrug 478,6 cm³ (Bohrung und Hub von 69 x 64 mm), die Verdichtung 11,2:1 und die Leistung wurde zunächst mit 46 PS bei 7500/min angegeben. Das Getriebe hatte fünf Gänge, und dazu kamen auch noch Gussräder und eine Dreischeiben-Bremsanlage.

Von einer Serienfertigung war Morini aber noch weit entfernt, erst im Frühjahr 1978 gelangte die Morini 500 nach Deutschland. In der Flut der damaligen Neuerscheinungen aus Fernost ging sie aber komplett unter; die Masse der Biker jedenfalls bekam sie nur im in Zeitschriften zu sehen.

Schade drum, denn bei ihr handelte es sich um eine jener handlichen, quicklebendigen Italienerinnen mit V-Motor, die mit grazilem Doppelschleifen-Rohrrahmen und Marzocchi-Federelementen sowie einigen Eigenwilligkeiten, die bei einem japanischen Motorrad als fetter Minus, hier aber wohlwollend als Charakterfehler entschuldigt wurden, aufwarten konnte. Die Tester jener Jahre hatten jedenfalls viel Verständnis für die Exoten unter den Motorrädern: »Der kerngesunde Motor und das sensible Fahrwerk entschädigen spielend für jene Kleinigkeiten, die den japanischen Standard noch nicht ganz erreichen« – so lautete das nachsichtige Fazit des Fahrberichts in MOTORRAD 18/1978, in den alles Wissenswerte zur letztlich mit 43 PS homologierten und 185 kg schweren Bologneserin nachzulesen war. Diese legte übrigens eine bemerkenswerte Langlebigkeit an den Tag und hielt sich, praktisch unverändert, ein Jahrzehnt lang im Programm.

In der Regel waren es kosmetischen Änderungen, welche die diversen Halbliter-Baureihen voneinander unterschieden, erst mit der fünften Ausführung des Jahres 1982 kamen auch wesentliche technische Verbesserungen: Dann nämlich erhielt die Morini ein Sechsganggetriebe, was ihr die Zusatzbezeichnung »Sei« eintrug.

Die Kombination aus Sechsgang-Getriebe und V-Motor lief seit 1980 in einem Enduro-Prototypen, der bei der Dakar des Jahres 1980 und den Sixdays zum Einsatz gekommen war. Mitte 1981 kam dann die Serienausführung namens 500 Camel in den Testfuhrpark. Die technische Entwicklung konnte kaum so lange gedauert haben, denn der kleine Familienbetrieb aus Bologna nutzte Rahmen wie auch Motor und Getriebe der Halbliter-Sei und kaufte den Rest zu. Und so blieb es bis zum Schluss.

Das Werk in Bologna geriet in den Achtzigern bei einer Jahresproduktion von rund 6000 Motorrädern immer stärker unter Druck. An den Maschinen lag es nicht, die Morini waren in der Regel weit besser verarbeitet als die anderen italienischen Kleinserienfabrikate. Die Kapitaldecke war aber stets zu kurz, und der Familienbetrieb wurde 1987 an Cagiva verkauft. Bis zuletzt hielt Morini an den genialen Stoßstangen-V-Motoren mit 72-Grad-Zylinderwinkel sowie Zahnriemenantrieb für die Nockenwellen fest.

Moroni 3½ und 500 V

Motor
Bauart	4-Takt/ 72-Grad-V2
Zylinderzahl	2
Ventile je Brennraum	2
Ventiltrieb	OHV
Bohrung in mm	62 (69)
Hub in mm	57 (64)
Hubraum in cm³	344 (479)
Verdichtung	11,0:1 (11,2:1)
Leistung in PS	35 (26 kW) bei 8500/min.
(43 (32 kW) bei 7500/min)	

Gemischaufbereitung
Bauart/Anzahl	Schieber-Vergaser/ 2
Hersteller	Dell'Orto
Venturi-Durchmesser in mm	25 (28)

Kraftübertragung
Getriebe/Anzahl Gänge	Klauen/6 (5) (350er ab 1975 6-Gang. 500er 6-Gang)
Primärübersetzung	k.A.
Gesamtübersetzungen	
1. Gang	k.A.
2. Gang	k.A.
3. Gang	k.A.
4. Gang	k.A.
5. Gang	k.A.
Sekundärübersetzung	k.A.
Sekundärantrieb	Rollenkette

Elektrische Anlage
Generatorleistung in Watt	100 (120)
Betriebsspannung in Volt	12
Zündung	Batterie-Spulen-Zündung

Fahrwerk
Rahmenbauart	Doppelschleifen-Rahmen aus Stahl
Radführung vorne	Telegabel
Federweg vorne in mm	140
Radführung hinten/Federbeine	Schwinge/2
Federweg hinten in mm	60
Radstand in mm	1390

Räder und Bremsen
Felgengröße vorne	1.65 x 18 (1.85 x 18)
Felgengröße hinten	1.85 x 18 (2.15 x 18)
Bereifung vorne	3,25 S-18 (3.50 S-18)
Bereifung hinten	4.10 S-18 (4.50 S-18)
Bremse vorne/Durchmesser in mm	Einzel- (Doppel-) scheibe/260
Bremse hinten/Durchmesser in mm	Trommel/ 180 (Einzelscheibe 260)

Maße und Gewichte
Länge in mm	2060
Breite in mm	625
Höhe in mm	1020
Gewicht in kg	160 (184) (vollgetankt)
Tankinhalt in Litern	16 (14)

Fahrleistungen
Höchstgeschwindigkeit langliegend	161 (175) km/h
Preis	5200 Mark (1975) (k.A.)

Moto Guzzi V 7 Sport

SPORT-FÖRDERUNG

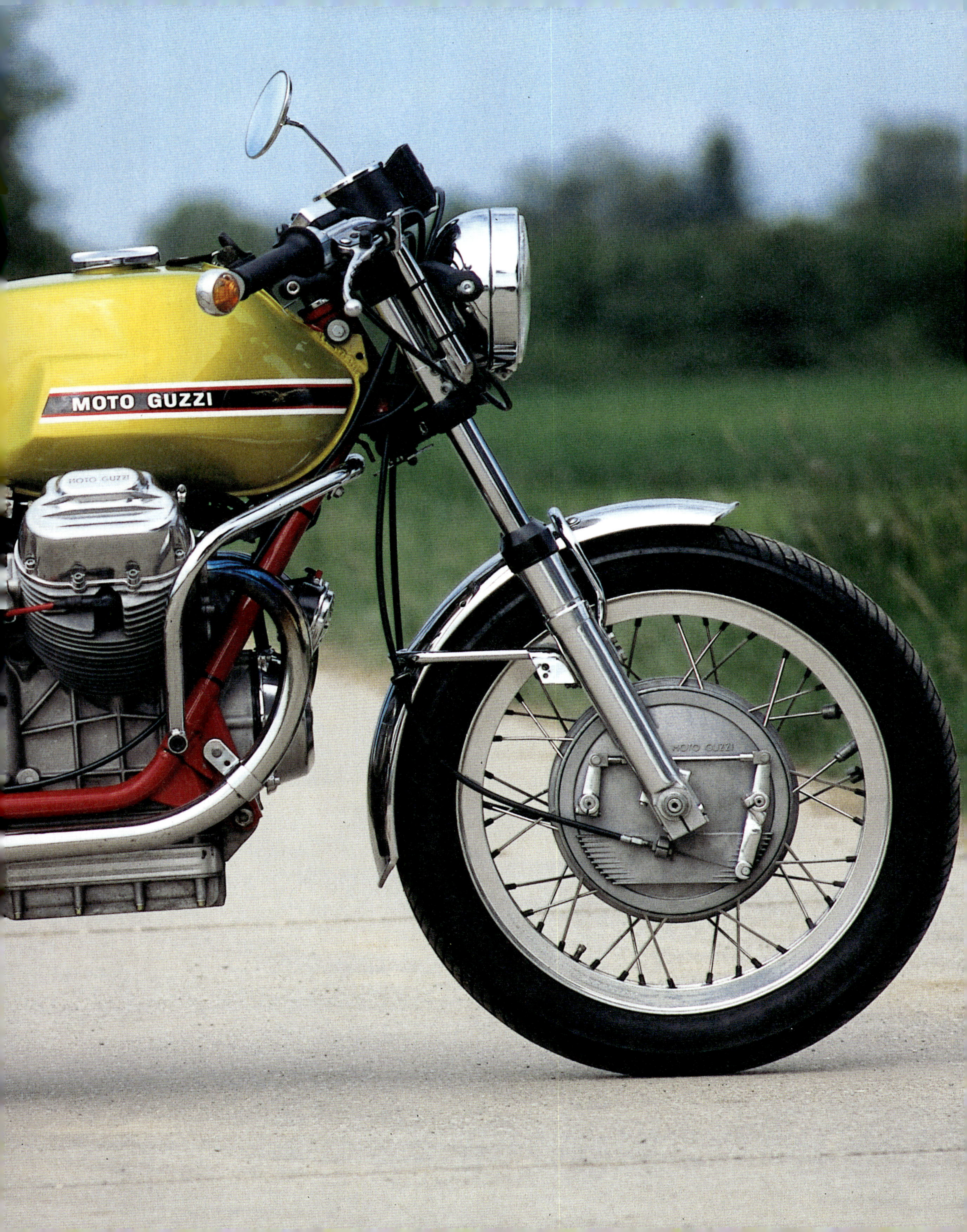
MOTO GUZZI

SPORT-FÖRDERUNG

Von wegen Stationärmotor oder Betonmischer-Antrieb: Diese Guzzi machte dem Zusatz »Sport« hinter ihrer sachlichen Typenbezeichnung wirklich alle Ehre.

Sportliche italienische Motorräder hatten rank und schlank zu sein, meistens mit Einzylinder- aber auch schon mit Zweizylindermotor, keinesfalls aber mit zuviel Hubraum. Denn ein dickes Ding hätte ja gar nicht zum zierlichen Erscheinungsbild, geprägt durch schmale Reifen samt Schutzblechen, dünner Teleskopgabel, kleinem, langgestrecktem Tank und schmaler Sitzbank, gepasst.

Doch gegen Mitte der sechziger Jahre sollte sich das ändern, begannen auch die italienischen Motorradhersteller kräftig aufzurüsten. Bei Moto Guzzi war es die V 7, vorgestellt im November 1965 auf der Mailänder Motorradausstellung. Es war ein richtiger Brocken, rund fünf Zentner schwer, mit V-Zweizylindermotor (Bohrung x Hub 80 x 70 mm, Hubraum 704 cm^3) und mit Gelenkwellen-Kraftübertragung zum Hinterrad. 50 PS, gemessen nach

Von wegen Betonmischer: Mit seinen 62 PS erlaubte der V7 Sport-Antrieb flotte Umtriebe und verhalf der ersten großen Sport-Guzzi zu knapp 190 km/h Höchstgeschwindigkeit.

MOTO GUZZI V 7 SPORT

Drastisch geändert: Im Gegensatz zu den frühen 750ern sitzt die Lichtmaschine nun vorne auf dem Kurbelwellenstumpf und nicht mehr oberhalb des Kurbelhauses.

SAE-Norm (also ohne Ansaug- und Auspuffgeräuschdämpfung und ohne Nebenaggregate), wurden angegeben. Nach DIN-Norm sollten davon noch 42 PS bei 6250/min übrigbleiben.

Doch im Sommer 1969 bewieß Guzzi in Monza, dass eine V 7 alles andere als eine lahme Krücke war. Mit einer entsprechend zurecht gemachten V 7 Special fuhr Vittorio Brambilla neue Rekordwerte über zehn und 100 km sowie über eine Stunde, wobei bei letzterem Kriterium sogar 214,454 km/h Durchschnittsgeschwindigkeit erreicht wurden. Von der Leistung her war also alles in Ordnung, doch optisch war diese Rekord-Guzzi beileibe keine Schönheit. Und auch am Handling - auf dem Hochgeschwindigkeitskurs von Monza eher weniger wichtig - musste noch kräftig gefeilt werden. Letztendlich wurde Ende 1970 beschlossen, mit einem frischen Blatt Papier auf dem Zeichentisch anzufangen.

War beim V 7-Motor der Gleichstrom-Generator (Dynamo) noch oberhalb des Kurbelhauses angeordnet und über einen Keilriemen angetrieben, so saß am neuen Motor für die V 7 Sport nun ein Drehstrom-Generator vorn auf dem Kurbelwellenstumpf, was schon mal half, den Gesamtschwerpunkt abzusenken. Außerdem waren mögliche Riemen-Probleme vom Tisch, die mit zunehmender Drehzahl aufgekommen wären. Denn der Sport-Motor sollte eine um etwa 1000/min höhere Nenndrehzahl haben, weshalb in der Gussform für das neue Kurbelgehäuse auch gleich Versteifungsrippen vorgesehen waren und der Vorrat an Motoröl auf 3,5 Liter erhöht wurde. Das Getriebegehäuse wurde von der V 7 Special übernommen (allerdings mit fünf statt vier Fahrstufen drin), ebenso die Zwei-Scheiben-Trockenkupplung, der Sekundärantrieb samt Hinterachs-Antriebsgehäuse.

Beim Rahmen hatte sich Konstrukteur Lino Tonti an die Maße des V 7 Special-Rahmens gehalten, was Lenkkopfwinkel und Radstand betraf, ansonsten legte er Wert auf durchweg geradlinige Rohre bis

SPORT-FÖRDERUNG

Alles da:
Tacho, Drehzahlmesser, ein paar Kontrolllämpchen – fertig ist das auf das unbedingt Notwendige beschränkte V7-Cockpit.

auf eine Ausnahme: die abnehmbaren Unterzüge. Neu waren auch die Teleskopgabel und die Bremsen, vorn eine Doppelduplex-, hinten eine Duplexbremse, Trommeldurchmesser jeweils 220 mm und Belagbreite 25 mm.

Die sportliche Optik mit den beiden charakteristischen, schwanenhalsförmigen, an den Standrohren festgeklemmten und höhenverstellbaren Lenkerstummeln wurde durch die limonengrüne Farbe auf Kraftstoffbehälter und Seitenverkleidungen und natürlich durch den rotlackierten Rahmen hervorgehoben. Von der Seite wirkte die V 7 Sport langgestreckt, direkt von vorn und von etwa Radhöhe aus betrachtet dagegen geduckt und kompakt – und trotz der Guzzi-typisch »hochgeklappten« Zylinder durchaus noch schmal.

Auf dem Mailänder Salon im Oktober 1971 war die Maschine die Attraktion der Motorradausstellung. Doch erst zum Frühjahr 1972, so der damalige Guzzi-Importeur für Deutschland, Fritz Röth, sollte sie zu haben sein – was manchem Interessenten gar nicht so unrecht gewesen sein mag. Denn es galt, das nötige Kleingeld erst einmal anzusparen. Eine BMW R 75/5 kostete damals noch nicht einmal 6000 Mark, eine Honda CB 750 auch nur 6600 Mark, und als bei Röth im Odenwald-Städtchen Hammelbach endlich die ersten V 7 Sport angeliefert wurden, war pro Exemplar die stolze Summe von 8360 Mark fällig.

Um die Motorleistung gab es, wie für jedes italienische Motorrad zu jener Zeit typisch, die wildesten Gerüchte. Von 68 bis 72 PS schwankten die Angaben, die italienische Fachzeitschrift *Motociclismo* legte sich schließlich auf 70 CV (cavalli) bei 7000/min fest. Und für die deutsche V 7 Sport-Ausführung sollten es nach DIN-Messmethode immer noch respektable 62 PS bei 7250/min sein, gegenüber dem Ur-Motor aus der V 7 also immerhin rund 40 Prozent Leistungszuwachs.

Wäre mit einer V 7 Sport also die 200 km/h-Grenze zu knacken? Bei 7300/min begann der rote Bereich auf dem Drehzahlmesser, und das wären im ersten Gang 85, im zweiten Gang 120, im dritten Gang 150 und im vierten Gang 185 km/h gewesen. Und im Fünften drehte der Motor unter *Motociclismo*-Testfahrer Nico Cereghini im winterlich kalten Monza tatsächlich noch rund 100/min in den roten Bereich, was mit 206 km/h Höchstgeschwindigkeit belohnt wurde. Für die Beschleunigung von Null auf 100 km/h wurden »nur« 4,5 Sekunden gemessen, für den Sprint über die Viertelmeile aber respektable 13 Sekunden. »So ein V-Zweizylindermotor packt nun mal vom Start weg nicht so brutal zu wie ein Vierzylinder oder ein Zweitakter«, befand der Tester. »Doch schon nach einem Kilometer, und das ist eigentlich das Bemerkenswerte, ist diese Guzzi schon fast 200 km/h schnell.«

Auch abseits gut ausgebauter Fernstraßen machte die V 7 Sport trotz fast anderthalb Metern Radstand und randvoll getankt etwa viereinhalb Zentner schwer, immer noch eine gute Figur. Da war zum einen der im Vergleich zur V 7 quicklebendige und drehfreudige Motor, der beim abrupten Gaswegnehmen die Bremsen zusätzlich unterstützte. Die Bereifung hatte ebenfalls entscheidenden Anteil an der überraschenden Handlichkeit. Auf die Leichtmetall-Hochschulterfelgen mit 18 Zoll Durchmesser war vorn ein 3,25 Zoll, hinten ein 3,5 Zoll breiter Reifen aufgezogen, während bei der Konkurrenz Vierzöller auf dem Hinterrad längst Usus waren.

Die V 7 Sport-Produktion kam bei Guzzi in Mandello del Lario viel zu langsam in Gang, und mancher, der sich trotz des vergleichsweise hohen Preises dafür entschieden hatte, musste auch noch lange warten. Und die Konkurrenz schlief auch nicht. Natürlich wäre für einen Fan italienischer Motorräder eine immerhin rund 3000 Mark billigere Kawasaki H 2 mit bärenstarkem, aber zweitaktendem Dreizylinder-Reihenmotor nie in Frage gekommen. Als auf der IFMA im Herbst 1972 Kawasaki aber die 79 PS starke 900er Z1 vorstellte und diese auch noch deutlich weniger kosten sollte, muss mancher schwach geworden sein. Zumal anfang 1973 der Preis für eine V 7 Sport schon auf 8800 Mark angehoben wurde. Bei Guzzi entstand sie in aufwändiger, zeitraubender und deshalb entsprechend teurer Handarbeit. Und verschenkt werden konnte eine V 7 Sport doch nun wirklich nicht. Noch bis Jahresende 1973 wurde die Produktion aufrecht erhalten, insgesamt waren es nur 3691 Exemplare. Die 750 S - und erst recht die 750 S 3, mögen würdige Nachfolger gewesen sein, doch ein bisschen fehlte das Flair einer V 7 Sport. Für richtig Aufsehen sollte erst wieder eine Guzzi mit der Typenbezeichnung »Le Mans« sorgen.

Moto Guzzi V7 Sport

Motor und Getriebe
Bauart	4-Takt/V, fahrtwindgekühlt
Zylinderzahl	2
Ventile je Brennraum	2
Bohrung in mm	82,5
Hub in mm	70
Hubraum in cm3	748
Verdichtung	9,8:1
Leistung in PS/Nenndrehzahl in 1/min	62 PS (46 kW) bei 7250/min

Gemischaufbereitung
Bauart/Anzahl	Rundschieber-Vergaser/ 2
Hersteller	Dell'Orto
Venturi-Durchmesser in mm	30

Kraftübertragung
Getriebe/ Anzahl Gänge	Klauen/ 5
Primärübersetzung	1,38
1. Gang	1,80
2. Gang	1,26
3. Gang	0,95
4. Gang	0,79
5. Gang	0,68
6. Gang	-
Sekundärübersetzung	4,63
Sekundärantrieb	Kardanwelle

Elektrische Anlage
Generatorleistung in Watt	180
Betriebsspannung in Volt	12
Zündung	Batterie-Spulen

Fahrwerk
Rahmenbauart	Stahlrohr-Doppelschleifen-Rahmen
Radführung vorne	Telegabel
Federweg vorne in mm	120
Radführung hinten/Federbeine	Schwinge/ 2
Federweg hinten in mm	70
Radstand in mm	1470

Räder und Bremsen
Felgengröße vorne	2.15" x 18"
Felgengröße hinten	2.15" x 18"
Bereifung vorne	3.25 H 18
Bereifung hinten	3.50 H 18
Bremse vorne/Durchmesser in mm	Trommel/ 220
Bremse hinten/Durchmesser in mm	Trommel/ 220

Maße und Gewichte
Länge in mm	2165
Breite in mm	700
Sitzhöhe in mm	750
Gewicht in kg	210 (trocken)
Tankinhalt in Litern	19

Fahrleistungen
Höchstgeschwindigkeit langliegend	190 km/h
Preis	8800 DM (1973)

Moto Guzzi 850 Le Mans I

TOPF-ARBEITER

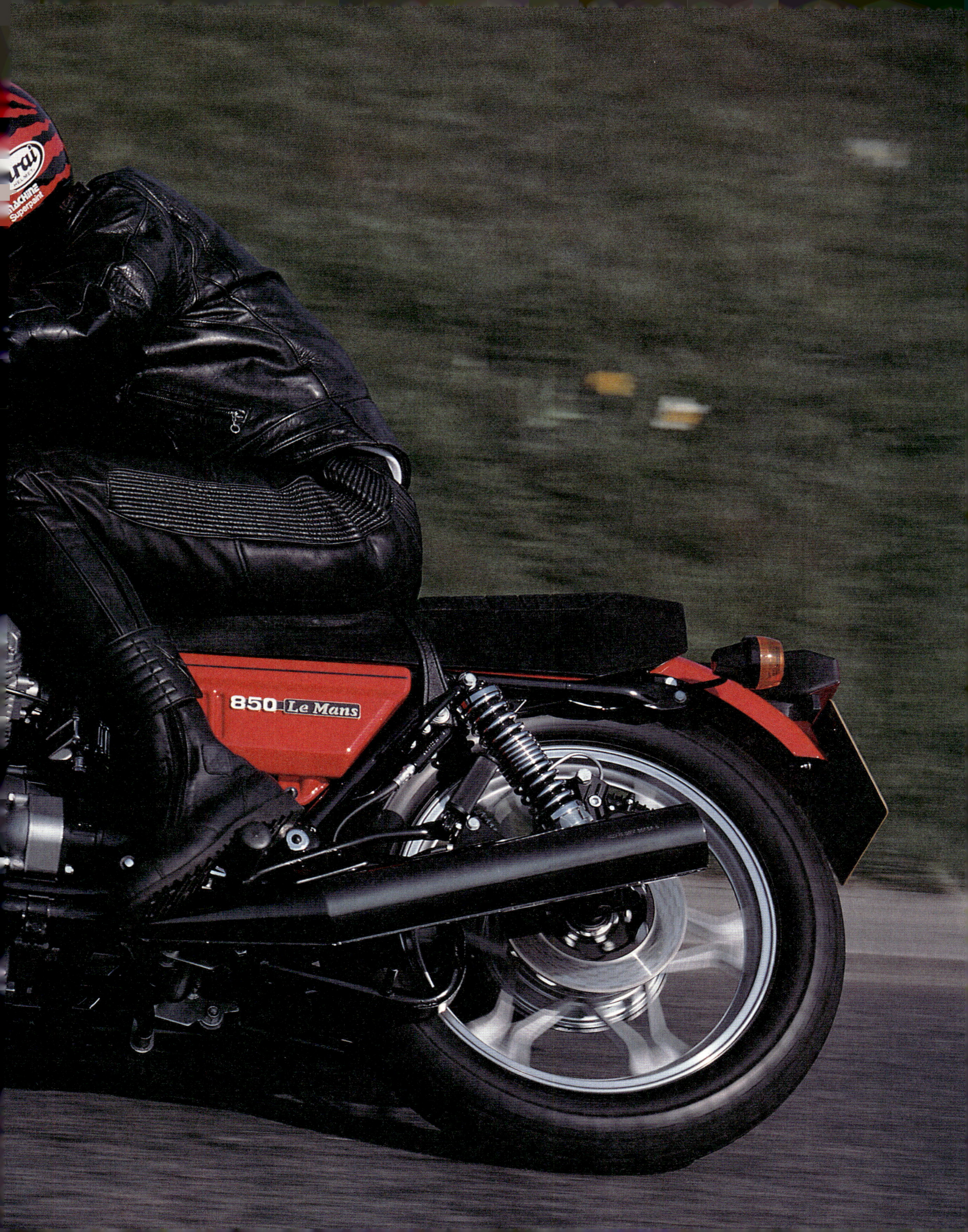
850 Le Mans

TOPF-ARBEITER

Die sportliche Tradition der Moto Guzzi 750 S3 setzte die 850 Le Mans 1976 fort. Auch hier trumpfte der italienische Hersteller mit viel Leistung und Drehmoment aus zwei Zylindern auf und spendierte außerdem ein Integral-Bremssystem.

Das hartnäckige Festhalten am Konzept großvolumiger Zweizylinder-Modelle führte zur 850 Le Mans I aus dem Jahre 1976. Mit ihr fand die lange sportliche Tradition im Haus Moto Guzzi zu einem neuen Höhepunkt. Bei diesem sportlichen Modell bewährte sich derselbe Doppelschleifen-Rohrrahmen wie bei den Tourenmaschinen 850 T3, 850 T3 California und 1000 I-Convert, und auch das Motorgehäuse offenbarte auf den ersten Blick enge Verwandtschaft zu den eher behäbigen Produkten aus der italienischen Manufaktur in Mandello del Lario. Sportlichkeit signalisierte hingegen die niedrige, gedrungene Erscheinung und die schlanke, elegante Linie der Le Mans, und ein Blick ins Datenblatt verrät schnell, dass es sich seinerzeit dabei keineswegs um Augenwischerei handelte.

Gegenüber dem sportiven Vorgängermodell, der 750 S3, erhielt die 850 Le Mans I fast 100 Kubikzentimeter mehr Hubraum, erreicht durch 0,5 Millimeter mehr Zylinderbohrung sowie acht Millimeter mehr Hub. Dieses Plus an Zylinderinhalt sorgte neben dem längeren Hub nun endlich für die von einer Moto Guzzi zu erwartende Drehmomentstärke im unteren Drehzahlbereich. Ein Punkt, bei dem der 750 S3 stets ihre Schmalbrüstigkeit angekreidet wurde. Größere Ventile und 36er statt 30er Vergaser rundeten die Entwicklungsarbeit der Ingenieure auf der Suche nach Leistung und Drehmoment weitgehend ab und bescherten schließlich 70 PS bei 7000/min. Ein Leistungs-Wert, der in Verbindung mit 225 Kilogramm Gewicht, fahrfertig, für hervorragende Fahrleistungen sorgen sollte.

Zwei Zylinder sind genug: Die Moto Guzzi 850 Le Mans I erlaubt mit ihrem guten Fahrwerk und dem leistungsstarken Zweizylinder-Motor eine sehr sportliche Fahrweise.

MOTO GUZZI 850 LE MANS I

Vau in rot:
Wie bei allen V2-Moto Guzzi dominiert auch hier der mächtige 90 Grad-V-Zweizylinder das Erscheinungsbild. Doch trotz seiner Ausmasse integriert er sich harmonisch in die Linie.

Mit knapp 203 km/h Höchstgeschwindigkeit maß die Zeitschrift MOTORRAD die 850 Le Mans I 1976 in ihrem ersten Testbericht und ermittelte eine fast rekordverdächtige Beschleunigung von 3,9 Sekunden von null auf 100 km/h.

Noch mehr als diese Spitzenwerte beeindruckte die Tester aber das Fahrwerk der neuen, sportlichen Moto Guzzi. Spurstabil bis in höchste Geschwindigkeitsregionen und aufgrund des tief angesiedelten Schwerpunkts zudem mit einer hervorragenden Handlichkeit gesegnet. Gerade das also, was der Sportfahrer Mitte der 70er Jahre von einem Super-

TOPF-ARBEITER

Wirkungsvoll:
Bei den Bremsen vertraute Moto Guzzi auf die P08-Einheiten von Brembo und verband diese mittels Integralbremssystem zu einer sehr wirksamen Verzögerungsanlage.

sportler »made in Italy« erwartete.

Ein erfreuliches Kapitel stellten auch die Bremsen der 850er dar. Zusammen mit Brembo entwickelte Moto Guzzi ein sogenanntes Integral-Bremssystem, bei dem die vordere linke Bremse und die Hinterradbremse gemeinsam über den Fußbremshebel betätigt wurden, und der Handbremshebel die vordere rechte Bremse aktivierte. Die Abstimmung dieses Systems gelang den Ingenieuren insofern gut, als selbst bei heftigem Tritt auf den Fußbremshebel immer zuerst das hintere Rad blockierte. Die Vorhersagen der Tester, daß sich dieses System schon bald auch bei anderen Herstellern auf breiter Front durchsetzen würde, traten jedoch nicht ein.

Unterm Strich galt die 850 Le Mans damals fraglos als eine der schönsten Möglichkeiten, den Wunsch nach einem fahrstabilen Sportmotorrad mit italienischem Flair zu verbinden, und die Beliebtheit, die der 850 Le Mans I zuteil wurde, motivierte die zum damaligen Zeitpunkt größte europäische Motorradschmiede zu weiteren Auflagen dieser Maschine unter dem Namen Le Mans.

Den Status der Le Mans I erreichte jedoch keine ihrer Nachfolgerinnen in der Guzzi-Fangemeinde, und so sind gut erhaltene Le Mans I-Maschinen heute sehr gesuchte Exemplare, die – je nach Zustand – nur selten für weniger als 4.000 Euro zu haben sind.

Wie üblich: Auch das Le Mans I-Cockpit zieren ein Tachometer und ein Drehzahlmesser. Die Ablesefreundlichkeit der Uhren ist allerdings mäßig.

Moto Guzzi 850 Le Mans

Motor
Bauart	4-Takt/90 Grad-V
Zylinderzahl	2
Ventile je Brennraum	2
Ventiltrieb	OHV
Bohrung in mm	83
Hub in mm	78
Hubraum in cm^3	844,5
Verdichtung	10:1
Leistung in PS/Nenndrehzahl in 1/min	70/7000

Gemischaufbereitung
Bauart/Anzahl	Rundschieber-Vergaser/2
Hersteller	Dell'Orto
Venturi-Durchmesser in mm	36

Kraftübertragung
Getriebe/Anzahl Gänge	Klauen/5
Primärübersetzung	1,235
1. Gang	2,00
2. Gang	1,388
3. Gang	1,047
4. Gang	0,869
5. Gang	0,750
Sekundärübersetzung	4,714
Sekundärantrieb	Kardanantrieb

Elektrische Anlage
Generatorleistung in Watt	280
Betriebsspannung in Volt	12
Zündung	Batterie-Spulen-Zündung

Fahrwerk
Rahmenbauart	Doppelschleifen-Rohrrahmen aus Stahl mit abnehmbaren Unterzügen
Radführung vorne	Moto Guzzi-Telegabel
Federweg vorne in mm	125
Radführung hinten/Federbeine	Schwinge/2 Moto Guzzi
Federweg hinten in mm	80
Radstand in mm	1490

Räder und Bremsen
Felgengröße vorne	2.15" x 18"
Felgengröße hinten	2.15" x 18"
Bereifung vorne	3.50-18 oder 100/90-18 oder 3.60-18
Bereifung hinten	4.00-18 oder 4.10-18 oder 110/90-18
Bremse vorne/Durchmesser in mm	Doppelscheibe/300
Bremse hinten/Durchmesser in mm	Einzelscheibe/242

Maße und Gewichte
Länge in mm	2250
Breite in mm	650
Höhe in mm	1130
Sitzhöhe in mm	780
Gewicht in kg	225 (vollgetankt)
Tankinhalt in Litern	22,5

Fahrleistungen
Höchstgeschwindigkeit langliegend	202,7 km/h (Messung)
Preis	DM 10.560.- (1976)

MV Agusta 750 S America

GOOD MORNING, AMERICA

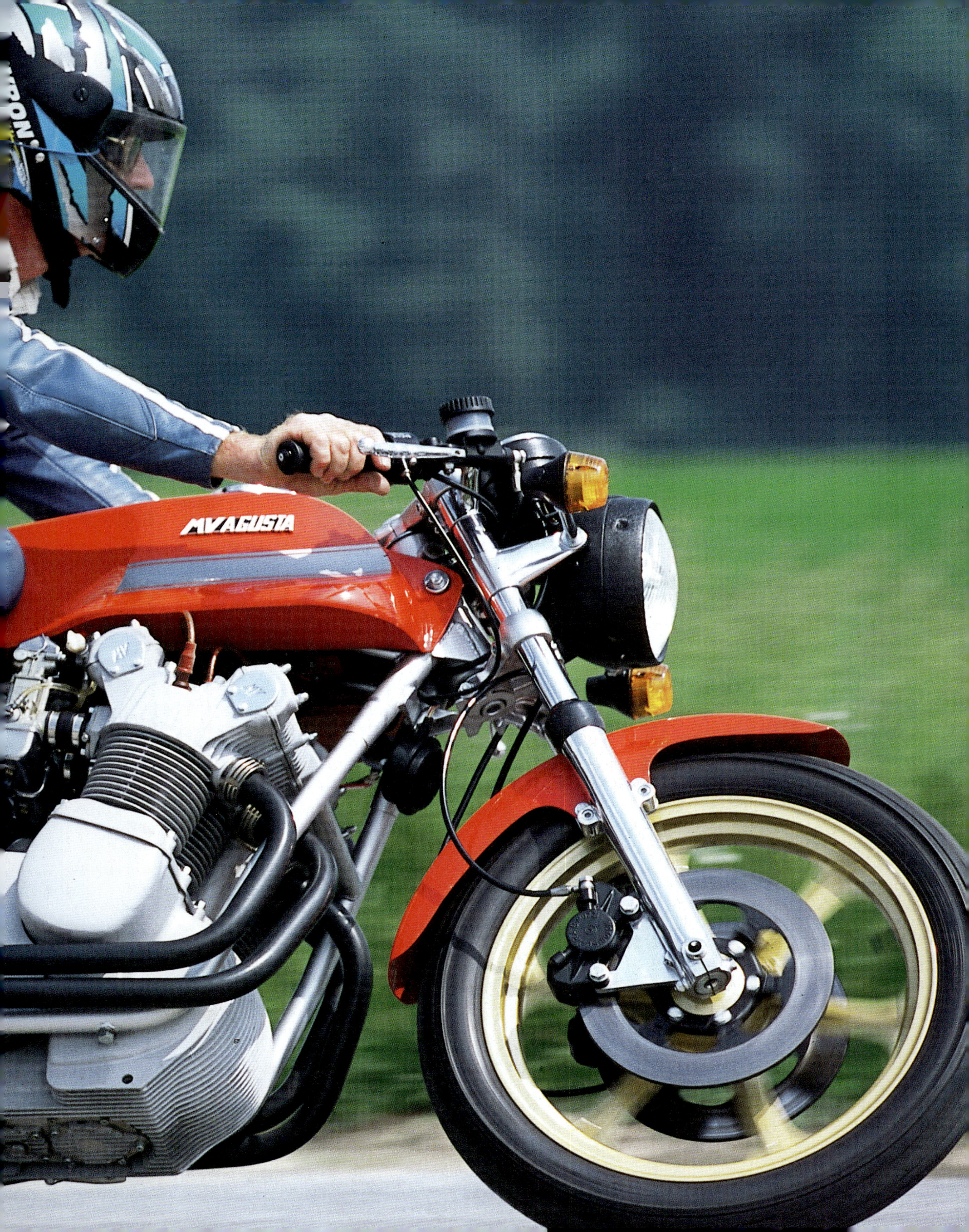
MV AGUSTA

GOOD MORNING, AMERICA

Zwei MV Agusta-Insidern in den USA verdankte MV Agusta 1975 die 750 S America als Nachfolge-Modell der legendären 750 S. Mit diesem Modell hielt nicht nur in Punkto Design ein Wandel hin zu mehr Dynamik Einzug, sondern auch in Sachen Triebwerk. Mit auf 790 cm3 vergrößertem Hubraum und mehr Drehmoment hielt der Vierzylinder aus Gallarate, was die Optik der siegreichen Rennmaschinen von Phil Read und Giacomo Agostini versprach.

Voller, satter Vierzylinder-Klang liegt in der Luft, und die Schönbuchsteige bei Tübingen, dort, wo jedes Jahr am vorletzten September-Wochenende der so genannte »Schwäbische Hill Event« mit zahlreichen historischen Motorrädern und Automobilen ausgetragen wird, verwandelt sich an diesem Nachmittag für knapp zwei Stunden in eine formidable »Konzert-

Mit dem neu entworfenen Design schlug »Miss America« seinerzeit die Brücke zu den Grand Prix-Rennmaschinen von Phil Read und Giacomo Agostini.

Arena« für Motorräder. Wieder und wieder bremst der drahtig gebaute Fahrer auf dem lauten, roten Renner auf die 90 Grad-Kurve zu, schaltet flugs zwei Gänge zurück, winkelt ab und spannt im Scheitel gefühlvoll den Gashahn, um dann ein Konzert anzustimmen, wie es eben nur vier mäßig gedämpfte Auspuffrohre, vier Dell'Orto-Vergaser und jede Menge Zahnräder eines italienischen Sport-Motorrades vermögen.

Als »Instrument« dient freilich nichts Geringeres, als eine edle Vierzylinder-MV, eine 750 S America, Baujahr 1975. Jenes Motorrad also, das bei MV Agusta seinerzeit vor allem in Punkto Linienführung eine neue Ära einläutete.

Die bei den Fans der italienischen Nobel-Marke so beliebte, sportliche MV Agusta 750 S könne durchaus noch etwas sportlicher, am besten im Stil der Grand Prix-Rennmaschinen der Herren Read und Agostini daherkommen, befanden 1974 die beiden enthusiastischen Amerikaner Chris Garville und Jim Cotherman. Garville tätigte als Chef einer New Yorker Unternehmensgruppe Geschäfte mit dem Luftfahrtbereich von MV Agusta, der bekanntlich Hubschrauber produzierte. Cotherman hingegen war mit Leib und Seele MV Agusta-Händler und hatte sich zudem als MV-Tuner in den Staaten einen guten Namen gemacht.

Beide waren sich rasch einig, dass sich mit einem sportlicheren Erscheinungsbild in Amerika deutlich mehr von den italienischen Vierzylindern verkaufen lassen würden. Mit ihren Vorstellungen und Entwürfen im Gepäck reisten sie noch im Herbst 1974 ins Werk nach Gallarate, wo ihre Vorschläge vom damaligen Geschäftsführer Fredmano Spairani ohne Wenn und Aber akzeptiert wurden. Spairani, kurz zuvor noch bei Ducati und dort für die Entwicklung der 750er-V2-Motoren sowohl auf der Straße als auch im Rennbetrieb zuständig, war durch und durch ein Macher und trieb das neue Projekt vehement voran. So dauerte es gerade mal 50 Tage, bis

Typische Ansichten: Von hinten dominieren eindeutig die vier Endrohre und natürlich das mächtige Tellerrad-Gehäuse.

Feintuning:
Gegenüber der 750 S brachte etwas mehr Hubraum sowie kleinere 26er-Vergaser vor allem ein Plus an Drehmoment.

der erste Prototyp der 750 S America Testfahrten absolvierte und im Frühjahr 1975 schließlich serienreif für damals 6000 US-Dollar auf den Markt kam. Optisch völlig überarbeitet, mit neuen Seitendeckeln, einer Höckersitzbank nach Grand Prix-Vorbild aus Glasfaser-Laminat mit edlem Wildleder-Polster und einem kleinen, praktischen Staufach sowie einem wunderschönen, nun 19 anstatt bisher 24 Liter fassenden Kraftstofftank aus Stahlblech.

Freilich, ein komplett neues Motorrad vermochte selbst die Mannschaft von MV Agusta in 50 Tagen nicht zu konstruieren, geschweige denn zu fertigen, und so diente als Basis für Fahrwerk und Motor die bewährte 750 S.

Lediglich neue, im Durchmesser zwei Millimeter größere Schmiedekolben von Asso mit zwei Kompressions-Ringen und einem Ölabstreifer ergaben zusammen mit 56 Millimetern Hub 789,7 cm3 Hubraum. Mit 75 PS Nennleistung bei 8500/min produzierte dieses Triebwerk auf dem Papier zwar exakt dieselbe Leistung wie die 750 S, erreichte diese aber 500 Umdrehungen früher und erfreute mit etwas mehr Drehmoment - rund 7,0 zu 5,9 mkg - und damit einer fülligeren Charakteristik im unteren und mittleren Bereich. Stramme 211 km/h Höchstgeschwindigkeit waren denn auch ein Wort, und damit lag die 750 S America auf einem Niveau mit der supersportlichen Konkurrenz wie Ducati 750 Super Sport und Laverda 750 SFC, die ihrerseits jedoch über aerodynamische Hilfsmittel in Form einer knapp geschnittenen Halbverkleidung verfügten. Gerade gegenüber den beiden erwähnten Konkurrenten geriet die MV freilich recht schwer. 240 Kilogramm wies das Datenblatt für den »trockenen« Vierzylinder, was sich unter Addition von 19 Litern Kraftstoff sowie Motorenöl zu gut 260 Kilogramm fahrfertig errechnete. Deutlich mehr also, als eine 750er-Honda, und kaum weniger, als eine Kawasaki Z1 wog.

Dem entsprechend waren und sind weder spielerische Handlichkeit noch flinkes Umlegen in Wechselkurven die Domäne der 750 S America, auch wenn der extrem kurze Radstand von nur 1390 Millimeter dies auf dem Papier dem einen oder anderen glaubhaft zu vermitteln versuchte. Vielmehr brilliert sie mit satter Stabilität, vor allem bei hohen Tempi. Erhaben über jegliche Kritik sind die Federelemente, die - italienisch straff gefedert und gedämpft - die beiden 18 Zoll-E.P.M.-Leichtmetall-Räder (optional auch Borrani-Speichenräder) sicher am Boden halten. Für spürbar verbesserte Fahrstabilität gegenüber dem Vorgänger-Modell sorgt dabei die Teleskopgabel, deren Standrohr-Durchmesser von 35 auf 38 Millimeter wuchs. Achtern halten die straffe Abstimmung sowie der mit 80 Millimetern nicht zu üppig bemessene Federweg zudem die durch die Lastwechsel-Momente bedingten Kardan-Reaktionen in Grenzen.

Nicht weniger souverän agiert die vordere Doppel-Scheibenbremse mit den beiden Zweikolben-Festsätteln von Scarab (optional auch Brembo). Sie weiß mit klar definiertem Druckpunkt und strammer Verzögerung zu überzeugen. Lediglich die hintere Bremsanlage, ebenfalls von Scarab, will bei heftigen Umtrieben und gleichzeitigem Herunterschalten mit Bedacht aktiviert werden. Zu heftigen Einsatz quittiert die Hinterhand dank des Kardans sonst mit dem typischen, wenngleich nicht stark ausgeprägten Stempeln.

So lässt sich der heute wie damals betörende Klang - in unserem Fall aus den vier geschwungenen Endrohren anstatt der Chrom-Krümmer und der vier schwarzen Megaphone - in vollen Zügen genießen. Einfach herrlich auch, wie der Vierzylinder der 750 S America seinen brüllend-sportlichen Antritt mit geschmeidigem Motorlauf verbindet, und selbst das Sirren des aufwändigen und MV-typischen Stirnrad-Antriebes für die beiden Nockenwellen fügt sich stimmig, sozusagen als musikalisches Hintergrund-Element, ein.

Perfekt, sprich funktionell aufgebaut, begeistert die 750 S America jedoch bei jedem Gasstoß, in jedem Gang, in jeder Kurve, bei jedem Bremsmanöver. Und sorgt beim Betrachter heute wie vor 28 Jahren für ein schlagartiges Hallo der Sinne. So wie 1975, als die ersten Exemplare dieses Typs in den USA für Aufsehen sorgten. Good Morning, America.

Klassisches Arrangement: Typisch für das MV-Cockpit sind die Rundinstrumente von Smiths und die Schalter-Einheiten von Aprilia.

MV Agusta 750 S Americana

Motor und Getriebe
Bauart	4-Takt/ Reihe fahrtwindgekühlt
Zylinderzahl	4
Ventile je Brennraum	2
Bohrung in mm	67
Hub in mm	56
Hubraum in cm3	789,3
Verdichtung	9,5:1
Leistung in PS/Nenndrehzahl in 1/min	75 PS (55 kW) bei 8500/min

Gemischaufbereitung
Bauart/Anzahl	Schieber-Vergaser/4
Hersteller	Dell'Orto VHB
Venturi-Durchmesser in mm	26

Kraftübertragung
Getriebe/ Anzahl Gänge	Klauen/5 (Kassettengetriebe)
Primärübersetzung	1,066
1. Gang	2,38
2. Gang	1,69
3. Gang	1,29
4. Gang	1,09
5. Gang	1,00
6. Gang	-
Sekundärübersetzung	2,666
Sekundärantrieb	Kardanwelle

Elektrische Anlage
Generatorleistung in Watt	135
Betriebsspannung in Volt	12
Zündung	Batterie-Spulen

Fahrwerk
Rahmenbauart	Stahlrohr-Doppelschleifen-Rahmen
Radführung vorne	Telegabel
Federweg vorne in mm	125
Radführung hinten/Federbeine	Schwinge/ 2
Federweg hinten in mm	80
Radstand in mm	1390

Räder und Bremsen
Felgengröße vorne	2.15"x 18"
Felgengröße hinten	2.50"x 18"
Bereifung vorne	3.50-18
Bereifung hinten	4.00-18
Bremse vorne/Durchmesser in mm	Doppelscheibe/280
Bremse hinten/Durchmesser in mm	Scheibe/280

Maße und Gewichte
Länge in mm	2110
Breite in mm	630
Höhe in mm	1120
Gewicht in kg	240 (trocken)
Tankinhalt in Litern	19

Fahrleistungen
Höchstgeschwindigkeit langliegend (Werksangabe)	211 km/h
Preis	6000 US-Dollar (1975)

SUZUKI GT 380

GESUCHTER DRILLING

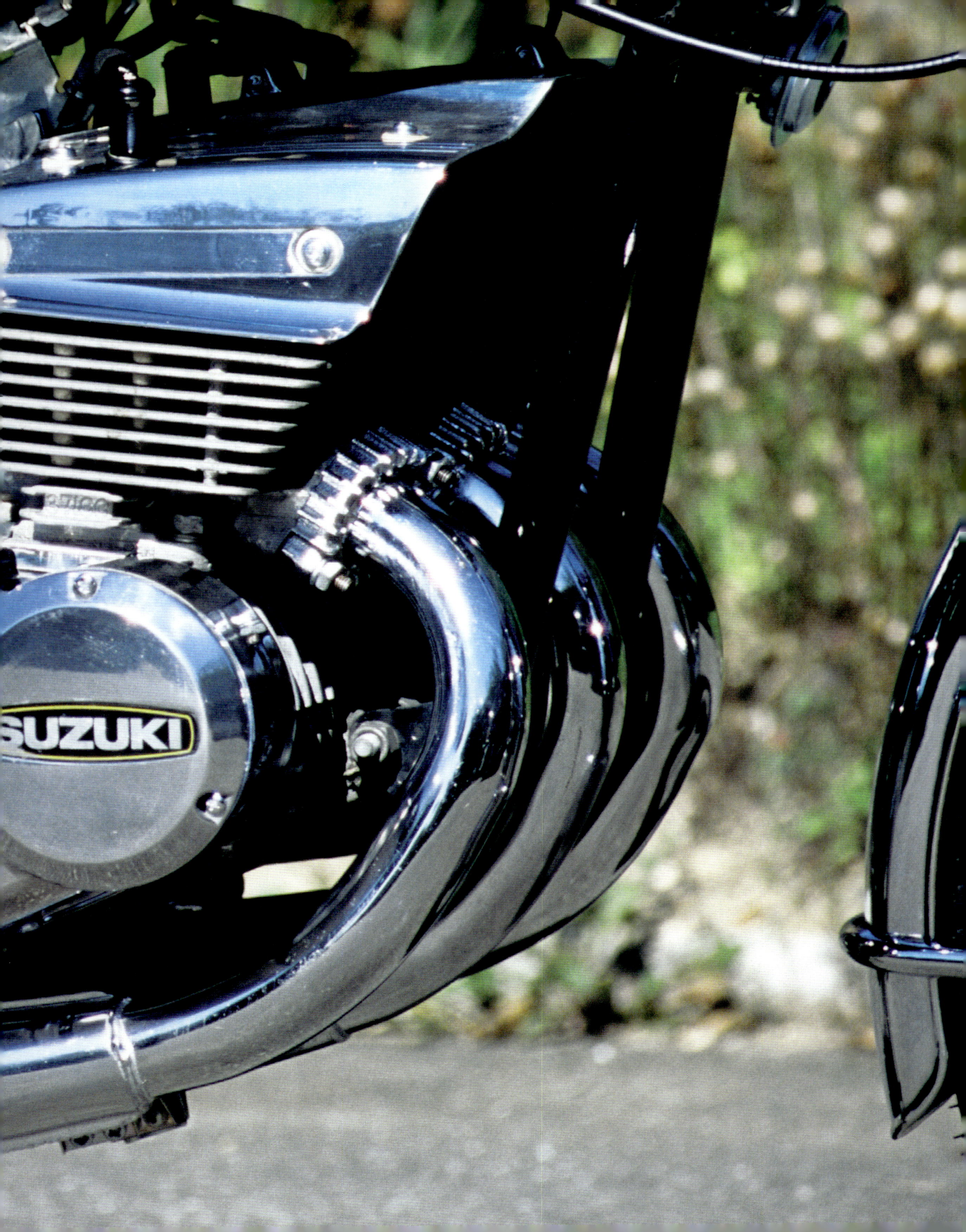
SUZUKI

GESUCHTER DRILLING

Suzukis kleinster Zweitakt-Dreizylinder konnte schon immer gefallen, stellte er seinerzeit doch ein richtig kerniges Motorrad für bescheidenes Geld dar. Dass er zu seinem Karriereende hingegen regelrecht verschleudert wurde, tut dem Sammlertrieb heutzutage indes überhaupt keinen Abbruch.

Eine Suzuki GT 380, zumindest jüngeren Baujahrs, gab es bis vor wenigen Jahren noch für kleines Geld. Schrott auf Rädern wurde für wenige 100 Euro feilgeboten, gute, fahrbereite Exemplare wurden um die 1000 bis 1500 Euro gehandelt, und für echte Sahnestückchen sollten etwa 2000 Euro angelegt werden. Wenig Geld für einen vergleichsweise seltenen Youngtimer, der aus der Motorradgeschichte der 70er-Jahre gar nicht weg zu denken ist. Mittlerweile haben aber auch hier die Preise angezogen. Alleine des Arbeits-Prinzips wegen. Was im Viertakt-Bereich der Sechszylindermotor darstellt, ist im Zweitakt-Bereich der Dreizylindermotor.

Heute gefragt: Noch vor einigen Jahren gab es die GT 380 nahezu für ein Trinkgeld. Heute beginnen die Preise für gute Exemplare bei wenigstens 2500 Euro.

Nicht zuletzt deshalb prägten die Autobauer von DKW für ihren Wagen anno 1955 die Bezeichnung 3 = 6, womit alles über Fahrkultur und Laufruhe gesagt werden sollte. Tatsächlich vibriert ein Dreizylinder-Aggregat deutlich weniger als ein Zweizylinder und bietet überdies noch den Vorteil, dank kleinerer Einzelhubräume mehr Leistung aus demselben Hubvolumen als ein Zweizylinder zu schöpfen. Was lag für Suzuki also näher, als – wie auch Kawasaki – anno 1972 auf diese Dreizylinder-Technik zu setzen und mit ihr auf Kundenjagd zu gehen? Die Mehrzylinder-Schöpfung (die in den USA übrigens mit dem Namens-Zusatz »Sebring« verkauft wurde) war ein ausgesprochen gelungenes Motorrad, und sie blieb so lange wie kaum eine anderes GT-Modell im deutschen Programm: Die letzten Modelle verschwanden erst 1980 aus den Schaufenstern.

Die technische Plattform bildete das Triebwerk der zweizylindrigen T 250. Das Dreizylinder-Aggregat bestand aus drei einzelnen Aluzylindern mit eingeschrumpften Gusslaufbuchsen, der Zylinderkopf aus einem Gussteil, das später mit einem voluminösen Ram-Air-Luft-Leitblech versehen wurde. Das Verdichtungsverhältnis betrug 6,7 (später 7,2 sowie 7) zu 1, die Nennleistung wechselte, je nach Baujahr, zwischen 38 beim J-Modell, 32 beziehungsweise 34 für die folgenden und 27 PS für die letzten in Deutschland verkauften Baujahre. Die Reduzierung der Motorleistung auf in Deutschland versicherungsgünstige 27 PS erfolgte dabei auf einfachstem Weg: Durch eingesetzte Ringe wurde der Auspuffquerschnitt am Zylinder verengt, was die Drehzahlspitze um 1000/min kappte. Da das außerdem noch ganz treuherzig im Suzuki-Prospekt erläutert wurde, stand einer kleinen Bastelei seitens leistungshungriger Fahrer denn auch

Luftmeister: Das Ram-Air-Blech über dem Zylinderkopf sollte die Kühlung des Dreizylinders verbessern.

GESUCHTER DRILLING

Aufgeräumt: Instrumente und Kontrollleuchten der GT 380 sind gut ablesbar arrangiert.

nichts im Wege, und so fuhren die meisten GT 380 »offen« durchs Land.

Im Gegensatz zu den Kawasaki-Dreizylindern, die pro Zylinder über einen einzelnen Deckel verfügten, besaß der GT-Drilling einen durchgehenden Zylinderdeckel für alle drei Einheiten. Wichtig war insbesondere bei Demontage und anschließender Montage, das ausladende und mit zwölf Zugankern verschraubte Bauteil mit einem Haarlineal auf eventuelle Verzüge zu prüfen. Zudem musste die Reihenfolge beim Anziehen peinlich genau eingehalten werden. Ansonsten drohten häufig Undichtigkeiten und seltener Rissbildungen.

Das Getrennt-Schmiersystem mit Frischöl versorgte via Ölpumpe die drei Kurbelwellen-Hauptlager sowie die drei Zylinderlaufbahnen. Die Fördermenge der Ölpumpe wurde dabei per Seilzug von der Gasgriffstellung bestimmt. Wollten die bei Zweitaktern traditionellen, blauen Qualmwolken wenige Minuten nach dem Start immer noch nicht verschwinden, lag das zumeist an einer falschen Einstellung der Ölpumpe. Diese ließ sich aber nach Demontage des Ölpumpendeckels auf der rechten Gehäuseseite einfach über die Kontermutter der Seilzugführung korrigieren.

Nicht minder wichtig für das Wohlbefinden des Dreizylinder war auch eine stets korrekte Einstellung der Zündanlage. Hinter dem rechten Gehäusedeckel fanden sich drei im Winkel von 120 Grad zueinander angeordnete Unterbrecher, die in der Reihenfolge Links-Mitte-Rechts jeweils drei Millimeter vor OT für den Zündfunken sorgten. Die Einstellung der Grundplatte und damit des Zündzeitpunktes erfolgte am einfachsten mittels Stroboskop anhand der aufgebrachten Markierungen.

Der ganze Vorgang dauert bei einem geübten Mechaniker fünf Minuten, ein Novize benötigt – reichlich bemessen – vielleicht 20 Minuten.

Das maximale Drehmoment bei der ungedrosselten Version lag bei 3,03 mkg bei 7500/min an. Bei 5000 Touren auf der Uhr überzeugte der Dreizylinder durch ein kontinuierliches Ansteigen der Leistungskurve bis zur Höchstdrehzahl von 8000/min. Das überraschend weit gespreizte Drehzahlband passte vorzüglich zum tourentauglichen Allround-Charakter dieser Maschine. Das präzise rastende Sechsganggetriebe bot zudem einen guten Drehzahlanschluss.

Vorne hielt eine Telegabel mit 100 Millimetern Federweg den Dreier-Pack auf rechtem Weg, an der Hinterhand mühten sich in der Federvorspannung fünffach verstellbare Federbeine um Bodenhaftung und Komfort. Wie bei SuzukiZweitaktern meist üblich, hatte in erster Linie der Beifahrer zu leiden: Die Rasten saßen an der Auspuffaufnahme am Rahmen und übertrugen deswegen die Auspuffschwingungen. Das Chassis bestand aus einer Doppelrohrschleife, das Rückgrat solide versteift mit Knotenblechen zum Lenkkopf.

1972 erfolgte die Einführung mit dem so genannten JModell, das über eine Telegabel mit Faltenbälgen, Trommelbremse vorn und 38 PS Leistung verfügte. Ein Jahr später folgte das K-Modell mit Einscheiben-Bremse statt der Duplex-Trommelbremse vorn. Beim 1974 präsentierten, nun mit 32 PS angegebenen L-Modell erfolgte die Betätigung der Gasschieber erstmals auf desmodromischem Wege. Neue Instrumente mit digitaler Ganganzeige rundeten das Paket zum Preis von 4590 Mark ab. Im 1975 auf den Markt gebrachten und nun mit 34 PS angegebenen M-Modell wurde der Zündzeitpunkt von 24 auf 21 Grad vor OT versetzt. Beim A-Modell von 1976 kam eine verbesserte Lichtmaschine sowie eine niedrigere Lufthutze über den Zylinderdeckeln zum Einsatz. Für das hier gezeigte B-Modell von 1977 war ein Umrüstsatz von 38 auf versicherungsgünstige 27 PS lieferbar, der in Deutschland bereits bei Auslieferung montiert und am Code E 22 in den Auspufftöpfen erkennbar war. Außerdem war der Vorderradkotflügel nur noch einfach abgestrebt. Das letzte Baujahr 1980, das N-Modell, kennzeichnete ein versenkter Tankverschluss. Dann lief die Modellreihe aus, und die letzten Exemplare wurden über Großhändler Hein Gericke für 3.998 Mark verkauft. Doch wie eingangs bereits gesagt: Der heutigen Beliebtheit in Sammlerkreisen tat dies überhaupt keinen Abbruch.

Lebendig: Der 371 ccm große Dreizylinder bietet trotz des relativ hohen Gewichts muntere Fahrleistungen.

Suzuki GT 380

Motor
Bauart	2-Takt/ Reihe
Zylinderzahl	3
Ventile je Brennraum	-
Ventiltrieb	-
Bohrung in mm	54
Hub in mm	54
Hubraum in cm³	371
Verdichtung	6,7:1 (J), 7,2 (K), 7,1 (übrige)
Leistung in PS	28 kW (38 PS) bei 7500/min (J-Modell 1972 und K-Modell 1973), 23 kW (32 PS) bei 7500/min (L-Modell 1974), 25 kW (34 PS) bei 7500/min (M-, A-Modell 1975 bis 1976.) 28 kW (38 PS) bei 7500/min bzw. 20 kW (27 PS) bei 6500/min (B- und N-Modell; bis 1980 im Verkauf).

Gemischaufbereitung
Bauart/Anzahl	Schieber-Vergaser/ 3
Hersteller	Mikuni
Venturi-Durchmesser in mm	24

Kraftübertragung
Getriebe/Anzahl Gänge	Klauen/6
Primärübersetzung	2,833
Gesamtübersetzungen	
1. Gang	2,333
2. Gang	1,500
3. Gang	1,157
4. Gang	0,904
5. Gang	0,782
Sekundärübersetzung	3,000
Sekundärantrieb	Rollenkette

Elektrische Anlage
Generatorleistung in Watt	k.A.
Betriebsspannung in Volt	12
Zündung	Batterie-Spulenzündung

Fahrwerk
Rahmenbauart	Doppelschleifenrohrrahmen aus Stahl
Radführung vorne	Telegabel
Federweg vorne in mm	100
Radführung hinten/Federbeine	Schwinge/2
Federweg hinten in mm	85
Radstand in mm	1490

Räder und Bremsen
Felgengröße vorne	1.65-19
Felgengröße hinten	1.85-18
Bereifung vorne	3.00-19
Bereifung hinten	3.50-18
Bremse vorne/Durchmesser in mm	Duplex/ 200 (J, 1972), Einzelscheibe 275 ab K, 1973.
Bremse hinten/Durchmesser in mm	Simplex/ 180

Maße und Gewichte
Länge in mm	2090
Breite in mm	815
Höhe in mm	1125
Gewicht in kg	190 (vollgetankt)
Tankinhalt in Litern	15

Fahrleistungen
Höchstgeschwindigkeit langliegend	158 km/h
Preis	L-Modell (1974): 4.590 Mark; N-Modell (1980): 3.998 Mark.

Suzuki GT 750
DER WASSERBÜFFEL

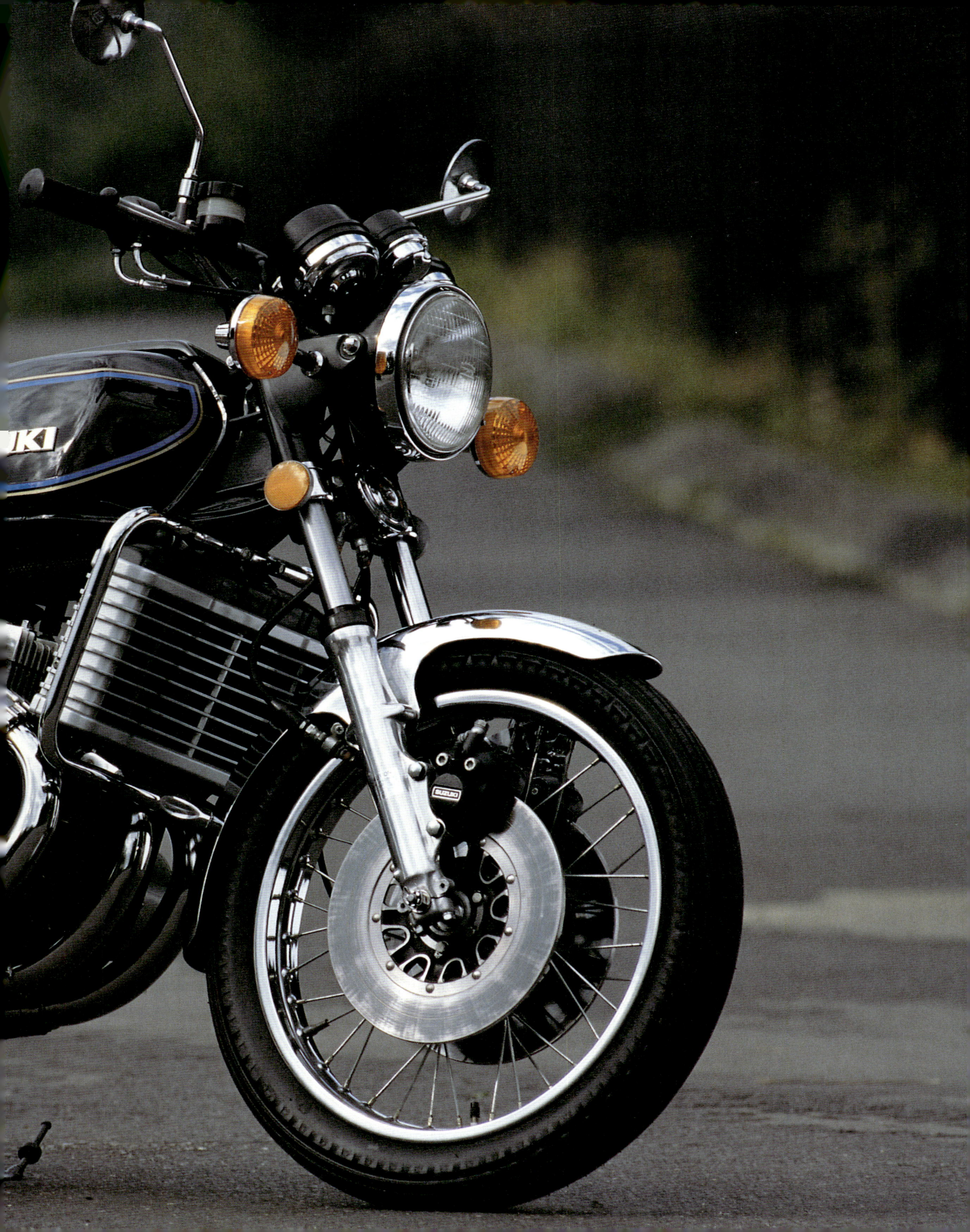

DER WASSERBÜFFEL

Das hohe Drehmoment ihres Motors und die Tatsache, dass dieser wassergekühlt war, brachten der Zweitakt-Suzuki GT 750 den Beinamen aus dem Tierreich ein.

Als Antwort auf die Honda CB 750 konnten die Motorradfans die 1970 auf der 17. Tokyo Motor Show von Suzuki präsentierte GT 750 kaum verstehen. Mit einer Trommelbremse im Vorderrad ausgerüstet und obendrein »nur« 52 PS stark, konnte sie ihrer vierzylindrigen Konkurrentin aus dem Land der aufgehenden Sonne kaum das Wasser reichen. Dennoch erfreute sich die wassergekühlte Zweitaktmaschine rasch großer Beliebtheit, denn sie vermochte auf einfache Weise eine Lücke im Markt zu schließen. Liebhaber von Dreizylinder-Zweitaktern mussten auf ihrer Suche nach leistungsstarken Gefährten bis dato nämlich zur Marke Kawasaki greifen. Letzteres

Es geht doch:
Wer behauptet, mit der GT 750 sei nicht sportlich zu fahren, wird hier belehrt. Einzig die Schräglagenfreiheit ist durch die voluminösen Auspuffe begrenzt.

Eher touristisch:
Die GT 750 war vor allem für Tourenfahrten mit sportlichen Einlagen prädestiniert. Die späteren GT 750, wie diese 1977 gebaute GT 750 B, besaßen bereits Doppelscheibenbremse und 63 PS Leistung.

dürfte dem einen oder anderen vor allem deshalb schwer gefallen sein, weil den Kawasaki-Drillingen ein gewisser Ruf der Unbeherrschbarkeit und nicht gerade vorbildlicher Tourentauglichkeit vorauseilte. Wer dennoch einen Zweitakter fahren wollte, musste sich zwangsläufig für die wassergekühlte GT 750 von Suzuki interessieren.

Sie bot loderndes Zweitaktfeuer aus drei Zylindern, ähnlich wie es Kawasaki mit der 500 H1 Mach III bereits vorexerziert hatte, doch besaß sie bereits eine fortschrittliche Wasserkühlung, was die Kundschaft vor allem mit gesteigerter Zuverlässigkeit verband. Im Fahrbetrieb glänzte die GT 750 aber nicht durch eine explosive Leistungsentfaltung, wie sie etwa die Kawasaki-Dreizylinder boten. Vielmehr war ihr Dreizylinder auf Durchzugskraft und viel Drehmoment im unteren und mittleren Drehzahlbereich ausgelegt. Dies dokumentiert auch die geringe Nenndrehzahl von nur 6.500/min, bei der die Spitzenleistung erreicht wird.
Zu diesem für Touren durchaus gut geeigneten Motor gesellt sich auch ein akzeptabler Fahrkom-

DER WASSERBÜFFEL

Wuchtige Erscheinung: Der große Wasserkühler dominiert die Frontansicht der GT 750 vor allem deshalb, weil er von einem verchromten Sturzbügel umfasst wird.

fort, der lediglich von den geringen Federwegen (vorne 110, hinten 70 mm) etwas beeinträchtigt wird. Ein wirkliches Manko im Hinblick auf längere Urlaubsfahrten ist jedoch der hohe Kraftstoffverbrauch, der leicht zehn Liter pro 100 Kilometer oder auch mehr erreichen kann. In Verbindung mit dem nur 18 Liter fassenden Tank erlaubt die GT 750 bei forscher Fahrweise dementsprechend Reichweiten von nicht einmal 200 Kilometern.

Trotz dieser unangemessenen Trinksitten fand die GT 750 – wie auch die Dreizylinder-Kawasaki – ihren festen Kreis von Liebhabern, gerade des drehmomentstarken Motors wegen. Daran hat sich bis heute auch nichts geändert, und so wurde in Deutschland sogar eigens ein Wasserbüffel-Club für die Fans dieses Motorradtyps gegründet. Überarbeitungen an diesem Modell, das sich immerhin von 1970 bis 1977 im Markt behauptete, betrafen unter anderem die Kanalgestaltungen in den Zylindern, die Getriebeabstufungen sowie die Bremsen. Außerdem wuchs die Leistung bis auf 63 PS an. Eine wirksame Doppelscheibenbremse ersetzte schließlich die schmucke, aber schlappe Trommelbremse vorne. Mit der GT 750 B markierte Suzuki 1977 schließlich das Ende der GT 750-Entwicklung, und dieses Modell zogen wir auch für unsere Fotofahrten heran.

Suzuki GT 750

Motor
Bauart	2-Takt/Reihe
Zylinderzahl	3
Ventile je Brennraum	–
Ventiltrieb	–
Bohrung in mm	70
Hub in mm	64
Hubraum in cm3	738,5
Verdichtung	6,7:1
Leistung in PS/Nenndrehzahl in 1/min	52 bzw. 63/6500

Gemischaufbereitung
Bauart/Anzahl	Rundschieber-Vergaser/3
Hersteller	Mikuni
Venturi-Durchmesser in mm	32

Kraftübertragung
Getriebe/Anzahl Gänge	Klauen/5
Primärübersetzung	1,673
1. Gang	2,846
2. Gang	1,736
3. Gang	1,363
4. Gang	1,125
5. Gang	0,923
Sekundärübersetzung	3,133
Sekundärantrieb	Rollenkette

Elektrische Anlage
Generatorleistung in Watt	–
Betriebsspannung in Volt	12
Zündung	Batterie-Spulen-Zündung

Fahrwerk
Rahmenbauart	Doppelschleifenrohrrahmen aus Stahl
Radführung vorne	Telegabel
Federweg vorne in mm	110
Radführung hinten/Federbeine	Schwinge/2
Federweg hinten in mm	70 bzw. 60
Radstand in mm	1470

Räder und Bremsen
Felgengröße vorne	1.85" x 19"
Felgengröße hinten	2.15" x 18"
Bereifung vorne	3.25-19
Bereifung hinten	4.00-18
Bremse vorne/Durchmesser in mm	Doppelscheibe/295
Bremse hinten/Durchmesser in mm	Trommel/180

Maße und Gewichte
Länge in mm	2215
Breite in mm	610
Höhe in mm	1160
Sitzhöhe in mm	810
Gewicht in kg	251 (fahrfertig)
Tankinhalt in Litern	18

Fahrleistungen
Höchstgeschwindigkeit langliegend in km/h	171,4 bzw. 185 (Messung)
Preis	6.900.- Mark (1975)

Yamaha XT und SR 500

LECKERE EINTÖPFE

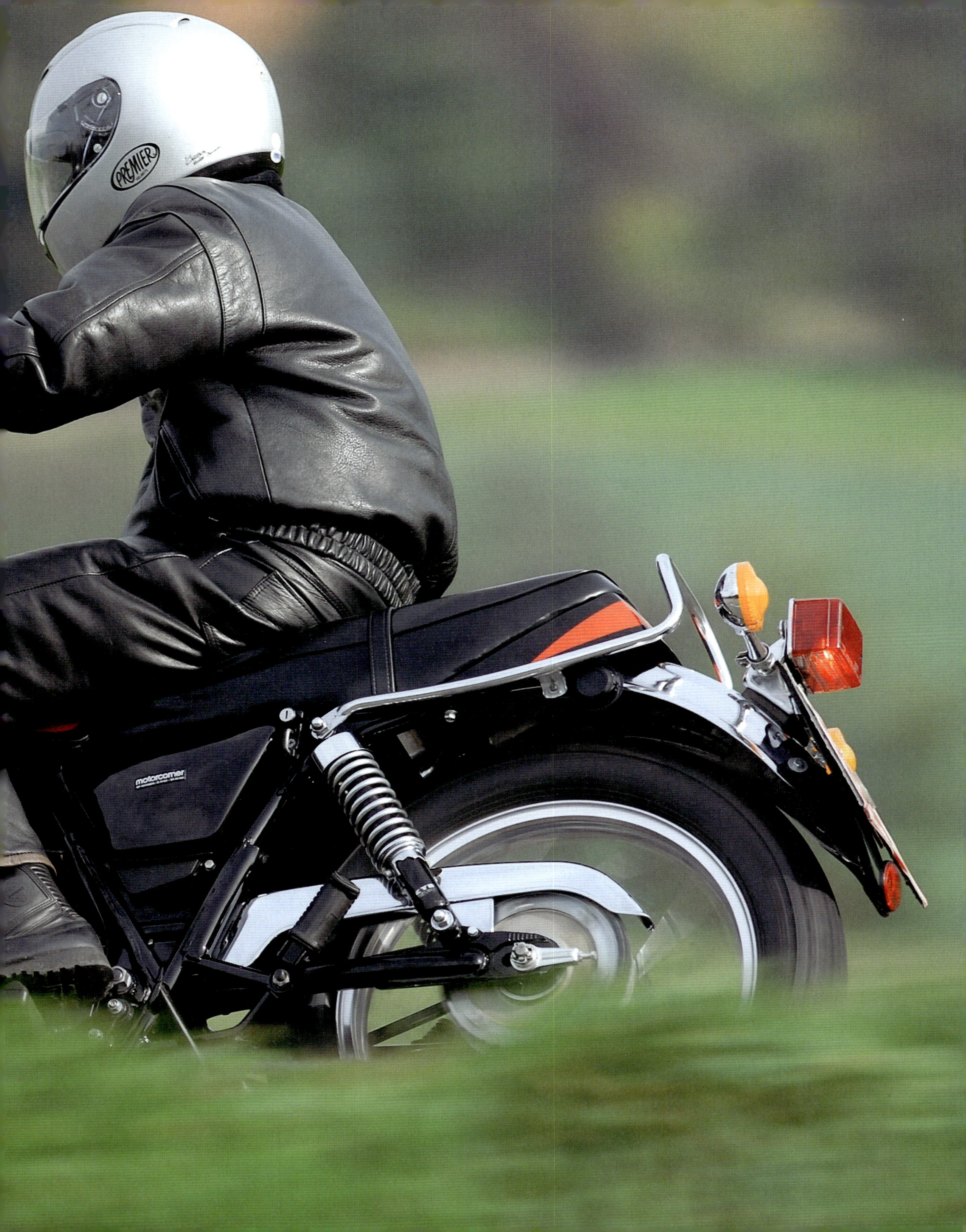
PREMIER

LECKERE EINTÖPFE

Mit ihrem 500er-Einzylinder begründeten die Yamaha XT und SR 500 die Renaissance der großvolumigen Singles – sowohl für die Straße als auch fürs Gelände. Heute sind die beiden Yamaha absolute Kultbikes und somit auch längst gesuchte Sammlerstücke.

Sie war die Ente auf zwei Rädern, der R4 unter den Motorrädern und Stammgast vor jedem Studentenwohnheim: Wer eine XT fuhr, suchte nicht nur ein Mittel gegen Fernweh, sondern protestierte mit einem bollernden Einzylinder-Viertaktmotor gegen das Mehrzylinder-Establishment. Ein echter High-Tech-Motor hätte nicht zu diesem Motorradkonzept gepasst, eine obenliegende Nockenwelle, zwei über Kipphebel gesteuerte Ventile – mehr brauchte es nicht, um nach Dakar zu kommen.

Die aus Einzelteilen verpresste Kurbelwelle lief in Kugellagern, das Pleuel im Nadellager-Käfig. Das Gehäuse war vertikal teilbar, den Antrieb der Kupplung übernahm ein Stirnradpaar. Für die Weiterleitung des Drehmoments war ein klauengeschaltetes Fünfganggetriebe zuständig; das Ölreservoir befand

Für die Straße: Das erfolgreiche Einzylinder-Konzept der XT 500 übertrug Yamaha mit glücklicher Hand auf die SR 500.

180

sich in den Rahmenrohren. Der Radstand war kurz, die Räder riesig, der Tank mit neun Litern viel zu klein und der Soziusplatz mit den an der Schwinge befestigten Rasten eine Zumutung. An diesem Motorrad war nichts so, wie man es von einem japanischen Großserienprodukt erwartete. Auch der Fahrspaß nicht. So flink ließ sich kein anderes Motorrad um die Ecke werfen. Wendig und spurtstark in der Stadt und unverwechselbar im Sound. Der so ganz gegen den Strich gebürstete Single war mit 145 kg ein Leichtfuß, ein Leistungsgewicht von 5,6 kg/PS boten damals nur wenige Motorräder. Die Mutter aller Enduro-Motorräder zeichnete sich nicht durch allzu feine Manieren aus, sie stampfte und schnaufte, und manchmal schlug sie auch per Kickstarter zurück. Die XT 500 war ein Motorrad für echte Kerle, wie Presse und Werbung immer wieder betonten. Zum echten Dampfhammer à la BSA Gold Star fehlte es ihr allerdings ein wenig an Format, dafür hatte sie zu wenig Hub und nicht genug Schwungmasse.

Ende 1975 wurde sie in Las Vegas vorgestellt, die deutsche XT-Version wurde erst zur IFMA 1976 in Köln gezeigt. Dass Yamaha damit voll den Nerv des Motorrad fahrenden Publikums getroffen hatte, zeigte sich bei der MOTORRAD-Wahl zum Motorrad des Jahres 1976: Dort belegte das neue Erdferkel den ersten Platz, knapp vor der ebenfalls neuen Yamaha XS 500. Doch im Gegensatz zum Straßen-Twin, der praktisch ein Ladenhüter blieb, ging der neuen Single weg wie die sprichwörtliche warme Semmel. Um die

Enduro-Legende: Wie kaum einer anderen Enduro steht der XT 500 eine Karriere als begehrter Oldtimer bevor.

LECKERE EINTÖPFE

Zeit bis zur Auslieferung der ersten, für Deutschland bestimmten Maschinen zu überbrücken, wurden zunächst die 33 PS starken US-Modelle importiert und modifiziert. Erst nach der IFMA stand die für Deutschland homologierte XT zur Verfügung. Die Drosselung auf 27 PS erfolgte über eine Reduzierblende im Ansaugstutzen.

Kennzeichen des Modelljahrgangs 1977 – 1800 XT 500 brachte der deutsche Importeur unter das Volk – war das beige-rote Tankdekor sowie der neu verlegte Auspuff. Ein Bullauge im Zylinderkopf mit Farbmarkierung an der Nockenwelle erleichterte die Startprozedur, dazu kamen breitere Felgen. Faltenbälge an der Gabel gab es seit 1978. In den nächsten Jahren folgten in erster Linie optische Retuschen: Die XT des Jahres 1979 hatten schwarze Seitendeckel und einen modifizierten Vergaser, der den Startschwierigkeiten bei warmem Motor begegnen sollte, was der Alltagstauglichkeit nur nützte; der besseren Geländetauglichkeit kamen die längeren hinteren Federbeine zugute. 1980 gab es wieder eine neues Tankdekor, die Maschinen jenes Jahres unterschieden sich durch die goldfarben eloxierten Felgen von den Vormodellen. Die vorverlegte Achsaufnahme verhalf der Gabel zu etwas mehr Arbeitsweg. 1981 sah den Einsatz eines neuen, alufarbenen Tanks mit schwarzer Oberseite vor. Danach war für die nächsten beiden Jahre etwas Ruhe, 1983 folgten diverse Motormodifikationen und silberne Felgen. Wesentlicher war die Umstellung der schwächlichen 6-Volt-Elektrik auf 12 Volt im Jahre 1986. Bei der Gelegenheit wurden die Felgen wieder in den Goldtopf getaucht. Für 1988 nahm Yamaha mit der XT 500 S dann eine besonders adrette Variante der Halbliter-Enduro ins Programm, diese stand noch bis 1990 in der Lieferliste des Importeurs. Technisch mit den Vormodellen identisch, verfügte sie

Bekanntes aus Fernost: Einzelscheibe vorn, Trommel hinten sowie mäßig dämpfende Federbeine waren auch Merkmale der SR 500 über eine Unmenge Chrom und silberfarbene Felgen. Mit diesem Schmuckstück verabschiedete sich die XT 500 von ihren Fans – allein in Deutschland waren es über 26 000 gewesen.

Und auch ihr Ableger wurde Kult: Die SR 500, die Straßenmaschine mit XT-500-Triebwerk, erinnerte an die britischen Motorradklassiker der Nachkriegszeit und wurde erstmals auf dem Pariser Salon Ende 1977 in Europa gezeigt. Merkmal dieses offen 31 PS, hierzulande 27 PS starken Dampfhammers waren das große 19 Zoll-Vorderrad, die schwarzrote Lackierung und der riesige Scheinwerfer mit verchromten Lampentopf. Der SR-Motor erhielt eine 12-Volt-Elektrik und eine kontaktlose Kondensatorzündung, größere Schwungmassen, etwas breitere Kühlrippen (die überdies geschwärzt waren), einen 34er-Mikuni-Vergaser (XT: 32 mm), eine andere Auspuffanlage sowie ein größeres Einlassventil. Auslassventil, Schäfte und Bohrung-Hub-Verhältnis entsprachen der XT – und fertig war der Stoff, aus dem Legenden sind. Nur wer fähig war, eine SR per Kickstarter zum Leben zu erwecken, wurde in so manchen Biker-Keisen respektiert.

Im Lauf ihrer bald 20 Jahre währenden Karriere – zuletzt entstand die SR praktisch nur noch für den europäischen Markt – wurde der Single immer wieder behutsam modifiziert. Die wesentlichen Stationen der Modellpflege umfassten nicht nur Änderungen in Farbschema, sondern auch die Beleuchtung (1980, Scheinwerfer), das Fahrwerk (1984, 18-Zoll-Vorderrad, Speichenräder, Leistung 34 PS), Tank (1987, 14-Liter-Tank in Zweifarben-Lackierung), Bremsen (1988 Duplexbremse vorn auf Wunsch, 1992 obligatorisch) und Gemischaufbereitung (1991, Änderungen an Luftfilterkasten und Auspuffanlage; Zweistufen-Choke, Gleichdruck-Flachschieber-Vergaser anstelle der alten Mikuni-Rundschieber-Gasfabrik).

Yamaha SR / XT 500

Motor
Bauart	4-Takt/
Zylinderzahl	1
Ventile je Brennraum	2
Ventiltrieb	OHC
Bohrung in mm	87
Hub in mm	84
Hubraum in cm³	499
Verdichtung	9,0:1
Leistung in PS	20 kW (27 PS) bei 6.500/min (XT: 5.900/min) (offen 24 kW (33 PS) bei 6.600/min. XT: 6.500/min).

Gemischaufbereitung
Bauart/Anzahl	Rundschieber-Vergaser/ 3
Hersteller	Mikuni
Venturi-Durchmesser in mm	34 (XT für Deutschland 32)

Kraftübertragung
Getriebe/Anzahl Gänge	Klauen/5
Primärübersetzung	2,567:1
Gesamtübersetzungen	
1. Gang	2,357
2. Gang	1,555
3. Gang	1,190
4. Gang	0,961
5. Gang	0,778
Sekundärübersetzung	2,265 oder 2,750 (XT: 2,625 oder 2,750)
Sekundärantrieb	Rollenkette

Elektrische Anlage
Generatorleistung in Watt	130
Betriebsspannung in Volt	12 (XT: bis 1985 6)
Zündung	Kontaktlose CDI-Magnetzündung

Fahrwerk
Rahmenbauart	Geschlossener Rohrrahmen aus Stahl
Radführung vorne	Telegabel
Federweg vorne in mm	150 (XT: 195)
Radführung hinten/Federbeine	Schwinge/2
Federweg hinten in mm	110 (XT: 110)
Radstand in mm	1400 (XT: 1420)

Räder und Bremsen
Felgengröße vorne	1.85-18 oder 1.85-19 (XT: 1.60-21 oder 1.85-21)
Felgengröße hinten	2.15-18 (XT: 1.85-18)
Bereifung vorne	3.50-18 oder 3.50-19 (XT: 3.00-21 oder 3.25-21)
Bereifung hinten	4.00-18
Bremse vorne/Durchmesser in mm	Einzelscheibe/ 289 oder Duplex 230 mm (XT: Halbnaben-Simplex 160 mm)
Bremse hinten/Durchmesser in mm	Simplex/ 150 (XT: Halbnaben-Simplex 150 mm)

Maße und Gewichte
Länge in mm	2155 (XT: 2190)
Breite in mm	830 (XT: 860)
Höhe in mm	1140 (XT: 1130)
Gewicht in kg	173 (XT: 155) (vollgetankt)
Tankinhalt in Litern	14 (XT: 8,5)

Fahrleistungen
Höchstgeschwindigkeit langliegend	135 km/h. XT 130 km/h
Preis	2.296 Euro (1978)

Magni-BMW MB 2 R 90 S

ITALIENISCHER HENGST

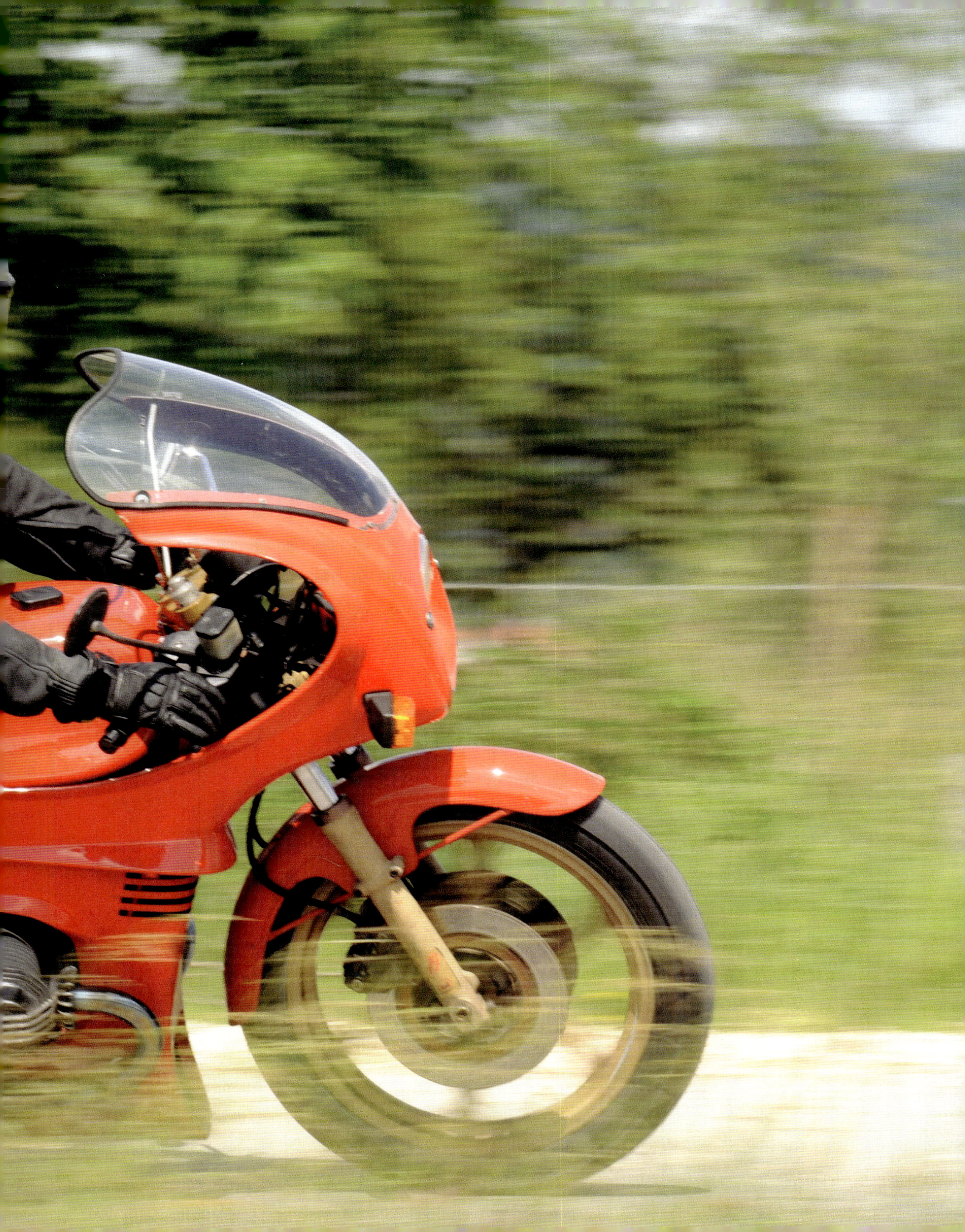

ITALIENISCHER HENGST

Was hierzulande in Motorradfahrer-Kreisen als brave Kuh bezeichnet wird, etablierte sich in Italien Anfang der 80er-Jahre als starkes, sportliches Rennpferd in Form der Magni-BMW. Passen zwar sämtliche Zweiventil-Boxer dieser Ära in das italienische Chassis, wurden doch zumeist die 1000er-Motoren der R 100-Modelle verbaut. Sehr selten war dagegen die Verwendung des R 90 S-Motors, der mit seiner sportlichen, drehfreudigen Charakteristik wie geschaffen für das fahrstabile Magni-Chassis ist.

Als die italienische Fahrwerksschmiede Magni im Spätherbst 1981 auf dem Mailänder Salon ihre eigene Vorstellung einer BMW präsentierte, ging ein Raunen durch die eingefleischten BMW-Kreise. Knallrot, sehr sportlich und vor allem leicht war der erste Prototyp namens MB 1 geraten, wobei M für Magni und B für BMW stand.

Brachte eine serienmäßige R 90 S vollgetankt 235 Kilogramm auf die Waage, ließ es die Magni-BMW bei moderaten 208 Kilogramm bewenden. Eine Eins-

Voll verschalt: Bis auf Zylinder, Köpfe und Vergaser verschwand der BMW-Boxer vollständig hinter der Vollverkleidung.

parung von immerhin 27 Kilogramm, die einerseits aus dem lediglich 9 Kilogramm schweren und aus Chrommolybdänstahl gefertigten Rahmen resultierten. Weitere Pfunde sparten freilich die Leichtmetall-Gussräder, die Forcella-Italia-Gabel und der weitgehende Verzicht auf alles Überflüssige wie etwa Soziusfußrasten ein.

Insbesondere war auch die Heckpartie des sportlichen Italo-Boxers leicht und filigran geraten, und so schmiegte sich lediglich eine selbsttragende Glasfaserhaut samt Sitzfläche über das Rohrrahmenheck. Doch geringes Gewicht allein versprach noch keineswegs verbesserte Fahreigenschaften gegenüber dem Münchener Original. Dazu bedurfte es freilich entsprechender Eckdaten des Fahrwerks. Verfügte die R 90 S vorne über stolze und komfortorientierte 200 Millimeter Federweg, ließ es die Magni-Konstruktion bei lediglich 145 Millimetern bewenden. Hinzu kam eine sportlich straffe Abstimmung. An der Hinterhand dagegen wurden die serienmäßigen 125 Millimeter Federweg übernommen, da man hier auf die Verwendung der originalen BMW-Federbeine setzte. Besonderes Augenmerk legte Arturo Magni, der ehemalige MV-Rennleiter, darauf, den bei sehr forscher Fahrweise pendelgeschädigten BMW-Fahrern ein Chassis anzubieten, dessen Geradeauslauf-Qualitäten über jeden Zweifel erhaben waren. Aus diesem Grund verlängerte er den Nachlauf gegenüber der R 90 S von 96 auf nunmehr 115 Millimeter, und auch der Radstand wurde von 1465 Millimeter auf nun 1490 Millimeter verlängert.

Neben einer sehr präzisen Fertigung des Rahmens spendierte Magni seiner Version einer sportlichen BMW zudem eine besondere Art der Schwingenlagerung. Dabei umfassen links und rechts zwei Gabeln an der Schwinge den Rahmen und ermöglichen so die so genannte Schleifspindellagerung. Hierbei sind beide Schwingenlager separat einstellbar, werden nicht gegeneinander unter Druck gebracht und erlauben so eine absolut spannungs- und damit verzugs-

Ungewohnte Lösung: An Stelle üblicher Talbot-Spiegel setzte Magni bei der MB2 die serienmäßigen, lenkerfesten BMW-Rückspiegel.

freie Lagerung der Schwinge im Rahmen. Die Schwinge selbst wurde als Blechkastenkonstruktion aus Chrommolybdänstahl verschweißt und geriet wie bereits der Rahmen leichter und steifer als das Original. Erschien dieser erste Prototyp der Magni-BMW seiner-

ITALIENISCHER HENGST

Kennzeichen R 90 S: Als einzige Serien-BMW verfügte die R 90 S über Dell'Orto-Vergaser.

zeit in Mailand noch als Einsitzer mit Ducati-ähnlicher Halbschale, stieß Magni anhand der Kundenresonanz jedoch alsbald darauf, dass seine BMW – fortan MB 2 genannt – zumindest optional auch den Transport eines Passagiers erlauben müsste. Da das Rahmenheck als steif genug erachtet wurde und das zulässige Gesamtgewicht mit 450 Kilogramm ohnedies die notwendigen Reserven hierfür bot, entstand bereits kurze Zeit später auch eine zweisitzige Version, die wahlweise mit Halb- oder wie im vorliegenden Fall mit Vollverkleidung geordert werden konnte.

Im Fahrbetrieb zeigten sich alsbald die Vorzüge der Magni-Konstruktion, wenn es darum ging, sportlich unterwegs zu sein. Hob sich eine serienmäßige R 90 S beim Gasgeben spürbar aus den Federn und sackte beim Gaswegnehmen entsprechend in sich zusammen, waren diese Reaktionen beim italienischen Pendant spürbar geringer ausgeprägt. Grund hierfür war insbesondere das geringere Fahrzeuggewicht, dass die Serienfederbeine hinten statisch deutlich weniger in die Federn drückte und somit den Negativfederweg merklich reduzierte. Im Verein mit der straffer abgestimmten Telegabel und deren um 55 Millimeter kürzeren Federweg ergab sich so eine wesentlich straffere und für sportliche Fahrweise geeignetere Grundabstimmung. Der verlängerte Nachlauf sowie Radstand taten hingegen beim Kriterium Geradeauslauf ihr Übriges und entledigten die italienische BMW jeglicher Pendelneigung. Die theoretisch hierdurch bedingte Verschlechterung der Handlichkeit wurde hingegen durch das deutlich geringere Gewicht nahezu egalisiert.

Vorzugsweise wurden in das Magni-Chassis die Motoren der BMW R 100 S und R 100 RS mit 65 respektive 70 PS Leistung eingebaut. Seltener waren hingegen andere Motorisierungen, wie etwa das R 90 S-Triebwerk. Manfred Henzler aus dem schwäbischen Nürtingen erstand seinerzeit eines dieser Magni-Chassis', und für ihn kam einzig der drehfreudige Boxer der R 90 S in Frage, der ja allein schon wegen seiner 38er-Dell'Orto-Gasfabriken ja auch ausgezeichnet zum italienischen Motorrad passt. Der lebhafte Charakter des R 90 S-Motors hatte es Manfred Henzler angetan, und ohnehin kam für den BMW-Händler und Rennfahrer als Motorrad nur eine BMW in Frage. Am liebsten natürlich eine sportliche – deshalb die Magni. Dem Einsatzzweck entsprechend spendierte Magni seiner Konstruktion, die seinerzeit für 17.000 Mark angeboten wurde, auch eine leistungsfähigere Bremsanlage. Vorne arbeiten zwei, hinten ein Brembo-Zweikolben-Festsattel in Verbindung mit 280 Millimeter durchmessenden Graugussscheiben und verzögern den italienischen Hengst standesgemäß. Während Magni bei der Auspuffanlage vor allem auf die Verwendung des bayerischen Originalprodukts baute, rüsteten nicht wenige Magni-Kunden ihre Maschine mit Lösungen aus dem einschlägigen Zubehörhandel aus. Einen besonders charaktervollen Ton lieferten dabei stets die legendären Hoske-Tüten, wie sie an der Fotomaschine verbaut sind.

Aus deutscher Sicht sind insbesondere die Aktivitäten des Clubs Magni-Bayern zu erwähnen, der sich neben gemeinschaftlichen Terminen, wie dem alljährlichen offiziellen Magni-Treffen in Cascina Costa, auch einem Magni-Register angenommen hat (www.magni-bayern.de) und internationale Kontakte bis ins ferne Japan pflegt.

Das basst: Die Hoske-Tüten waren damals zeitgenössisches Zubehör und liefern einen formidablen Klang.

Magni-BMW MB 2 R 90 S

Motor
Bauart	4-Takt/ Boxer
Zylinderzahl	2
Ventile je Brennraum	2
Ventiltrieb	OHV
Bohrung in mm	90
Hub in mm	70,6
Hubraum in cm³	898
Verdichtung	9,5:1
Leistung in PS	67 (49 kW)

Gemischaufbereitung
Bauart/Anzahl	Schieber-Vergaser/ 2
Hersteller	Dell'Orto
Venturi-Durchmesser in mm	38

Kraftübertragung
Getriebe/Anzahl Gänge	Klauen/5
Primärübersetzung	2,07
Gesamtübersetzungen	
1. Gang	4,40
2. Gang	2,86
3. Gang	2,07
4. Gang	1,67
5. Gang	1,50
Sekundärübersetzung	3,36
Sekundärantrieb	Kardanantrieb

Elektrische Anlage
Generatorleistung in Watt	280
Betriebsspannung in Volt	12
Zündung	Batterie-Spulenzündung

Fahrwerk
Rahmenbauart	Doppelschleifenrohrrahmen aus Stahl
Radführung vorne	Telegabel
Federweg vorne in mm	145
Radführung hinten/Federbeine	Schwinge/2
Federweg hinten in mm	125
Radstand in mm	1490

Räder und Bremsen
Felgengröße vorne	1.85-19
Felgengröße hinten	1.85-18
Bereifung vorne	3.25-19
Bereifung hinten	4.00-18
Bremse vorne/Durchmesser in mm	Doppelscheibe/ 280
Bremse hinten/Durchmesser in mm	Einzelscheibe/ 280

Maße und Gewichte
Länge in mm	2199
Breite in mm	875
Höhe in mm	1215
Gewicht in kg	208 (vollgetankt)
Tankinhalt in Litern	24

Fahrleistungen
Höchstgeschwindigkeit langliegend	über 200 km/h
Preis	ca. 17000 Mark (1981).

BMW R 80 G/S

ENDURO NEU DEFINIERT

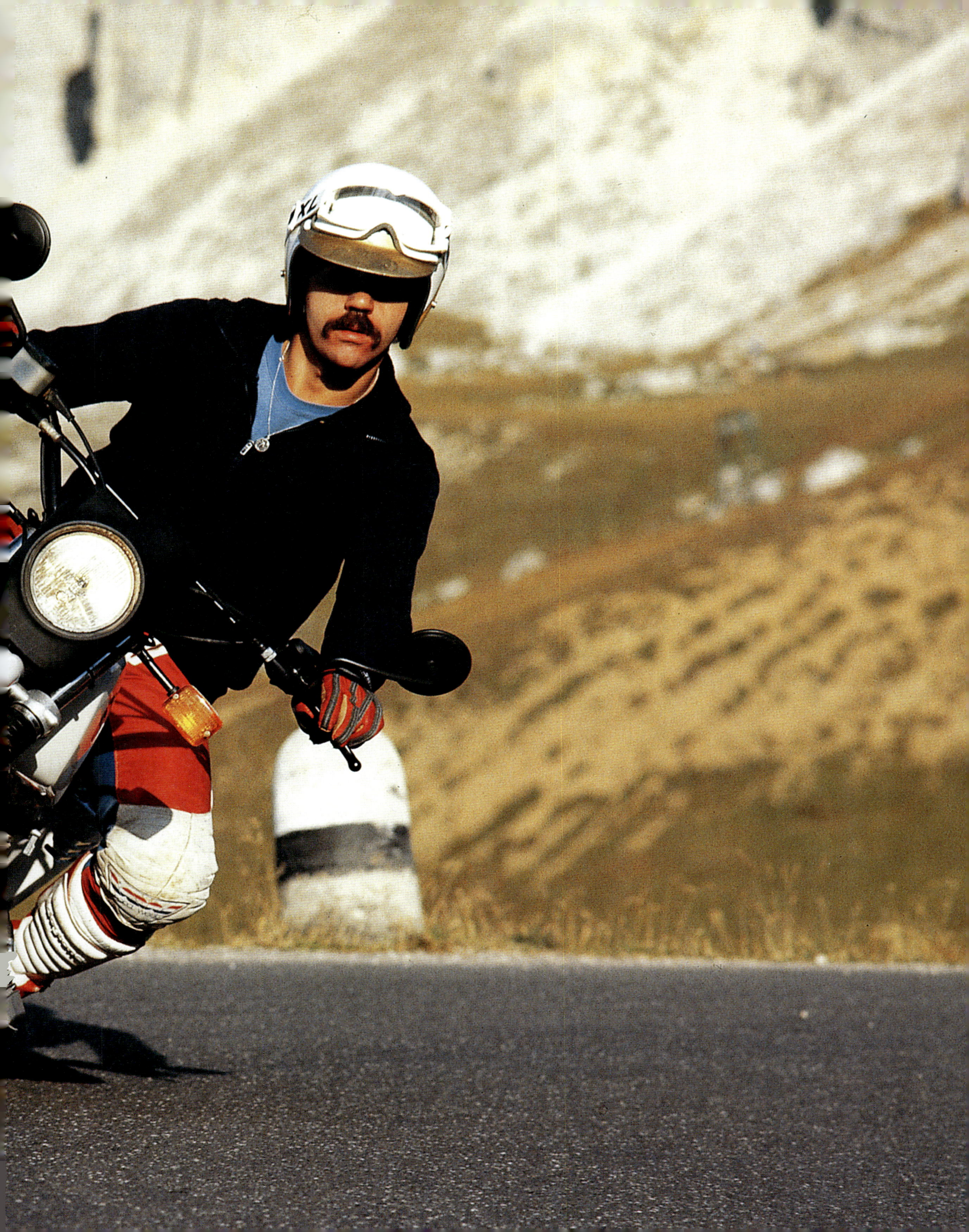

ENDURO NEU DEFINIERT

Vorbei die Zeiten, in denen Enduros zwangsläufig über Einzylinder-Motoren zu verfügen hatten, hieß es, als BMW 1980 die R 80 G/S auf den Markt brachte und damit eine bis heute beispiellose Erfolgsstory startete. Herrschte in der Fachwelt zu Anfang noch Skepsis ob des neuen Konzepts von BMW vor, überzeugte die R 80 G/S mit ihren fahrdynamischen Qualitäten alle Zweifler: Sie war ein wahrer Alleskönner. Das bescherte ihr und ihren zahlreichen Nachfolgemodellen bis heute eine riesige Fangemeinde ein.

Das Kürzel G/S stand für Gelände/ Straße, und als die BMW R 80 G/S seinerzeit im südfranzösischen Avignon der Journaille erstmals zur Fahrerprobung vorgestellt wurde, ahnte wohl auch bei BMW noch niemand, dass sie die Keimzelle für die bis heute erfolgreichste BMW-Motorrad-Baureihe darstellen sollte.

Vorausgegangen war der im September 1980 auf der IFMA in Köln dem Publikum präsentierten R 80 G/S indes ein Rennsportengagement, bei dem sich BMW 1979 nach längerer Abstinenz wieder werksseitig am

Beginn einer Bewegung: Im Jahr der Drucklegung dieses Buches feierte BMW »30 Jahre GS«. Ursprung der extrem erfolgreichen BMW-Modellreihe war die R 80 »G-Strich-S«.

Motorrad pur: Was seinerzeit den Begriff Groß- oder Reise-Enduro prägte, mutet heute fast schon grazil an.

Offroad-Sport beteiligt hatte. Richard Schalber holte sich auf einem 800er-Boxer von BMW den Titel des Deutschen Meisters in dieser Geländesport-Kategorie, und bei den Sixdays im Siegerland errangen Rolf Witthöft und Fritz Witzel jr. gar zwei Goldmedaillen. Die sportlichen Erfolge machten nicht nur Mut, sondern belegten auch erneut die Richtigkeit der Überlegung, dass die BMW Boxermaschinen prinzipiell auch für den Offroad-Einsatz tauglich seien, wenngleich das Einsatzgebiet der R 80 G/S beim Endkunden wohl vorzugsweise die asphaltierte Straße sein würde. Während sich die R 80 G/S mit ihrem vergleichsweise geringen Gewicht von 186 Kilogramm vollgetankt selbst im härteren Endurobetrieb problemlos dirigieren ließ, geriet die neue BMW im Straßenbetrieb geradezu zu einem Landstraßenfeger erster Güte. Auch hier spielte die R 80 G/S ihr geringes Gewicht aus, und die versammelte Sitzposition schuf in Verbindung mit dem breiten Rohrlenker allerbeste Voraussetzungen für müheloses Durcheilen verwinkelter Kurvenkombinationen. Selbst heute, rund drei Jahrzehnte nach ihrem Erscheinen, zaubert die Typenbezeichnung G-Strich-S immer wieder ein Lächeln auf die Lippen all jener, die dieses Motorrad seinerzeit genießen konnten.

Neben der guten Handlichkeit wartete die R 80 G/S mit den für BMW-Motorrädern typischen langen Federwegen auf. 200 Millimeter vorn und 170 Millimeter hinten standen zur Verfügung und damit ein Fahrkomfort, der die G/S auch und gerade für längere Urlaubsfahrten prädestinierte. Stellte die Telegabel vorn noch den aktuellen Stand der Technik dar, betrat

ENDURO NEU DEFINIERT

Überflieger: Im Gegensatz zu vielen, später vor allem von japanischen Herstellern lancierten Konkurrenzprodukten bewies die BMW R 80 G/S sehr wohl Gelände-Qualitäten.

BMW mit der »Monolever« genannten Einarmschwinge hinten Neuland. Der Schwingenarm aus Stahl diente gleichzeitig als Kardantunnel und stützte sich über ein schräg angestelltes, direkt angelenktes Federbein gegen den Rahmen ab. Neben einer Gewichtsersparnis hatte diese Konstruktion auch den Vorzug, dass sich das Hinterrad nach Lösen der drei Befestigungsschrauben problemlos nach links heraus vom Radträger nehmen ließ und so äußerst flinke Reifenwechsel ermöglichte. Dies wussten nicht nur sportlich ambitionierte G/S-Fahrer zu schätzen, sondern auch alle diejenigen, die mit ihrer G/S ferne Länder bereisten und die hohen Tourenqualitäten der BMW-Enduro zu schätzen lernten.

Ihrem puristischen Charakter, der vom fürs Fahren unbedingt Notwendigen geprägt war, trug die R 80 G/S auch ausstattungsseitig Rechnung. So waren die beiden Kotflügel an Vorder- und Hinterrad erstens aus schlagzähem, unzerbrechlichem Kunststoff gefertigt und zweitens so hoch montiert, dass sich bei engagiertem Offroad-Treiben hier nichts mit Schlamm zusetzen und den Vortrieb verhindern konnte. Dem von der Funktionalität bestimmten Ansatz trug auch die kleine schwarze Lampenmaske Rechnung, in der sich lediglich ein Tachometer nebst Kontrollleuchten befand. Fußrasten aus Stahl mit gezacktem Profil gewährleisteten zudem auch bei schwierigen Bedingungen festen Tritt und damit Maschinen-Beherrschung. Heute ist die R 80 G/S bereits ein sehr gesuchter Oldtimer, läutete sie für BMW Motorrad doch ein neues Zeitalter ein. Obwohl mehr als drei Jahrzehnte alt, ist ihr Konzept selbst aus heutiger Sicht noch frappierend gut. So manchem Fahrer weitaus stärkerer, modernerer Maschinen vermag sie in kundiger Hand selbst heute noch auf der Landstraße ein Aha-Erlebnis zu vermitteln, erlaubt sie mit ihrer enormen Bodenfreiheit doch erstaunliche Schräglagen und damit Kurvengeschwindigkeiten.

BMW R 80 G/S

Motor
Bauart	4-Takt/ Boxer
Zylinderzahl	2
Ventile je Brennraum	2
Ventiltrieb	OHV
Bohrung in mm	84,4
Hub in mm	70,6
Hubraum in cm³	797,5
Verdichtung	8,2:1
Leistung in PS	37 kW (50 PS) bei 6.500/min

Gemischaufbereitung
Bauart/Anzahl	Gleichdruckvergaser/ 2
Hersteller	Bing
Venturi-Durchmesser in mm	32

Kraftübertragung
Getriebe/Anzahl Gänge	Klauen/5
Primärübersetzung	2,07
Gesamtübersetzungen	
1. Gang	4,40
2. Gang	2,86
3. Gang	2,07
4. Gang	1,67
5. Gang	1,50
Sekundärübersetzung	3,36
Sekundärantrieb	Kardanantrieb

Elektrische Anlage
Generatorleistung in Watt	280
Betriebsspannung in Volt	12
Zündung	Batterie-Spulenzündung

Fahrwerk
Rahmenbauart aus Stahl	Doppelschleifenrohrrahmen
Radführung vorne	Telegabel
Federweg vorne in mm	200
Radführung hinten/Federbeine	Schwinge/1
Federweg hinten in mm	170
Radstand in mm	1465

Räder und Bremsen
Felgengröße vorne	1.85-21
Felgengröße hinten	2.15-18
Bereifung vorne	3.00-21
Bereifung hinten	4.00-18
Bremse vorne/Durchmesser in mm	Einzelscheibe/ 260
Bremse hinten/Durchmesser in mm	Simplex/ 200

Maße und Gewichte
Länge in mm	2230
Breite in mm	820
Höhe in mm	1150
Gewicht in kg	186 (vollgetankt)
Tankinhalt in Litern	19,5

Fahrleistungen
Höchstgeschwindigkeit langliegend	168 km/h

Preis	8.290 Mark (1980).

BMW K1
IDEEN-TRÄGER

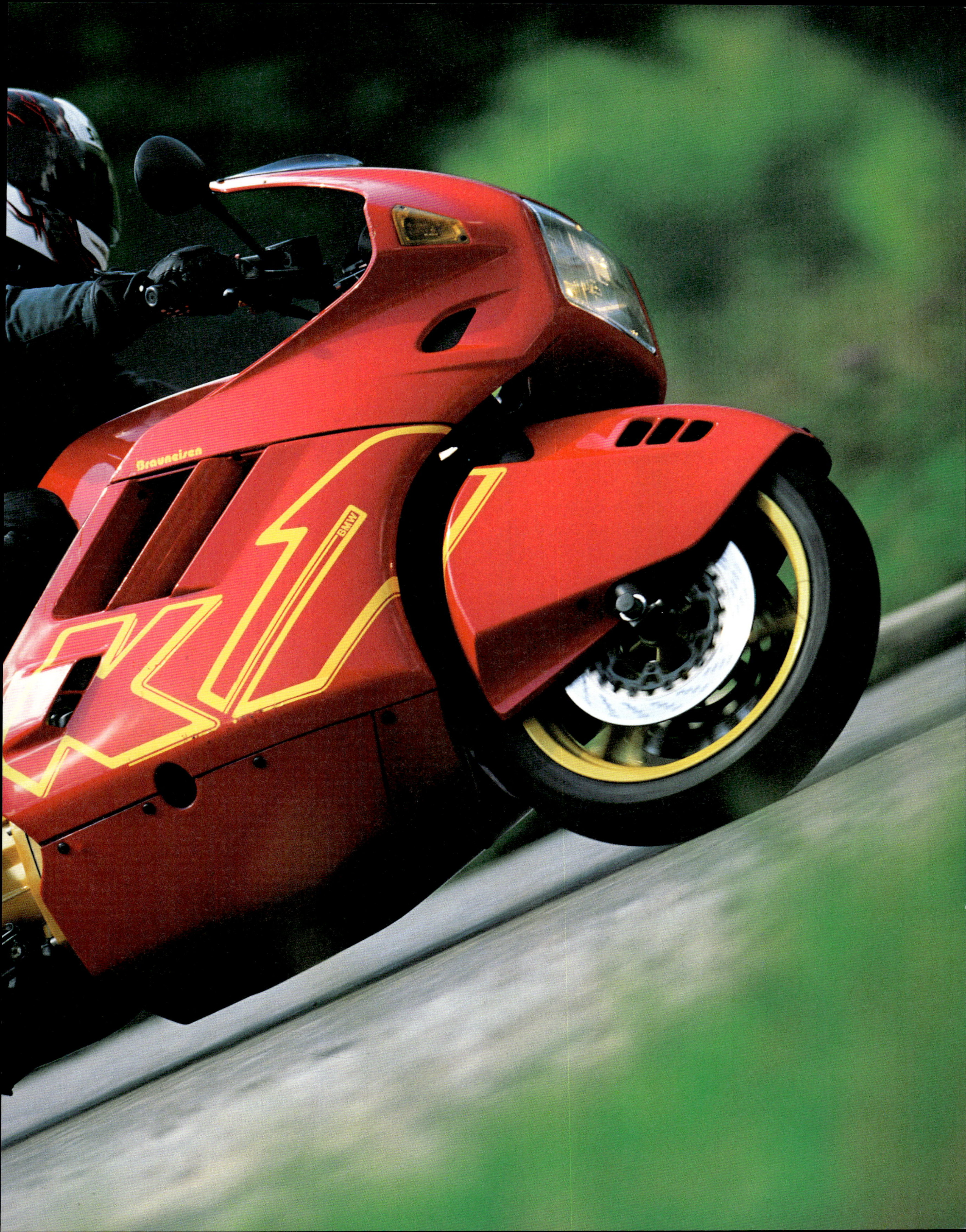
Brauneisen
BMW

IDEEN-TRÄGER

Mit der 1988 auf der IFMA in Köln präsentierten K1 wurde BMW seinem Ruf als innovativer Motorrad-Produzent einmal mehr gerecht. Im Gegensatz zur fernöstlichen Konkurrenz wartete die K1 seinerzeit mit ABS, geregeltem Katalysator und einer Menge nützlicher Ideen auf.

K1 – kaum ein anderes Motorrades war dermaßen dazu angetan, das motorradfahrende Volk in zwei Lager zu spalten. In Gruppen begeisterter Anhänger oder kategorischer Verweigerer. Der Grund hierfür fand sich in der äußerst eigenständigen, für manchen gar avantgardistischen Optik der K1. Vollverkleidung, Vorderradkotflügel sowie die Tank-Sitzbank-Kombination waren Ende 1988 anders als bei jedem anderen Motorrad extrem nach aerodynamischen Gesichtspunkten gestylt.

Image-Träger: Mit der K 1 präsentierte BMW 1988 ein optisch gewöhnungsbedürftiges Motorrad, das allerdings hervorragende aerodynamische Qualitäten besaß.

Allround-Talent: Mit der K 1 ließ es sich nicht nur maximal 240 km/h schnell über die Autobahn gleiten, sondern sie taugte auch zum Genuss kurvenreicher Landstraßen.

IDEEN-TRÄGER

Moment mal: Nach den Enduro-Modellen der GS-Baureihe erhielt mit der K 1 nun auch ein Straßenmodell die Paralever-Hinterradführung, die mit ihrer Momentabstützung das Auf und Ab der Hinterhand bei Lastwechseln unterband.

So bot die Vollverkleidung aber nicht nur eine gewöhnungsbedürftige Optik, sondern durchaus auch praktische Qualitäten. Der Wind- und Wetterschutz, besonders auf schnellen Autobahnetappen, war für ein Sport-Motorrad – und das wollte die K1 sein – ausgezeichnet. Praktische Nachteile erkaufte der Fahrer allerdings bei glühender Sommerhitze im Stadtverkehr. Dann nämlich wurde die Abwärme des wassergekühlten Vierzylinder-Motors genau auf die Beine des Piloten geleitet, was insbesondere den Stop-and-Go-Verkehr zu einer unangenehmen Fortbewegung werden ließ.

Wohl hingegen fühlte sich der K1-Treiber auf der Landstraße. Das handliche und trotzdem spurstabile Fahrwerk mit 17 Zoll-Vorderrad ließ Freude an sportlicher Schräglagensuche aufkommen, und der kraftvolle Motor, der mit einer elektronisch gesteuerten Einspritzanlage und geregeltem Katalysator bewehrt war, bot insbesondere im Drehzahlbereich von 5000 bis 9000/min kraftvollen Vortrieb, der auf der Autobahn erst bei knapp 240 km/h Höchstgeschwindigkeit endete.

Für die Tour zu zweit war die K1 ebenfalls tauglich und bot dem Hintermann eine entspannte und komfortable Unterbringung auch auf längeren Strecken. Lediglich die feinen Vibrationen, die der wassergekühlte Vierzylinder gerade im oberen Drehzahlbereich produzierte, drangen bis in die Fußrasten des Co-Piloten vor.

Neben einem ABS der ersten Generation, dessen Regelfrequenz noch nicht an die Systeme, wie sie etwa zehn Jahre später verbaut wurden, heranreichte, bot die K1 auch eine Fülle von – teilweise optionalen – Ausstattungsdetails, wie sie der BMW-Kunde gerne annimmt. So etwa die beiden kleinen Staufächer in der Heckverkleidung der Sitzbank, die schon serienmäßig die Unterbringung der notwendigsten Utensilien wie etwa zweier Regenkombis erlaubte. Empfehlenswert waren und sind heute noch die im BMW-Zubehörprogramm erhältlichen Heizgriffe, die auch Fahrten in der kälteren Jahreszeit einigermaßen angenehm gestalten.

Alles in allem war die K1 nicht nur für BMW, sondern für die gesamte Motorradlandschaft Ende der 80er Jahre ein echter Meilenstein. Optik hin oder her.

Typisch BMW: Große, klar gezeichnete Instrumente informieren den Fahrer über Drehzahl und Geschwindigkeit. Das umfangreiche Zubehörprogramm bot Annehmlichkeiten wie beheizbare Lenkergriffe.

BMW K1

Motor
Bauart	4-Takt/Reihe
Zylinderzahl	4
Ventile je Brennraum	4
Ventiltrieb	DOHC
Bohrung in mm	67
Hub in mm	70
Hubraum in cm3	987
Verdichtung	11,0:1
Leistung in PS/Nenndrehzahl in 1/min	100/8000

Gemischaufbereitung
Bauart/Anzahl	Elektronische Kraftstoffeinspritzung
Hersteller	Bosch
Venturi-Durchmesser in mm	35 mm

Kraftübertragung
Getriebe/Anzahl Gänge	Klauen/5
Zündung	Elektronisches Motor-Management

Fahrwerk
Rahmenbauart	Stahlrohr-Brückenrahmen mit Motor als tragendem Element
Radführung vorne	Teleskopgabel
Federweg vorne in mm	135
Radführung hinten/Federbeine	Paralever/Monoshock
Federweg hinten in mm	140

Räder und Bremsen
Felgengröße vorne	3.50" x 17"
Felgengröße hinten	4.00" x 18"
Bereifung vorne	120/70 VR 17
Bereifung hinten	160/60 VR 18
Bremse vorne/Durchmesser in mm	Doppelscheibe/305
Bremse hinten/Durchmesser in mm	Einzelscheibe/285

Gewichte
Gewicht in kg	264 (vollgetankt)

Fahrleistungen
Höchstgeschwindigkeit langliegend	237 km/h (Messung)
Preis	20.200.- Mark (1989)

Honda VF 750 F (RC15)

POWER-VAU

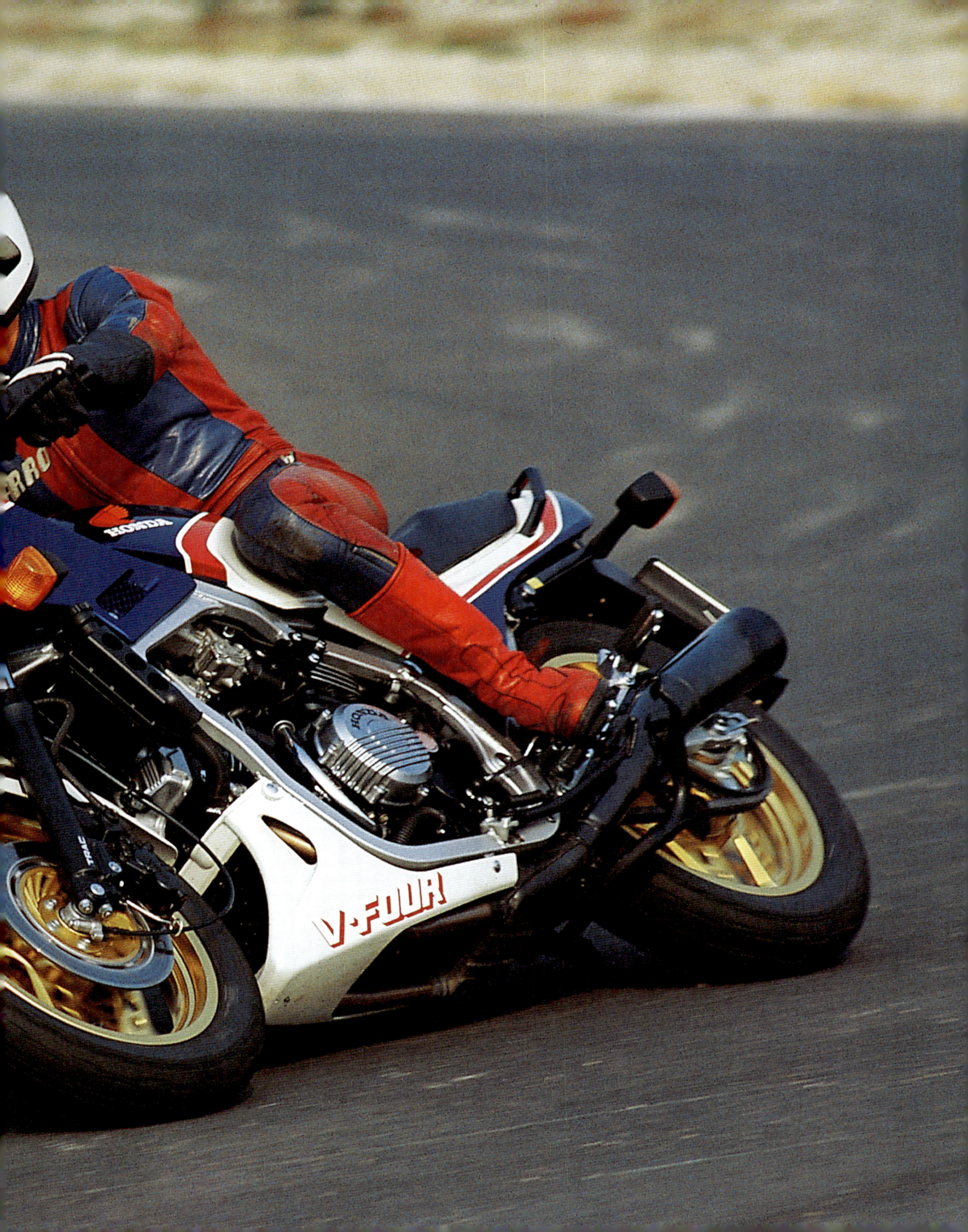
HONDA
V·FOUR
TRAC

POWER-VAU

Ende 1982 legte Honda nach. Das Tourensportmodell VF 750 S und die daraus abgeleiteten Chopper-Varianten allein konnten die Ansprüche der Käuferschaft nicht voll befriedigen, und eine zusätzliche Sport-Version mit mehr Dampf musste her: die 90 PS starke VF 750 F mit 16-Zoll-Vorderrad.

Vor dem Hintergrund einer von der FIM beschlossenen Änderung des Endurance-Reglements, das ab 1984 nur noch 750er-Viertakter zuließ, entschieden sich die japanischen Techniker zur Entwicklung einer für den Rennsport tauglichen Basismaschine mit Straßenzulassung in der imageträchtigen 750er-Klasse. Grundlage der neuen VF 750 F bildete wiederum ein wassergekühlter V-Vierzylinder mit 90 Grad Zylinderwinkel und null Grad Hubzapfenversatz - soweit also nichts Neues gegenüber den bislang produzierten Modellen. Ebenso wenig wie der Hubraum von 748 Kubikzentimetern, der sich nach wie vor aus 70 Millimetern Bohrung und 48,6 Millimetern Hub errechnete. Neu hingegen war das kompaktere Motorgehäuse

Supersportler anno 1983: Die Honda VF 750 F glänzte vor allem durch ihren drehmomentstarken V4-Motor. Weniger geglückt war das Fahrwerk mit 16-Zoll-Vorderrad sowie die teigige Vorderradbremse.

Basis-Superbike: Dank HRC-Kit ließ sich die
VF 750 F auch zum Superbike aufrüsten.
Freddie Spencer siegte mit ihr in Daytona.

mit dem nun nicht mehr waagerecht liegenden, sondern leicht nach oben gekippten vorderen Zylinderpaar, was unter anderem eine Reduzierung des Radstandes, aber auch eine Verbesserung der Schwerpunktlage zuließ. Im Zuge der Modellpflege spendierte Honda dem neuen Triebwerk Nockenwellen mit drei Grad längeren Einlass- und um fünf Grad verschärften Auslaßsteuerzeiten. Ein Viertelmillimeter zusätzlicher Ventilhub rundete das Paket zur Leistungssteigerung ab. Für verbesserte Standfestigkeit sorgte hochwertigeres Material für die Nockenwellen sowie Zylinderkopfdichtungen mit vergrößerter Auflagefläche.

Darüberhinaus nahm sich die Crew um Entwicklungschef Hiroshi Kameyama der Beatmung des 90 Grad-Treibsatzes an. So bezog der Motor seine Frischluft nun aus einem voluminösen Luftfilterkasten unter dem 22 Liter-Treibstofftank. Die Abgase entwichen in eine im Volumen vergrößerte 4-in-2-Auspuffanlage mit Vorschalldämpfer.

Diese Leistungskur verhalf dem Aggregat zu nominell 90 PS bei 10 000/min und machte die VF 750 F mit gemessenen 216 km/h zur schnellsten 750er auf dem Markt. Noch mehr als die schiere Spitzenleistung beeindruckte aber der füllige Drehmomentverlauf, der selbst schaltfaule Fahrweise zum Genuss werden ließ. Dementsprechend bemängelte auch kein Fachjournalist das gut zu schaltende Getriebe mit fünf Gängen, wo die Konkurrenz doch teilweise sechs Gangstufen bot.

Völlig neue Wege beschritt Honda auch beim Fahrwerk. Vorne drehte sich zur Verbesserung der Handlichkeit ein 16 Zoll-Rad mit breiter 120/80-Bereifung, hinten arbeitete ein 18 Zoll durchmessendes Rad mit einem 130/80-Pneu. Angelehnt an die im Grand Prix-Sport erfolgreiche 500er-Werks-Honda präsentierte sich der Doppelschleifenrahmen aus Vierkantrohr gefertigt. Was auf den ersten Blick allerdings wie ein superleichtes Alu-Rohrwerk wie bei der Rennmaschine anmutete, entpuppte sich als solide, gleichfalls aber auch stolze 18 Kilogramm schwere Stahlkonstruktion. Das Ziel, eine extrem sportliche Maschine zu bauen, erreichten die Honda-Ingenieure mit der VF 750 F zwar nur zum Teil, denn mit 248 Kilogramm fahrfertigem Gewicht geriet die neue V4-Honda einerseits recht schwer und benahm sich zudem aufgrund des kleinen 16 Zoll-Vorderrades in Kurven etwas kippelig und sensibel. Gleichwohl wählten 71444 Leser der Zeitschrift MOTORRAD die VF 750 F kurz nach ihrer Präsentation auf der Kölner Ifma im Herbst 1982 zum »Motorrad des Jahres 1982«. Die Gunst des Volkes hatte Honda also offenbar getroffen.

In Vergleichstests mit den 750er-Boliden der Konkurrenz schnitt die VF 750 F indes immer nur mittelmäßig ab. Die bereits erwähnte Kippeligkeit brachte ihr Punktabzüge im Fahrwerksbereich ein. Ebenso häufig monierten die Tester das hohe Lastwechselspiel im Antriebsstrang, was bei Gaswechseln insbesondere in Kurven für zusätzliche leichte Unruhe sorgte. Der Kritik zum Opfer fiel auch der im Vergleich mit anderen Maschinen dieses Kalibers enorme Wartungsaufwand. Wollten beispielsweise die Ventile eingestellt werden, musste nicht nur der Tank, sondern auch der obere Wasserkühler demontiert werden. Viel Aufwand also für eine Arbeit, die sich wegen der Gabelschlepphebel mit Einstellschrauben eigentlich schnell und mühelos erledigen ließ.

Von diesen neuralgischen Punkten abgesehen offerierte die VF 750 F zu dieser Zeit aber zweifellos die modernste Art der Fortbewegung mit 750 cm³ Hubraum. Gelobt wurden die sportliche aber dennoch entspannte Sitzposition sowie die Tatsache, dass die VF 750 F trotz aller Sportambitionen soziustauglich geblieben war und auch längere Touren stressfrei ermöglichte. Gleichermaßen für Sport und Tour, für gute Straßen und schlechte Pisten, taugten die Federelemente. Besonders die Showa-Gabel mit 39 Millimetern Standrohrdurchmesser erfreute mit einer harmonischen Abstimmung und dreifach justierbarer Zugstufendämpfung. Belächelt wurde von der Journaille aber immer wieder das Anti-Dive-System der Gabel, das Honda ja an vielen verschiedenen Modellen verbaute. Es sollte beim Bremsen das übermäßige Eintauchen der Frontpartie verhindern, funktionierte in der Praxis aber nicht spürbar. Bei diesem System war der linke Zweikolben-Schwimmsattel der ordentlich wirkenden aber mäßig zu dosierenden Doppelscheibe drehbar gelagert und betätigte beim Bremsvorgang einen Hydraulikkolben, der wiederum eine Bohrung für den Durchfluss des Dämpferöles verengte. Dadurch verstärkte sich die Druckstufendämpfung der Gabel, was zu einem verlangsamten, aber keinesfalls zu einem geringeren Einfedern führte. Im Grunde also eine unnötige technische Spielerei, auf die man getrost hätte verzichten können.

Weit weniger vor Kritik gefeit als die Gabel war hingegen das Federbein mit vierfach justierbarer Zugstufendämpfung. Die Federhärte ließ sich zwar mittels befüllbarem Luftpolster den jeweiligen Erfordernissen anpassen und sollte so Spielraum zur individuellen Abstimmung eröffnen, aber im Fahrbetrieb kam das aufwendig konzipierte Bauteil über eine durchschnittliche Pflichterfüllung nie hinaus. Gerade für den Sporteinsatz rüsteten viele Piloten die VF 750 F daher mit einem anderen Federbein aus, das über größere Reserven verfügte.

Doch mehr als ein perfekt funktionierendes Federbein interessierte den Alltagsfahrer die Zuverlässigkeit seiner VF 750 F. Und in diesem Punkt war es um die neue Honda nicht immer gut bestellt. Reihenweise traten in der Anfangsphase Nockenwellenschäden auf, verursacht durch eine wenig geglückte Reibpaarung von Schlepphebel und Nocken. Besonders unter Stress standen die Reibpartner in der Kaltlaufphase, wenn die Ölpumpe noch nicht genug Schmierstoff hinauf in die Zylinderköpfe befördert hatte. Einlaufspuren sowie Härteausbrüche (Pitting) waren die Folge. Honda reagierte im Rahmen einer groß angelegten Umrüstaktion, die nicht nur die VF 750 F, sondern auch die Modelle VF 1000 F und VF 1000 R betraf. Jede Maschine wurde, soweit sie nicht bereits vom Werk aus mit den neuen Nockenwellen samt Schlepphebeln ausgestattet war, kostenlos umgerüstet. Ein ovaler weißer Aufkleber auf der oberen Gabelbrücke oder links am Steuerkopf identifizierte damals die so umgerüsteten Motorräder.

Weit schlimmer als mit den besagten Nockenwellenschäden kam es allerdings für die Langstreckentest-Maschine der Zeitschrift MOTORRAD. Nicht nur, dass der Ventiltrieb erwartungsgemäß in Mitleidenschaft gezogen worden war. Auch die Kolben des hinteren Zylinderpaares wiesen starke Riefenbildung auf, was auf Überhitzung und Schmiermangel hindeutete. Wie man heute weiß, waren diese kapitalen Schäden jedoch genauso selten, wie die vereinzelt aufgetretenen Pleuellagerschäden auf dem linken Hubzapfen. Die 50.000-Kilometer-Distanz absolvierte die MOTORRAD-VF 750 F im Grunde sehr problemlos. Erst beim Zerlegen des Triebwerkes entdeckten die Redakteure die starken Beschädigungen.

Die relativ kurze Produktionszeit der VF 750 F von 1983 bis 1985 wurde für Honda zum teuren Spaß, zumal, wie schon gesagt, auch andere Modelle mit diesen technischen Schwierigkeiten zu kämpfen hatten. Das völlig ramponierte Image führte bei Honda letztlich zur Einführung der Zweijahres-Garantie für Maschinen mit mehr als 400 Kubikzentimetern Hubraum, um die Scharte bei der Kundschaft wieder auszumerzen.

Honda VF 750 F (RC15)

Motor
Bauart	4-Takt/ 90 Grad-V
Zylinderzahl	4
Ventile je Brennraum	4
Ventiltrieb	DOHC
Bohrung in mm	70
Hub in mm	48,6
Hubraum in cm³	748
Verdichtung	10,5:1
Leistung in PS	66 kW (90 PS) bei 10.000/min

Gemischaufbereitung
Bauart/Anzahl	Gleichdruck-Vergaser/ 4
Hersteller	Keihin
Venturi-Durchmesser in mm	30

Kraftübertragung
Getriebe/Anzahl Gänge	Klauen/5
Primärübersetzung	2,151
Gesamtübersetzungen	
1. Gang	2,733
2. Gang	1,894
3. Gang	1,500
4. Gang	1,240
5. Gang	1,037
Sekundärübersetzung	2,588
Sekundärantrieb	Rollenkette

Elektrische Anlage
Generatorleistung in Watt	350
Betriebsspannung in Volt	12
Zündung	Batterie-Spulenzündung

Fahrwerk
Rahmenbauart	Doppelschleifenrohrrahmen aus Stahl
Radführung vorne	Telegabel
Federweg vorne in mm	140
Radführung hinten/Federbeine	Schwinge/1
Federweg hinten in mm	110
Radstand in mm	1495

Räder und Bremsen
Felgengröße vorne	2.50-16
Felgengröße hinten	3.50-18
Bereifung vorne	120/80-16
Bereifung hinten	130/80-18
Bremse vorne/Durchmesser in mm	Doppelscheibe/ 296
Bremse hinten/Durchmesser in mm	Einzelscheibe/ 276

Maße und Gewichte
Länge in mm	2210
Breite in mm	770
Höhe in mm	1215
Gewicht in kg	248 (vollgetankt)
Tankinhalt in Litern	22

Fahrleistungen
Höchstgeschwindigkeit langliegend	216 km/h

Preis	9.653 Mark (1983)

Kawasaki GPZ 900 R

WASSER MARSCH

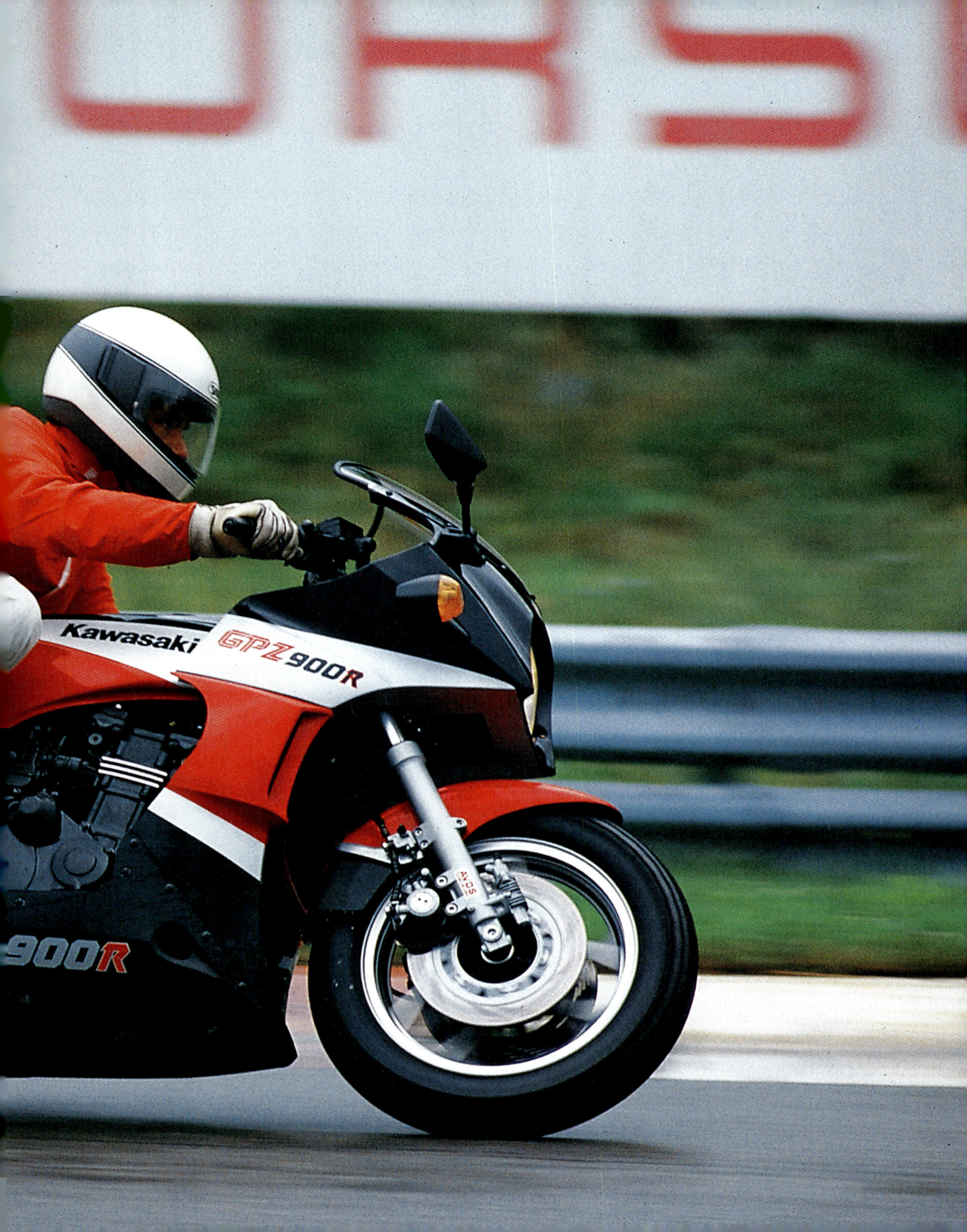
Kawasaki
GPZ 900R
900R

WASSER MARSCH

Zu Beginn der 80er-Jahre preschte Honda mit den wassergekühlten V-Vierzylindern ins neue Jahrzehnt, während die Konkurrenz noch mit angejahrten, luftgekühlten Motoren um die Käufergunst buhlte. Doch auch bei Kawasaki stellte man die Zeichen noch rechtzeitig in Richtung neue Technik und landete 1984 mit der GPZ 900 R einen geradezu sagenhaften Wurf.

Das Bauprinzip des luftgekühlten Reihenvierzylinders der legendären Kawasaki Z1 aus dem Jahr 1972 sollte – stetig weiterentwickelt – immerhin bis 1983 die Basis für die sportlichen Vierzylinder-Maschinen der Marke mit der Hausfarbe Grün bilden. Zuletzt brachte man die GPZ 1100, mit Kraftstoffeinspritzung und Unitrak-Hebelumlenkung an der Schwinge, doch so gut die Performance dieser Maschine auch war – sie markierte auch gleichzeitig das Ende der Fahnenstange für den stetig weiterentwickelten Vierzylinder.

Mit 72,5 Millimetern Bohrung bei lediglich 55 Millimetern Hub brachte Kawasaki mit der GPZ 900 R mit 908 Kubikzentimetern Hubraum 1984 den designierten Nachfolger auf den Markt. Statt Luft- gab es nun Flüssigkeitskühlung, und statt zwei sorgten sich nun vier Ventile pro Zylinder um einen effizienten Gaswechsel. Um den Motor möglichst schmal zu halten wanderte nicht nur die Lichtmaschine hinter das Triebwerk, sondern man gestaltete auch den Nockenwellenantrieb besonders. Er erfolgte zwar immer noch mittels Steuerkette, doch diese war nicht mehr wie beim ehrwürdigen Z-Triebwerk mittig zwischen Zylinder zwei und drei, sondern linksseitig außen montiert, was ein Kurbelwellenhauptlager und damit Baubreite einsparte. Der enge Ventilwinkel von 34,9 Grad und die großzügig bemessenen Durchmesser (Einlass: 29 mm/ Auslass: 24,7 mm) ließen das 11:1 verdichtete Triebwerk schließlich ansehnliche 115 PS bei 9500/min leisten, was für deutlich mehr als 240 km/h Höchstgeschwindigkeit genügte.

Im Fahrbetrieb beeindruckte gerade diese Spitzenleistung in Verbindung mit der Drehfreudigkeit, während das Durchzugsvermögen gegenüber Motoren mit einem vollen Liter Hubraum konzeptionsbedingt natürlich etwas litt. So wollte die Kawasaki also stets mit etwas mehr Drehzahl und mit fleißiger Schaltarbeit bewegt werden, was angesichts des gut zu schaltenden Sechsganggetriebes aber leicht fiel. Fahrwerksseitig setzte kawasaki auf eine Stahlrohrkonstruktion, die den Motor als tragendes Element integrierte und somit – auch dies sparte Gewicht – ohne Unterzüge auskam. Eine üppig bemessene Gabel mit 38 Millimetern Standrohrdurchmesser sowie eine mächtige Leichtmetallschwinge nebst Hebelumlenkung und Zentralfederbein übernahmen die Aufgaben der Radführung, Federung und Dämpfung.

Gelungener Neuanfang: Mit der GPZ 900 R entstand Kawasakis erster wassergekühlter Vierzylinder. Performance und Zuverlässigkeit waren topp.

Damals in Mode, verfügte die GPZ 900 R über ein 16-Zoll-Vorderrad sowie einen 18-Zöller hinten. Während einige Konkurrenzmodelle diesbezüglich mit einem etwas kippeligen Fahrverhalten aufwarteten, waren die Ausprägungen bei der GPZ 900 R vergleichsweise moderat, und man konnte den Fahrspaß auf Landstraßen wie auch auf Autobahnen in vollen Zügen genießen. Dafür sorgte auch die zupackende Bremsanlage, bestehend aus einer hydraulischen Doppelscheibenbremse mit 280 Millimetern Durchmesser vorn sowie einer Einzelscheibe mit 270 Millimetern Durchmesser hinten.

Bis 1989 wurde die GPZ 900 R ohne wesentliche Veränderungen so im Markt gehalten, und erst als die 16-Zoll-Vorderräder nahezu vollständig verschwunden waren, rüstete man bei Kawasaki im Jahr 1990 vorne ebenfalls auf einen 17-Zöller um. Im Verein mit einer neuen Gabel mit nun 41 Millimeter starken Standrohren sowie einem breiteren 18-Zoll-Hinterrad gewann das Fahrverhalten deutlich an Neutralität bei Kurvenfahrt, und so wunderte es niemanden, dass sich die 900er-Kawasaki bis 1998 im Programm halten konnte. Im Zuge der Weiterentwicklung erhielt die GPZ 900 R 1990 vorne zwei Tokico-Vierkolben-Bremssättel, 300er-Bremsscheiben vorne respektive einer 250er hinten. Aufgrund der immer restriktiveren Abgas- und Geräusch-Grenzwerte sank die Leistung des 908 ccm großen Vierzylinders jedoch kontinuierlich. Aus den ehemals 115 PS wurden 1987 bereits 110 PS, das 1990er-Modell brachte noch 108 PS an die Kupplung, und 1994 blieben letztlich noch 89 PS Maximalleistung übrig. Als Abgesang wurden 1998 schließlich noch 86 PS angegeben. Damit war die Kawasaki GPZ 900 R perfekt in die Fußstapfen der alten Z-Baureihe getreten, die immerhin elf Jahre lang in ihren Grundfesten die motorische Basis für die stärkste Kawasaki bildete. Die GPZ 900 R brachte es sogar auf 14 Produktionsjahre, und die insgesamt über 70.000 verkauften Einheiten dieses Modells sprechen in Punkto Popularität und Marktakzeptanz eine deutliche Sprache.

Kawasaki GPZ 900 R

Motor
Bauart	4-Takt/ Reihe
Zylinderzahl	4
Ventile je Brennraum	4
Ventiltrieb	DOHC
Bohrung in mm	72,5
Hub in mm	55
Hubraum in cm³	908
Verdichtung	11:1
Leistung in PS	85 kW (115 PS) bei 9.500/min

Gemischaufbereitung
Bauart/Anzahl	Gleichdruck-Vergaser/ 4
Hersteller	Keihin
Venturi-Durchmesser in mm	34

Kraftübertragung
Getriebe/Anzahl Gänge	Klauen/6
Primärübersetzung	1,732
Gesamtübersetzungen	
1. Gang	2,800
2. Gang	2,000
3. Gang	1,590
4. Gang	1,333
5. Gang	1,153
6. Gang	1,035
Sekundärübersetzung	2,705 oder 2,882
Sekundärantrieb	Rollenkette

Elektrische Anlage
Generatorleistung in Watt	300
Betriebsspannung in Volt	12
Zündung	Batterie-Spulenzündung

Fahrwerk
Rahmenbauart	Rückgratrahmen aus Stahl
Radführung vorne	Telegabel
Federweg vorne in mm	140
Radführung hinten/Federbeine	Schwinge/1
Federweg hinten in mm	115
Radstand in mm	1495

Räder und Bremsen
Felgengröße vorne	2.50-16
Felgengröße hinten	3.00-18
Bereifung vorne	120/80-16
Bereifung hinten	130/80-18
Bremse vorne/Durchmesser in mm	Doppelscheibe/ 280
Bremse hinten/Durchmesser in mm	Einzelscheibe/ 270

Maße und Gewichte
Länge in mm	2200
Breite in mm	750
Höhe in mm	1215
Gewicht in kg	257 (vollgetankt)
Tankinhalt in Litern	22

Fahrleistungen
Höchstgeschwindigkeit langliegend	> 240 km/h
Preis	11.960 Mark (1984)

Suzuki Katana

IHRER ZEIT VORAUS

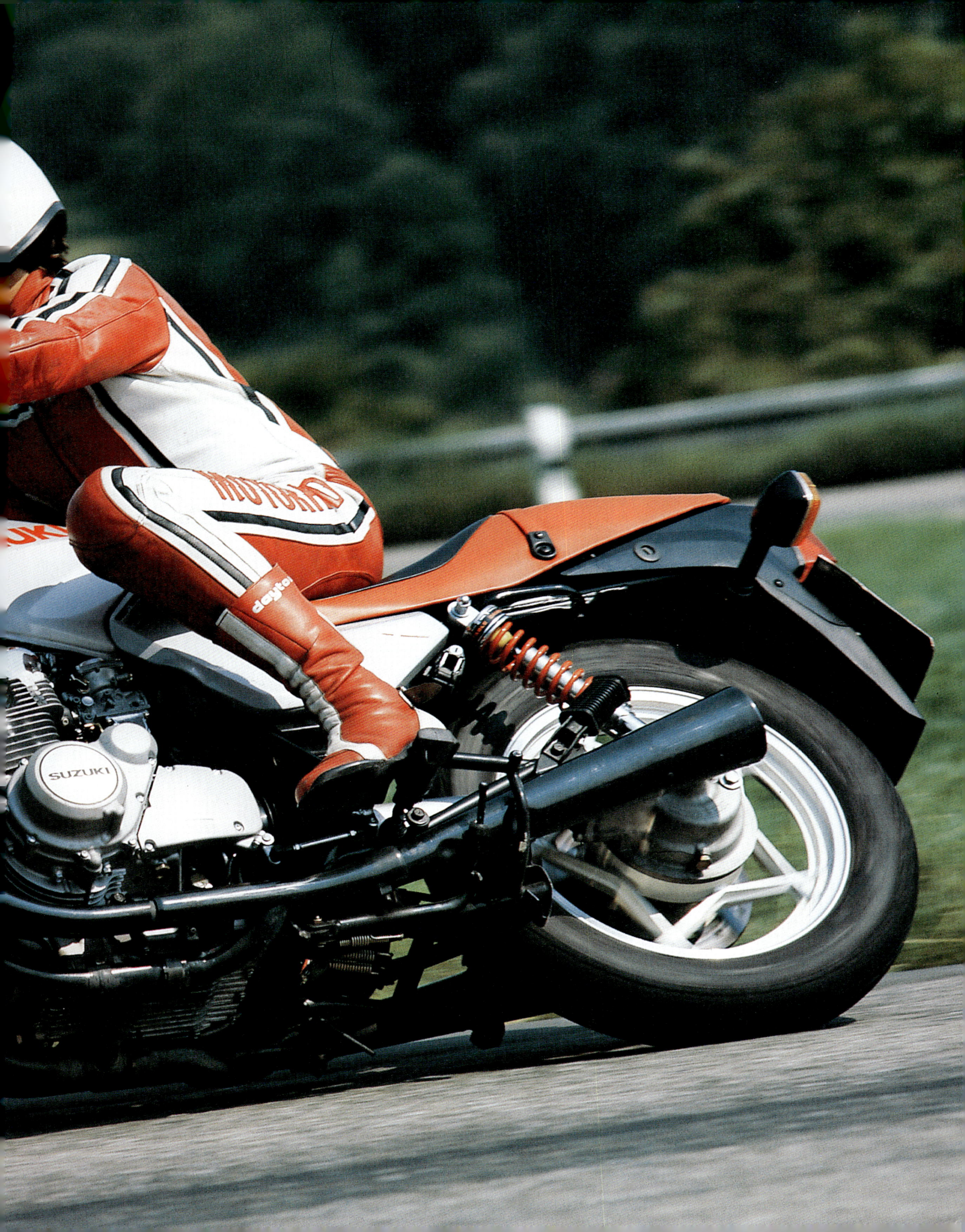
SUZUKI

IHRER ZEIT VORAUS

Masao Tani war Skeptiker. Als Suzukis Marketing-Chef im Sommer 1980 die Händler zur Vorpräsentation der IFMA-Kollektion nach München lud, hatte er noch in Japan gestylte Alternativen im Handgepäck, nur für den Fall, dass das mutige Katana-Design nicht ankommen sollte. Doch seine Sorge war unbegründet: Die Katanas entfachten wahre Beifallsstürme, wenngleich der große marktwirtschaftliche Erfolg auch ausblieb.

Seit Spätjahr 1979 arbeitete man an der neuen Suzuki-Designlinie, das bisherigen Styling wurde doch als arg bieder empfunden. Treibende Kraft war der rührige deutsche Importeur. Im Zeichen der Absatzmisere und schlechter Presse forderte er für das neue Jahrzehnt mehr gestalterischen Mut und schlug vor, damit Hans Arthur Muth, der vorher für BMW Motorräder entworfen hatte, zu betrauen. Zusammen mit seinen Mitstreitern Hans-Georg Kasten und Jan Olof Fellström sollte er »europäische Motorräder« schaffen, »unverwechselbar, sportlich und dem technischen Image von Suzuki angepasst.« Und das wiederum ist glänzend gelungen, was die Herren in nur drei Monate aufs Reißbrett warfen, sah anders aus als jedes andere Motorrad zuvor – und danach.

Das Projekt ED (European Design) 1, angesiedelt in der Mittelklasse, machte den Anfang. Zur neuen Optik gesellte sich eine neue Technik, die Suzuki-Techniker Morita und Nakamura hatten ED 1 mit ei-

Muthiges Design: Hans A. Muth schuf die legendäre Katana-Linie. Bis heute scheiden sich daran die Geister, aber die Gebrauchtpreise ziehen an.

ner Weiterentwicklung des bekannten GS-Vierzylinders versehen. Der aufgebohrte 550er Motor kam auf einen Hubraum von 673 Kubik, hatte die zweigeteilte, elliptische Brennraumform sowie die einteilige, in Gleitlagern rotierende Kurbelwelle der Vierventiler. Der Sekundärantrieb wiederum war GS-Erbteil: Der Kardanantrieb stammte aus der GS 850 G und musste für den Einsatz in sportlicher Mission ohne getrennte Ölkammer auskommen, der Wellenantrieb wurde vom Motoröl mitversorgt. In Hubraum und Motorleistung etablierte sich die 650er Katana rasch in der Spitzengruppe der oberen Mittelklasse, der 73 PS bei 9.500/min starke Vierzylinder wurde von der Motorradpresse mit viel Lob bedacht. Doch dieser flotte Musterknabe – von null auf hundert in fünf Sekunden, Spitze knapp 190 km/h – war nicht ausgereift: Die ersten Exemplare krankten an zu hohen Fertigungstoleranzen und falschen Lagerschalen für die Gleitlager von Kurbelwelle und Pleueln. Zu allem Unglück kostete eine GS 650 G mit 8.915 Mark rund 1.600 Mark mehr als die XJ 650 von Yamaha, die ähnliche Eckwerte aufwies. Kaum ein halbes Jahr nach der Einführung musste der Preis auf 6.999 Mark gesenkt werden, denn der Motorradmarkt brach zusammen: Honda und Yamaha kämpften um die Weltmarktführerschaft im Motorradbau und überschwemmten im Monatstakt den Markt mit neuen Modellen – und Suzuki stand das Wasser bis zum Hals. Zu den prominentesten Opfern gehörte die Katana-Reihe, die nur noch mit satten Preisabschlägen zu verkaufen war. 1983 - seit Mitte 1982 gab es die G wahlweise mit Tourensitzbank und 50 PSDrosselkit – wurde der Preis noch einmal um 1.000 Mark herabgesetzt und kräftig die Werbetrommel gerührt: Jeder KatanaKäufer erhielt ein »Katana-Silver-Line«-Zertifikat. Von Toni Mang bescheinigt, durfte sich dieser als

Gewöhnungsbedürftig: Spitz zulaufende Verkleidung, kleines Windschild, prominent aufragende Spiegel – das war nicht jedermanns Sache.

Der Rennsport lässt grüßen: Seinerzeit in der 500er-Weltmeisterschaft mit Sponsor HB unterwegs, grüßte auch die Katana mitunter in diesen Farben.

Elitefahrer fühlen, dem »exklusives Design und präzise Technik über alles gehen«. Im Katana-Design wurde auch auf die in Deutschland besonders populäre 550er angeboten, die Unterschiede zur GS 650 G waren gering: Kette statt Kardan, Sechs- statt Fünfganggetriebe, 18 statt 17 Zoll-Hinterrad, 116 statt 110 Millimeter Nachlauf sowie eine einfache Teleskopgabel mit 37 Millimeter-Standrohren, die nicht in der Federvorspannung verstellt werden konnte. Im Fahrverhalten nahmen sich die kleinen Katanas ebenfalls nichts. Beide waren mehr auf Sport denn auf Komfort ausgelegt, liefen tadellos geradeaus und wollten mit Nachdruck um die Ecke geworfen werden, was am großen 23-Liter-Tank, der ungünstigen Schwerpunktlage und dem hohen Gewicht liegen mochte. Die 50 PS starke EM wog mit 225 Kilogramm dreizehn Kilogramm weniger als die 650 G. Die letzten 550er wurden 1983 für 4.999 Mark verschleudert.

Noch mehr aber als die kleinen Vierzylinder sorgten die großen 750er/1100er Katanas für Diskussionsstoff. Die extravaganten Suzuki mit der Haifischnase, mit der abfallenden Tanklinie und dem seitlich heruntergezogenen Vorderradschutzblech spalteten die Motorradwelt in zwei Lager: den einen wurde übel, die anderen gerieten in Verzückung. Das Katana-Design polarisierte. Heute weiß man, dass Hans A. Muth und Suzuki damit die Ära der kompromisslosen Straßensportler einläuteten. Im April 1980 wurde das ED 2-Projekt auf Kiel gelegt, drei Monate später waren die ersten Prototypen fertig, nach weiteren zwölf ging die Katana 750/1100 in Serie. Auch die klangvolle Modellbezeichnung wurde mitgeliefert: »Katana«, nach den berühmten Samurai-Schwertern, messerscharf und in höchster handwerklicher Präzision gefertigt. Firmenchef Osamu Suzuki soll der Kreation stehend applaudiert haben, schließlich wurde nicht nur ein Produkt, sondern auch ein ganze Philosophie verkauft: »Mythos und Ideologie der Katana-Krieger gepaart mit dem technischen Zeitgeist unserer Tage vereinen sich in der neuen Katana-Modellinie von Suzuki«, verkündete die IFMA-Pressemitteilung am 19. September 1980.

Technisch basierten die Silberschwerter auf den biederen GSX-Modellen. Ihr bäriger Vierzylinder gab auch in den Sportversionen den Takt an, leicht in Richtung Durchzug getrimmt. Das Resultat beeindruckte: »Der Vierventiler hängt noch sauberer am Gas und entwickelt in mittleren Drehzahlen noch mehr Kraft als seine schon als bärenstark bekannten Vorläufer. Zudem gibt es wohl kaum noch eine 1100er, deren Motor, auf über 220 Endgeschwindigkeit übersetzt, schon bei Radfahrer-Tempo von 40 km/h im fünften Gang ruckfrei und ohne Atmungsbeschwerden hochbeschleunigt«, berichtete ein zeitgenössischer Tester über eine erste Ausfahrt mit der 1100er. In punkto Kraftentfaltung und Leistungsvermögen waren die Katana lange auf der Höhe der Zeit, weniger gut wurde das Fahrwerk beurteilt: Für das Chassis setzte es Prügel, obwohl es im Vergleich zur 1100er E deutlich überarbeitet wurde. Einigkeit herrscht dabei in der Schuldfrage, die in der Federvorspannung vierfach verstellbare 37er-Gabel mit Anti-Dive-System gilt als Missetäter, und auch die bretthart abgestimmten Federelemente tragen ihr Scherflein dazu bei. Durch ordentliche Koni-Federbeine, passgenaue Lenkkopflager, progressiv gewickelte Federn und dünnflüssiges Gabelöl lässt sich das aber in Griff bekommen.

Den größten technischen Aufwand betrieb Suzuki aber bei der Ausführung mit 750 Kubik. Herzstück dieser ersten Sport-750er war der Vierventil-Motor aus der bulligen 750 E, aufgepäppelt mit anderen Nockenwellen, einer verstärkten Kurbelwelle, höherer Verdichtung und größeren Vergaserquerschnitte: Mit 82 PS bei 9.200 Umdrehungen und einem maximalen Drehmoment von 67 Nm bei Nenndrehzahl 8.200/min verfügte die Katana 750 S zeitweise über den stärksten Motor der 750er Kategorie. Überaus geschmeidig in der Kraftentfaltung, stürmte der Motor schon ab unteren Drehzahlregionen ungestüm nach vorn, ohne sich auch nur einmal zu verschlucken, jubilierte dann gleichmäßig und elastisch bis in den roten Bereich hoch und bot »eine selten erlebte Drehfreudigkeit« (MO). Wer etwas bekritteln wollte, schrieb etwas über die auftretenden Vibrationen, doch das leichtgängige und gut gestufte Fünfganggetriebe versöhnte wieder. Zweifelsohne war der Motor das beste Stück, etwas weniger überzeugend war das Chassis geraten. Bei Fahrstabilität und Geradeauslauf noch tadellos, verlor die Katana gegenüber der Konkurrenz bei Handlichkeit und Bremsen an Boden. Trotz ausreichender Bodenfreiheit und der Handlichkeit erheischenden Fahrwerksgeometrie hätte ihr noch ein wenig Feinschliff gut getan. Die gnadenlos sportliche Abstimmung der Federelemente (Arbeitsweg vorn 150, hinten 85 Millimeter) und die mit einem Anti-Dive-System versehene Teleskopgabel dagegen führten, wie bei der 1100 S, zu kräftigen Misstönen. In Fahrwerk und Rahmen unterschieden sich die beiden GSX-Katanas übrigens nur wenig, die 750er hatte mit 116 zwei Millimeter weniger Nachlauf als die 1100er. Auch der im Bereich der Oberzüge deutlich verjüngte Doppelschleifen-Rohrrahmen war gleich, abgesehen von den unterschiedlichen Motorbefestigungspunkten. Bei der GSX 750 waren vorn Reifen der Dimension 3.25 x 19 und hinten 4.00 x 18 aufgezogen, während die 1100er mit 3.50 x 19 und 4.50 x 17 bestückt war. Bestes Unterscheidungsmerkmal allerdings war der Blick auf die Sitzbank. Die Sitzbank war bei der großen Katana zweifarbig abgesetzt, die 750er einfarbig dunkelblau. In Japan, wo die 1100er zunächst nicht lieferbar war, sah es wieder anders aus. Dort gab es die kleinere GSX S mit der zweifarbigen Velourssitzbank. Aus rechtlichen Gründen musste dort auch auf die erstaunlich wirkungsvolle Minischeibe oberhalb des Rechteckscheinwerfers verzichtet werden. Die zweite Katana-Generation mit dem charakteristischen Klappscheinwerfer, dem »Vogelhäuschen«, wurde in Deutschland erst gar nicht angeboten.

In Deutschland waren die Katana nach 1984 nicht mehr lieferbar; in Australien gab es eine Einliter-Version davon, die USA kamen erst gar nicht in den Genuss dieser Kreation. Der größte Erfolg war der Muth-Schöpfung allerdings in Japan beschieden: Nachdem durch die Neuordnung der Führerscheinbestimmungen auch Motorräder über 750 Kubik angeboten werden durften, wurde die 1100 S noch bis zum Frühjahr 2000 dort angeboten. Erst dann, 20 Jahre nach ihrer Premiere, rollte mit einer Sonderserie die letzten 1100er-Katana vom Band.

Suzuki Kantana

Motor 750 und 1100
Bauart 4-Takt/ Reihe
Zylinderzahl 4
Ventile je Brennraum 4
Ventiltrieb DOHC
Bohrung in mm 72 (750: 67)
Hub in mm 66 (750: 53)
Hubraum in cm³ 1075 (750: 747)
Verdichtung 9,5:1 (750: 9,8:1)
Leistung in PS 74 kW (100 PS) bei 8700/min. (750: 60 kW (82 PS) bei 9.200/min)

Gemischaufbereitung
Bauart/Anzahl Gleichdruck-Vergaser/ 4
Hersteller Mikuni
Venturi-Durchmesser in mm 34

Kraftübertragung
Getriebe/Anzahl Gänge Klauen/ 5
Primärübersetzung 1,775 (750: 2,162)
Gesamtübersetzungen
1. Gang 2,500
2. Gang 1,778
3. Gang 1,381
4. Gang 1,125
5. Gang 0,962
6. Gang -
Sekundärübersetzung 2,733
Sekundärantrieb Rollenkette

Elektrische Anlage
Generatorleistung in Watt 250
Betriebsspannung in Volt 12
Zündung Batterie-Spulenzündung

Fahrwerk
Rahmenbauart Doppelschleifenrohrrahmen aus Stahl
Radführung vorne Telegabel
Federweg vorne in mm 150
Radführung hinten/Federbeine Schwinge/2
Federweg hinten in mm 108
Radstand in mm 1520

Räder und Bremsen
Felgengröße vorne 1.80-19
Felgengröße hinten 1.85-17 (750: 1.85-18)
Bereifung vorne 3.50-19 (750: 3.25-19)
Bereifung hinten 4.50-17 (750: 4.00-18)
Bremse vorne/Durchmesser in mm Doppelscheibe/ 275
Bremse hinten/Durchmesser in mm Einzelscheibe/ 275

Maße und Gewichte
Länge in mm 2260 (750: 2250)
Breite in mm 715
Höhe in mm 1195
Gewicht in kg 252 (vollgetankt) (750: 249)
Tankinhalt in Litern 17

Fahrleistungen
Höchstgeschwindigkeit langliegend 220 km/h 750: 211 km/h)

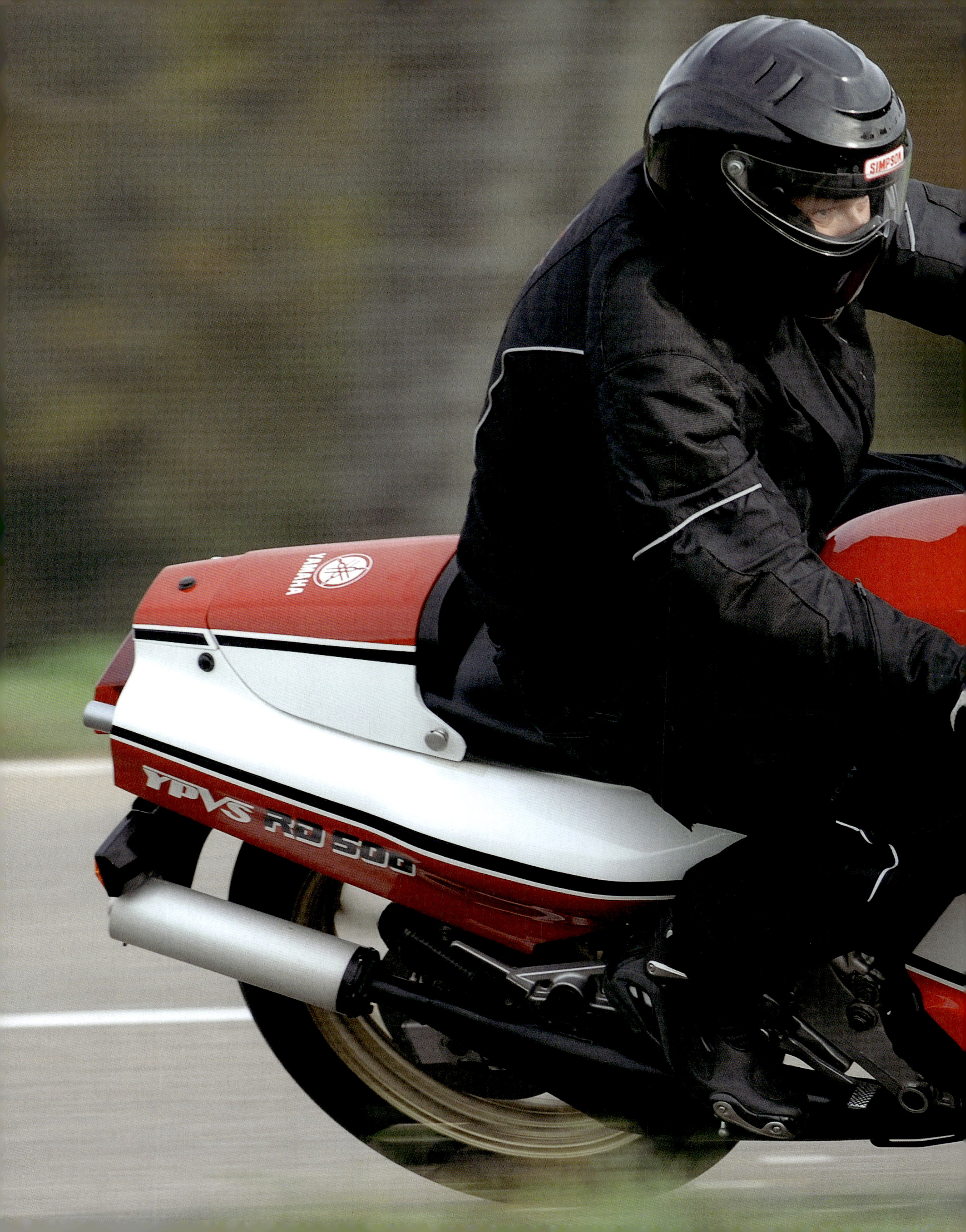
SIMPSON
YAMAHA
YPVS
RD 500

Yamaha RD 500 LC

KENNY'S ERBE

KENNY'S ERBE

Win on Sunday, sell on Monday – so lautet ein alter Marketingspruch, der mit Vorliebe zur Rechtfertigung von rennsportlichem Engagement, aber auch beim Bau so genannter Renn-Repliken herangezogen wird. So gesehen hatte die RD 500 LC von Yamaha einen glänzenden Start. Zwei Wochen vor Auslieferungsbeginn im Juni 1984 siegte Yamahas käuflicher V4-Renner bei einem Langstreckenrennen im australischen Lakeside.

Drei Stunden dauerte die Tortur, in der sich die Halbliter-Replika des Yamaha-GP-Renners im australischen Lakeside gegen die Viertakt-Konkurrenz behauptete. Ob gerade das die deutschen Käufer in Scharen zum Yamaha-Händler trieb, darf allerdings bezweifelt werden, denn mehr als eine kurze Meldung in den einschlägigen Gazetten der Motorradpresse gab der Sieg Down under kaum her. Um so mehr allerdings sorgte die 88 PS starke RD 500 LC für Schlagzeilen, die wassergekühlte Zweitakt-Rakete, bei deren Konstruktion die Halbliter-GP-Rennmaschine von Kenny Roberts Pate

Kein Leichtgewicht: Mit 218 Kilogramm vollgetankt geriet die RD 500 LC deutlich schwerer als die direkte Konkurrentin Suzuki RG 500 Gamma.

gestanden hatte. Kenny Roberts war auch in die Entwicklung der Straßenmaschine involviert. Schon die Motorkonstruktion bewies die Nähe zur Rennszene, hier wie da setzte Yamaha auf einen flüssigkeitsgekühlten Vierzylinder-Zweitakter in V-Konfiguration. Das Triebwerk der Ende 1983 vorgestellten Renn-Replica kombinierte zwei Zweizylinder im 50-Grad-Winkel in einem gemeinsamen Kurbelgehäuse. Die beiden Kurbelwellen waren miteinander gekoppelt und gaben das Drehmoment über eine Zwischenwelle an den Primärtrieb weiter, und jeweils zwei diagonal gegenüber stehende Zylinder zündeten gleichzeitig. Wie Kenny Roberts` Werksrenner namens YZR 500 OW 70 für die Königsklasse 1983 verfügte die straßentaugliche RD für ein breites nutzbares Drehzahlband über Membraneinlässe. Bei der vorderen Zylinderreihe saßen diese im Kurbelgehäuse, die hin-

Kleine Abweichung: Die RD 500 LC gab es hierzulande nicht mit goldenen Rädern. Sie waren der im weiteren Ausland wie Amerika und Japan angebotenen RZ 500 vorbehalten.

tere bezog das von vier 26 mm-Mikuni-Vergasern aufbereitete Ansauggemisch über die direkt an den Zylindern befindliche Membrane. Die Steuerzeiten des Vierzylinder waren freilich zahmer gewählt, während die kurzhubige Auslegung von 56,4 x 50 Millimetern der des Werksrenners entsprach. Die Kraftübertragung erfolgte über ein Sechsgang-Kassettengetriebe sowie Rollenkette zum Hinterrad.

Doch trotz der Membransteuerung blieb der Yamaha RD 500 LC das typische Merkmal solcher Hochleistungs-Motoren erhalten: Der Leistungscharakter war spitz, das nutzbare Drehzahlband eher schmal. »Fällt die Drehzahl beim Anfahren auf weniger als 3000

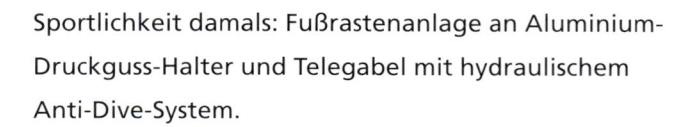

Sportlichkeit damals: Fußrastenanlage an Aluminium-Druckguss-Halter und Telegabel mit hydraulischem Anti-Dive-System.

Touren«, warnte damals die Fachpresse, »gibt es ein Fortkommen, das in gleicher Vehemenz auch eine malade 125er zustande bringen würde.«

Auf der allerdings saß man kaum so bequem wie auf der RD 500 LC, die den Fahrer beileibe nicht im Stile des Werksrenners über den Tank spannte, sondern eine geradezu bequeme Sitzposition bot. Der relativen

Drehmomentschwäche unterhalb von 6000 Touren versuchten die Yamaha-Techniker mit der Auslasssteuerung YPVS (Yamaha Power Valve System) zu begegnen. Dieses zusätzliche Steuersystem im Auslasskanal in Form einer drehbaren und per Stellmotor drehzahlabhängig angesteuerten Walze sollte eine bessere Frischgas-Füllung auch im unteren und mittleren Drehzahlbereich bescheren. Bei dieser Konstruktion wurden die Auslassschlitze jenseits von 6500/min allmählich geöffnet, um dann jenseits der 7000er-Marke ganz frei gegeben zu werden. Doch wie gesagt: Der Vierzylinder ließ schon auf den ersten Metern spüren, dass er eigentlich auf eine Rennstrecke gehörte, die RD 500 LC nervte in der Rush-Hour und im Stadtverkehr mit ihrem nervösen Motor eher. Ihr Element war eindeutig die Rennstrecke. Die RD 500 LC war ein fein ausbalanciertes Feuerzeug, das sich ultra-handlich um die Ecken werfen ließ und – sofern der Fahrer den Bogen raus hatte – in den ersten zwei Gängen fulminant mit dem Vorderrad himmelwärts stürmte.

Weniger Aufwand investierte Yamaha in das Chassis. Doppelschleifen-Rahmen und Schwinge bestanden aus Stahlrohren mit rechteckigem Querschnitt. Die Kastenschwinge aus Stahl führte ein 18-Zoll-Gussrad und stützte sich über ein zentrales und waagerecht unter dem Motor via progressiver Hebelumlenkung angelenktes DeCarbon-Gasdruck-Federbein ab.

Das damals schwer in Mode befindliche 16-Zoll-Vorderrad wurde von einer Telegabel mit 37 Millimeter durchmessenden Standrohren geführt, die über ein nahezu wirkungsloses Anti Dive-System verfügte, das das Eintauchen der Frontpartie beim Bremsen durch den Aufbau erhöhter Druckstufendämpfung verzögern sollte. Wenig zu mäkeln dagegen gab es an der Wirksamkeit der 267 Millimeter messenden, innenbelüfteten Doppelscheibenbremse. Feinfühlig zu dosieren und vergleichsweise unempfindlich gegen Fading, verzögerten sie die vollgetankt doch stattliche 216 Kilogramm schwere Renn-Replika ordentlich.

Yamaha RD 500

Motor
Bauart	2-Takt/ 50-Grad-V
Zylinderzahl	4
Ventile je Brennraum	-
Ventiltrieb	-
Bohrung in mm	56,4
Hub in mm	50
Hubraum in cm³	499
Verdichtung	7,0:1
Leistung in PS	65 kW (88 PS) bei 9500/min

Gemischaufbereitung
Bauart/Anzahl	Flachschieber-Vergaser/ 4
Hersteller	Mikuni
Venturi-Durchmesser in mm	26

Kraftübertragung
Getriebe/Anzahl Gänge	Klauen/6
Primärübersetzung	2,225
Gesamtübersetzungen	
1. Gang	2,400
2. Gang	1,684
3. Gang	1,363
4. Gang	1,166
5. Gang	1,166
6. Gang	1,043
Sekundärübersetzung	2,533
Sekundärantrieb	Rollenkette

Elektrische Anlage
Generatorleistung in Watt	190
Betriebsspannung in Volt	12
Zündung	Kontaktlose CDI-Zündung

Fahrwerk
Rahmenbauart	Doppelschleifenrohrrahmen aus Stahl
Radführung vorne	Telegabel
Federweg vorne in mm	140
Radführung hinten/Federbeine	Schwinge/1
Federweg hinten in mm	120
Radstand in mm	1375

Räder und Bremsen
Felgengröße vorne	3.00-17
Felgengröße hinten	3.50-17
Bereifung vorne	120/80 V 16
Bereifung hinten	130/80 V 18
Bremse vorne/Durchmesser in mm	Doppelscheibe/ 267
Bremse hinten/Durchmesser in mm	Einzelscheibe/ 245

Maße und Gewichte
Länge in mm	2085
Breite in mm	705
Höhe in mm	1145
Gewicht in kg	218 (vollgetankt)
Tankinhalt in Litern	22

Fahrleistungen
Höchstgeschwindigkeit langliegend	223 km/h
Preis	12.199 Mark (1984)

Freunde, worauf wartet ihr noch?

MOTORRAD hat's in sich – die neuesten Maschinen im Fahrbericht, Top-Test, Vergleichs- und Dauertest. Die neueste Technik, geprüft im Messlabor und auf der Teststrecke. Nachvollziehbar durch die einzigartige 1000-Punkte-Wertung. Außerdem Beratung und Kaufhilfe, die schönsten Touren, Tipps und Tricks. Qualität und Kompetenz seit 1903.

MOTORRAD – Europas größte Motorradzeitschrift. Alle 14 Tage neu.

www.motorradonline.de